Refletindo sobre a Justiça do Trabalho
Passado, Presente e Futuro
Homenagem aos 50 anos da ACAT

BENIZETE RAMOS DE MEDEIROS
coordenadora

Refletindo sobre a Justiça do Trabalho
Passado, Presente e Futuro

Homenagem aos 50 anos da ACAT

LTr

EDITORA LTDA.
© Todos os direitos reservados

Rua Jaguaribe, 571
CEP 01224-001
São Paulo, SP — Brasil
Fone (11) 2167-1101
www.ltr.com.br

Produção Gráfica e Editoração Eletrônica: R. P. TIEZZI
Finalização de Capa: FABIO GIGLIO
Impressão: COMETA GRÁFICA E EDITORA
LTr 4798.9
Abril, 2013

Imagem da Capa
Trata-se de uma tela da coordenadora e articulista do livro, BENIZETE RAMOS DE MEDEIROS, também artista plástica, pintada exclusivamente para o Livro em Homenagem aos 50 Anos da ACAT com o Tema *"RIO e ACAT, uma relação de amor há 50 anos"*, em óleo sobre tela, com 60 x 50.

Dados Internacionais de Catalogação na Publicação (CIP)
(Câmara Brasileira do Livro, SP, Brasil)

Refletindo sobre a justiça do trabalho : passado, presente e futuro : homenagem aos 50 anos da ACAT / Benizete Ramos de Medeiros, coordenadora. — São Paulo : LTr, 2013.

Bibliografia
ISBN 978-85-361-2494-0

1. ACAT — Associação Carioca de Advogados Trabalhistas 2. Direito do trabalho — Brasil 3. Justiça do trabalho — Brasil I. Medeiros, Benizete Ramos de.

13-03348　　　　　　　　　　　　　　　　　　CDU-347.965.8(81)

Índice para catálogo sistemático:
1. Associação Carioca de Advogados Trabalhistas : História 347.965.8(81)

Sumário

Apresentação 7

Prefácio 11

A Duração Razoável do Processo, a Celeridade e a Relação que têm com a Justiça 21
Alexandre Teixeira

A Execução Trabalhista... a Cabeça da Medusa de Perseu 37
Benizete Ramos de Medeiros

Gênese do Direito do Trabalho e a Criação da Justiça do Trabalho no Brasil 51
Benedito Calheiros Bomfim

Cursos Jurídicos no Brasil: é Tempo de Refundação 63
Celso Soares

Modernização nas Relações do Trabalho 68
Cristiano de Lima Barreto Dias

Justiça do Trabalho Presente, Passado e Futuro 87
Luiz Inácio Barbosa Carvalho

O Desafio do Ônus da Prova nas Ações de Acidentes do Trabalho e Adoecimento Ocupacional 95
Marinês Trindade

Os Interditos Proibitórios e a Prática de Assédio Processual 107
  Rita Cortez

Alternativos de Resolução dos Dissídios Individuais do Trabalho 115
  Arion Sayão Romita

Justiça do Trabalho e Demandas Coletivas: Fragmentos 133
  Sayonara Grillo Coutinho Leonardo da Silva

Anexo da ATA 165

APRESENTAÇÃO

QUANTO TEMPO TEM O TEMPO?

Contar uma história de 50 anos não é tarefa das mais simples, fatos, pessoas, registros por documentos em algum momento serão perdidos ou esquecidos, o que não tira o brilho e grandeza da comemoração.

A ideia de homenagear essa ilustre aniversariante com este livro é um voltar no tempo sem que isso seja um *déjà vu*. Um voltar no tempo da forma mais tradicional e oposta ao mundo digital, onde o monitor é a estrela e o livro um coadjuvante. Ao fazer assim, acertamos no alvo!!!

Homenagearemos a ACAT com o excelente instrumento de conhecimento das próximas gerações, conhecimento que não se perderá no tempo. Inspiração e fonte de pesquisa para todos aqueles operadores do direito que ainda teimam em "ler" ou invés de, simplesmente, "ver". Nada de "ctrl C" e "ctrl V" da linguagem cibernética.

Para escrever essa apresentação precisava entender como e por que a ACAT foi criada. O que de fato acontecia na advocacia trabalhista carioca em 1963 (ano em que tudo começou), no Rio de Janeiro e no Brasil?

Naquele ano, os brasileiros viam sucumbir um Brasil Parlamentarista com uma certa desconfiança, para iniciarmos uma nova fase no regime Presidencialista, sob o comando de João Goulart que, de Primeiro-Ministro, passa ao posto de Presidente (cargo que exerceu entre 24 de janeiro de 1963 a 31 de março de 1964, até ser deposto pelo regime de exceção).

A cidade do Rio de Janeiro, que era o Distrito Federal até 1960, se transforma numa cidade-estado (Guanabara) e começa uma fase sem a "corte palaciana" instalada e tendo que se adaptar a essa nova realidade.

Os Tribunais Federais se mudam para Brasília, inclusive o TST, cuja sede era o prédio da Avenida Antonio Carlos, 251, onde hoje é a sede do TRT da 1ª Região. Nesse momento, os advogados trabalhistas cariocas começam a perceber o quanto perderam nesse contato direto com os Ministros do TST, que ficaram praticamente inalcançáveis em Brasília.

Naturalmente, alguns escritórios de advocacia buscaram se situar na nova capital por uma questão de sobrevivência e estratégia de manutenção da clientela. Embora alguns atribuíssem à advocacia trabalhista um rótulo de subclasse, o fato é que os advogados trabalhistas demonstraram rapidamente uma capacidade de união não vista em outros ramos da advocacia.

Uma nova fase para a advocacia trabalhista começou naquele ano de 1963. Mais precisamente numa noite de quarta-feira, dia 19 de junho. Um grupo de advogados trabalhistas se reúne na sala 1609 do edifício Avenida Central para discutir o futuro da classe e já com o pensamento em criar uma associação que pudesse **estimular a vida associativa** e promover **a defesa específica das prerrogativas profissionais**.

A reunião só termina na madrugada do dia 20 de junho. Após os debates, as opiniões e as divergências, fora apresentada uma minuta de estatuto redigida naquele momento por Cury Netto, Paulo Costeira e Fernando Gomes, que foi aprovada e se transformou no estatuto da recém-criada associação. Cury Netto seria aclamado, unanimemente, por seus colegas, como o primeiro presidente da ACAT- Associação Carioca de Advogados Trabalhistas, cargo que exerceu até 1965.

Foi esse o *fiat lux* da representação classista na advocacia trabalhista. A fundação da ACAT trouxe uma nova era na relação dos advogados trabalhistas com a administração do TRT da 1ª Região que, quase vinte anos após sua criação, via surgir um movimento organizado que canalizaria os problemas mais corriqueiros enfrentados nos corredores da Justiça do Trabalho e os transformaria em pleito para solução desses problemas.

O TRT da 1ª Região, que naquela oportunidade era presidido pelo Juiz Celso Lanna, contava com 20 Juntas de Conciliação e Julgamento, as JCJs, todas funcionando no n. 31 da rua Nilo Peçanha, reconhecia a ACAT como a digna representante dos advogados trabalhistas cariocas.

Aliás, essa representação foi se consolidando ao longo do tempo, novos advogados trabalhistas foram aderindo à proposta da representação segmentada e ACAT passa a ter grande importância no cenário político, tanto que a ideia associativa logo "contamina" os advogados trabalhistas gaúchos a criarem também uma associação que os represente — AGETRA.

Com outras entidades sendo criadas, Brasil afora, já se via a necessidade de se organizar em nível nacional uma associação que representasse TODOS os advogados trabalhistas do Brasil. E novamente a ACAT surge como precursora da criação da ABRAT — Associação Brasileira dos Advogados Trabalhistas, no final da década de 1970, cumprindo assim seus dois objetivos descritos em sua ata de fundação: ao mesmo tempo que agregava, era implacável na defesa das prerrogativas da categoria.

Sobreviver por 50 anos não é uma coisa fácil, principalmente para uma associação cuja adesão é voluntária e onde as finanças estão diretamente ligadas ao fortalecimento da categoria. As dificuldades vividas pela advocacia trabalhista neste século XXI refletem no número do quadro de sócios de qualquer associação e com a ACAT não tem sido diferente. Nossas dificuldades financeiras atuais são resolvidas com muita perseverança e criatividade, esse é, sem dúvida, o maior complicador para o fortalecimento institucional, o que não diminui em nada a força política de sua representação.

A ACAT chega aos 50 anos e comemora seu Jubileu de Ouro, brindando a todos vocês com esse livro comemorativo que é prefaciado pela Desembargadora Salete Maccalóz, a mais Acatiana de todos os magistrados, e tem grandes e maravilhosos artigos escritos por Benedito Calheiros Bomfim, Celso Soares, Rita Cortez, Arion Sayão Romita, Benizete Ramos de Medeiros, Cristiano de Lima Barreto Dias, Marinês Trindade, Luiz Inácio Barbosa Carvalho, Sayonara Grillo Coutinho Leonardo da Silva e Alexandre Teixeira, autores que gentilmente deixaram por alguns momentos seus atribulados afazeres para escrever em homenagem ao aniversário de 50 anos da ACAT.

E de tudo o que foi dito, não poderia terminar esta apresentação sem fazer um especial agradecimento a todos os ex-presidentes, nossos Conselheiros Natos Cury Netto, Marino Ramos, Flávio Rodrigues, Steiner do Couto, Osny Tavares, Costa Neto, Nicanor Fischer, Celso Soares, José Freire, David Silva Jr., Calheiros Bomfim, Custódio Netto, Silvio Cruz, Silvério Mattos, Paulo Reis, Lucio Martins, Paulo Vilhena, Hildebrando Carvalho, Rita Cortez e Moema Baptista.

O primeiro cinquentenário já foi e que venham outros. Vida longa à ACAT!!!

José Luis Campos Xavier
Presidente

PREFÁCIO

SALETE MARIA POLITA MACCALÓZ[*]

> Nossos instrutores nos pediram para que fossemos diretos e explícitos. Eles próprios tirarão as conclusões de nossa análise: não podemos, ao mesmo tempo, sustentar o capitalismo e continuar a tolerar a presença de bilhões de seres supérfluos.
>
> O sentido original de "proletário", *proletarius*, é "aquele que serve ao Estado não com os seus bens, mas, com a sua prole". O Estado, como o mundo em geral, está hoje mal servido nesse aspecto. ...
>
> Susan George[**]

Sinto-me honrada em prefaciar o livro pelo qual a ACAT pretende comemorar seus cinquenta anos de existência, dentre outras atividades. Tarefa árdua apresentar os textos de dez grandes juristas do mundo do trabalho, principalmente quando dissertaram sobre temas inquietantes tidos como críticos, e as suas análises foram quase completas. Digo quase porque é impossível, a qualquer estudioso do direito, fazer uma análise plena do direito do trabalho na sua legislação, doutrina e prática; por isso é necessário que muitos, senão todos, escrevam sobre isto! Também os dez artigos não apanham todo o panorama dessa trilogia, por isso, entre os hiatos da *Gênese do Direito do Trabalho...* (de Bomfim) até o *...Assédio Processual* (de Cortez), faremos algumas costuras, sem seguir a ordem de editoração e, obviamente, sem a ousadia de complementaridade, apenas de apresentação.

Aliás, um dos aspectos agradáveis na leitura integral do livro, foi a distância temática de um artigo a outro. Os autores, com seus escritos concentrados na prática forense trabalhista, brindam, em nome da ACAT, a comunidade jurídica.

---

[*] Doutora em Direito; Doutora em Comunicação; Mestre em Direito; Professora de Direito na UERJ; Desembargadora do TRF, 2ª Região.
[**] GEORGE, Susan. *O relatório lugano*. São Paulo: Boitempo, 2002. p. 78.

Esta encontrará aqui respostas e sugestões que partem da Justiça do Trabalho, mas servem ao mundo jurídico na sua universalidade.

Celso Soares, no artigo "Cursos jurídicos no Brasil: é tempo de refundação", apresenta um conteúdo histórico por meio de análise crítica (esse método de trabalho é uma de suas peculiaridades e o torna um orador admirável e invejável) e, com reforçadas citações, deixa claro o compromisso ideológico do pensamento jurídico desde o início, na criação dos cursos de direito. Colocando esta primeira pedra, indispensável suporte para todas as abordagens do nosso tempo e, principalmente, dizer a que veio, mais de um século adiante, o direito do trabalho e a Justiça do Trabalho.

Aliando a prática profissional de uma advocacia intensa, com o estudo permanente do direito, Calheiros Bomfim, assim como Celso Soares, desenha o contexto em que nasceu o direito do trabalho, destacando o rol de juristas das primeiras linhas e debates sobre um crucial tema da realidade nominado de "questão social", de tal sorte que o primeiro nome do direito do trabalho foi, e por muito tempo, "direito social" e, sendo certo, a nomenclatura atual não é a mais adequada, a chamada é maior que o conteúdo, o direito do trabalho não abrange com sua legislação, doutrina e jurisprudência todo o mundo do trabalho.

Por certo o Brasil dos anos trinta e o governo de Getúlio Vargas marcam a explosão de decretos, dos quais 472 foram consolidados no Decreto-lei n. 5.452, de 1º de maio de 1943, acompanhados de centenas de teses/artigos/reportagens, pelas revistas da época nas quais os ideólogos e ativistas desenhavam a estatura da novel especialidade e seu futuro. Como fato pitoresco, cito o resultado de uma pesquisa feita por mim, nos periódicos que guardam até hoje tal conteúdo: não encontrei um autor, que referindo-se ao fato do processo acidentário estar na justiça estadual, não dissesse que, se um dia a justiça administrativa do trabalho integrasse o Poder Judiciário, imediatamente o acidente de trabalho seria matéria de sua competência. Contudo, os arts. 123 da Constituição de 1946 e 142 das Constituições de 1967 e de 1969, ressalvaram, expressamente, a competência da justiça ordinária. Atualmente temos a EC n. 45/2004 e a Súmula Vinculante n. 22/2009... Os ideólogos e ativistas dos anos trinta eram bem mais percucientes...

Calheiros Bomfim não ficou apenas na gênese, vindo até os nossos dias, traçando o perfil da advocacia e do advogado trabalhista, para chegar à atual Justiça do Trabalho, seu funcionamento, deficiências, ritos processuais. Imperdível é o seu depoimento sobre a jurisprudência trabalhista, sendo certo que desde 1943 (ano do primeiro dicionário de jurisprudência trabalhista) todas as gerações de advogados da especialidade se formaram e trabalharam com este suporte embaixo do braço, por sobre a mesa e, às vezes, sob o próprio travesseiro. O seu traçado da realidade quotidiana do advogado, do juiz, das práticas processuais deixa, nas entrelinhas, a correlação destacada por Celso Soares entre a ideologia liberal do Estado burguês, e consequentemente conservador em suas origens, até a sua expressão mais atual na exacerbada economia de mercado.

Todos os problemas apresentados pelos atores e as ferramentas da prestação jurisdicional após 1964 deixam claro que o Judiciário não está para servir a cidadania, ele é o instrumento pelo qual se garante uma pequena paz social nas camadas intermédias da burguesia, servindo ao propósito final de não se onerar o capital.

Benizete Ramos, Alexandre Teixeira e Calheiros Bomfim, por caminhos distintos, graças às suas temáticas, destacam a morosidade do Judiciário como principal fator a desacreditar a justiça brasileira. Arion Romita, quando retoma os modos "Alternativos de Resolução dos Dissídios Individuais do Trabalho", descrevendo-os um a um, tem como pano de fundo a morosidade do judiciário trabalhista. Luiz Inácio Carvalho, *Justiça do Trabalho — Presente, Passado e Futuro*, parte de uma abordagem histórica na letra das constituições desde 1934, mas ao traçar o perfil da Justiça do Trabalho no presente, nos brinda com inúmeras causas e, principalmente, aquelas externas decorrentes do mundo econômico e do trabalho. É um certo alívio, pois não apenas os integrantes do Judiciário são os responsáveis pela demora na entrega da prestação jurisdicional, mas completa o quadro com aquelas causas de responsabilidade dos mesmos.

Não existe abordagem intelectual sobre o direito e o processo que em sua maioria não aponte essa *negativa* de justiça, porque justiça tardia não é justiça... Mas essa morosidade não é por acaso, é de caso pensado, ela tem pai e mãe, pois a justiça morosa serve ao devedor e desserve ao credor, o que tem pressa, o que tem fome. Se forçarmos a redução de universo para todos os direitos e obrigações no binômio *débito x crédito*, devemos nos perguntar, *lato sensu*, na Justiça do Trabalho quem é o grande devedor, isto é, o único devedor na maioria absoluta das ações! A resposta é conhecida: o empregador, o patrão, o capital. Ora, se o judiciário é instrumentalizado, como esperar que as autoridades legislativas e judiciárias implementem reformas para dar celeridade, ainda que razoável, ao processo! Se o capital tivesse pressa em pagar o trabalhador e, integralmente o que lhe deve pelo trabalho já realizado (por isso o salário é "...devido e pago diretamente pelo empregador...", arts. 76 e 457 da CLT), a Justiça do Trabalho nem existiria. A indisponibilidade dos direitos trabalhistas não garante o seu pagamento integral ao longo da relação contratual de trabalho e, sob o "manto protetor" da Justiça do Trabalho, todos eles (os direitos) são renunciáveis. Portanto, a eficácia de ordem pública está a nos dizer que os empregadores "empurram" os empregados para o judiciário com o objetivo de pagar menos, quando fazem acordo, e ainda menos, bem menos, quando a ação demora de dez a vinte anos[1]. Nesta segunda hipótese, ele — O DEVEDOR — mesmo condenado a pagar e corrigido, ganha no tempo, muito tempo para quitar essa dívida. Por óbvio, existe maneira de se dizer isso de forma mais elaborada, na chamada linguagem técnico-

---

(1) Trecho de carta, recebida em mãos, de ex-aluna, agora em 26.2.2013: "Paralelo à vontade de lhe encontrar, preciso tirar dúvida TRABALHISTA, pois minha Ação já tramita há 25 anos, mas... como a Justiça não é lógica e nem matemática (palavras de BERNARDO CABRAL), sofremos muito!"

-científica, aqui usada em escrita mais direta. Assim, a morosidade é um serviço, prestativa e útil, portanto ideológico, tornando-se a principal ferramenta da economia de mercado, dentro e fora do Judiciário. Não é diferente quando o Estado é o devedor dos seus funcionários, contribuintes e demais credores. Como não é diferente quando o devedor é o contribuinte, para esse foi "reinventada" a prescrição intercorrente. No caso do crime, quando algum infrator "deve" à sociedade, apenas reproduzimos a frase de advogado criminalista, em um periódico de grande circulação: "Quando eu concluo ou sei que meu cliente é culpado, eu aposto na prescrição!"

Por óbvio, este é o pano de fundo, a raiz ideológica das instituições em sociedades como a nossa e, na superfície, a face mais visível, mas não menos grave, são as causas aparentes elencadas pelos autores já referidos. Neste livro, todos os autores, com maior ou menor intensidade em razão da especialidade de seus temas, abordaram o passo vagaroso da(s) justiça(s) como negativa de justiça. E impossível falar-se de justiça e processo do trabalho, sem destacar que em sua sede este problema é mais grave. A Justiça e o Processo do Trabalho nasceram para dar **celeridade** à reivindicação dos trabalhadores, pois a maioria trabalha hoje para comer amanhã; o rito da reclamação deve ser **simples,** despido do "direitês" e de outros floreios em nome de sua maior compreensão pelo destinatário e, também, para servir a rapidez; será **gratuita**, permitindo o livre acesso de todos os trabalhadores (a única Justiça de livre acesso, posto que, nas "outras" paga-se ou prova-se o estado de necessidade). Estes foram os únicos objetivos apontados nos fundamentos da criação da Justiça do Trabalho, ainda em 1932, no interior do Ministério do Trabalho, Indústria e Comércio: celeridade, simplicidade e gratuidade que, com o passar dos anos, foram transformados em princípios, acrescendo o elenco.

Para dar celeridade à Justiça do Trabalho concebeu-se um rito especial que, desde então, caracteriza o processo trabalhista; sob esse enfoque, apontam-se as pilastras principais: a) concentração dos atos processuais em uma única audiência; b) não se admite recurso de decisão interlocutória; c) livre condução do processo pelo juiz.

Por óbvio, todos conhecem as teorias que embasam essas fórmulas especiais, principalmente a "livre" condução do processo possível nas situações em que a lei não proíbe, ou que esteja normatizada.

Dessas três situações judiciais a única praticada é a não interposição de recurso de decisão interlocutória. Mas esse legislador, aquele da gênese da Justiça e do processo do trabalho, serviu a "Deus" e serviu ao "diabo", melhor dizendo, aos opostos: no rito processual da ação de execução retiraram-se os elementos da celeridade. Inexiste audiência e não se enxerga mais o sofrimento do credor, sua necessidade ou a sua urgência. Do mesmo modo, não se contempla a possibilidade de pagamento in loco, e/ou a definição dos modos, formas e maneiras de pagar-se rapidamente. Na fase executória, cabe recurso de decisão interlocutória — o agravo previsto no art. 897, letra "a", da CLT — principal causa *processual* da morosidade judicial. Para o rito processual de execução na Justiça do Trabalho e todos os demais ritos das ações de conhecimento, essa é a nossa única sugestão para a velocidade procedimental: *acabar com a possibilidade de recorrer da decisão interlocutória*. A sugestão é peremptória, pois, sabemos, o legislador contemplará muitas hipóteses de exceção.

Benizete Ramos no seu trabalho *A Execução Trabalhista... a Cabeça da Medusa de Perseu*, revelando muita acuidade, apresenta todos os defeitos da execução trabalhista. A leitura do texto nos deixa de coração na mão e um gosto muito estranho na boca... por isso, não podemos deixar de ressaltar o caráter ideológico dessa dicotomia: se de um lado o legislador (fetiche) pareceu contemplar, ou dinamizar, o processo na ação de conhecimento, objetivando tutelar os interesses da classe trabalhadora, a seguir, na hora de pagar, de fazer a reposição do deslocamento de riqueza (o trabalho já foi realizado e reconhecido o débito pelo título executivo judicial), descamba para a "generosidade" da longa fase executória como forma de resguardar, incólume, o patrimônio empresarial. Essa palavra "generosidade" no processo civil é utilizada em referência à fase probatória do rito ordinário: *"generosa" fase probante!*

Por fim, seria no rito executório, por seu escasso disciplinamento, o *lócus* da livre condução do processo pelo juiz em maior grau, não se negando sua necessidade no rito ordinário da reclamação trabalhista.

Neste livro, o leitor vai encontrar honestas razões pelas quais os juízes trabalhistas não exercem a livre condução do processo, motivo adicional para a leitura atenta. Dentre essas, chama atenção o fato de não se poder aplicar na execução trabalhista o art. 646 do CPC, bem como as suas últimas alterações, inclusive, no que diz respeito à Fazenda Nacional, trazidas pelas Leis ns. 11.232/05 e 11.382/06, isto porque a sentença normalmente não é líquida.

Todos sabemos porque os advogados especializados na matéria não propõem reclamações líquidas, inclusive, pela assistência sindical. Senão, recordemos rapidamente: a) se o pedido for líquido, o acordo, na melhor das hipóteses, pagará dois terços, isso porque o juiz não faz o exame prévio das provas, sequer a delimitação do objeto da lide pela oitiva da inicial e da contestação; b) o pedido é feito pelo elenco dos direitos assegurados por lei e por contrato, postos na cronologia temporal sem fixar valores, para, no "valor da causa", elevar o seu total, na expectativa de um acordo menos humilhante e com quitação de direitos. Ora, se a iliquidez tem por fito um acordo menos gravoso para o empregado, após recusa à segunda proposta de conciliação, ainda em audiência — e com a experiência das partes — poder-se-ia liquidar o pedido, no todo ou em parte, sem prejuízo do encaminhamento de itens para a modalidade de liquidação própria, mesmo a mais sofisticada. As sessões de conciliação e julgamento, vulgarmente chamadas *audiências*, contemplam, em seus recursos físicos, os computadores inseminados com vários programas; assim, a parte da correção monetária e dos encargos trabalhistas e sociais, pode ser aplicada automaticamente. Basta querer! Não é difícil um programa que aponte o salário contratual, e os demais elementos integrantes da remuneração, destacando os direitos a serem pagos, que não devolva os cálculos completos. Em consequência, a sentença será líquida. Garantida a execução, com o depósito imediato da parte incontroversa, passível de ser levantada imediatamente pelo exequente, o rito segue, se necessário, para a liquidação de outros direitos; entretanto, o credor recebeu uma "oxigenação".

Ainda nesta linha procedimental, o artigo de Marinês Trindade — "O Desafio do Ônus da Prova nas Ações de Acidentes do Trabalho e Adoecimento Ocupacional" — como os demais, deixa claro a urgente necessidade de o processo atender aos princípios constitucionais da celeridade e da razoável duração, como que "chamando o feito à ordem", obedecendo à seguinte lógica: se pela EC n. 45/2004 a competência da Justiça do Trabalho foi ampliada para "as ações de indenização, por dano moral ou patrimonial, decorrentes da relação de trabalho", ali compreendidas as resultantes do acidente de trabalho (posto aqui em seu sentido *lato*, acidente e doença profissional), por seu conteúdo e efeitos não pode prescindir da inversão do ônus da prova. Coberta de razão a autora, pois, se recordarmos a evolução histórica da responsabilidade civil do empregador no acidente de trabalho, veremos essa inversão de ônus, ainda na segunda fase, antes mesmo de desembocar na *teoria do risco profissional,* isso porque o empregado, além de vítima, não possui os recursos necessários para a comprovação da culpa patronal. Nesta matéria, cujo bem jurídico tutelado é a saúde do trabalhador, o ordenamento legal não pode tergiversar, como vem acontecendo com a obrigação de reparação.

O acidente de trabalho foi regulamentado como responsabilidade patronal, sob a teoria objetiva do risco profissional, em 1919, pela Lei n. 3.724, de 15 de janeiro. Essa lei impunha às empresas a obrigação de fazer seguro contra os acidentes de trabalho junto às seguradoras privadas de sua escolha. Fazendo o seguro, ou não, apenas ele *empregador* respondia pelas consequências do acidente de trabalho. Em 1934, por meio do Decreto n. 24.637, o empregador que faz o seguro repassa para a seguradora a responsabilidade de reparar o dano. Em 1944, por outro decreto-lei, esse seguro obrigatório só pode ser realizado com seguradoras credenciadas, sendo essas as responsáveis pelas indenizações na seguinte sistemática: o trabalhador aciona o patrão que não fizera o seguro — grande maioria à época — na justiça comum, com ou sem a assistência de advogado. Lembramos esses três movimentos legais para destacar as práticas político-legais brasileiras, verdadeiro maniqueísmo que, com uma mão concede e com a outra, tira; ou seja, a responsabilidade patronal é objetiva (risco profissional) pela qual não se perquire culpa, sendo o seu dever indenizar sempre, mas se ele faz o seguro com terceiro, repassa a responsabilidade assegurando o ganho líquido dessas companhias que dificilmente são acionadas pelos acidentados, ou seja, o patrão livre de outros encargos.

Fazendo um salto para os primeiros anos do golpe militar — agosto de 1967 — editou-se uma lei concedendo o monopólio do seguro de acidente de trabalho para a previdência social, ao Instituto Nacional de Previdência Social — INPS. Essa lei reforça o caráter obrigatório do seguro, posto em alíquotas definidas e pagáveis na guia de recolhimento das contribuições previdenciárias. A EC n. 1/69 recepciona esses comandos, mantendo a competência da justiça comum. Aqui tem início o que chamamos de "carnaval de competências": o empregado aciona na justiça estadual pelo rito da reclamação trabalhista, sem assistência de advogado, uma *autarquia federal;* se não fica satisfeito com a reparação decorrente do seguro obrigatório, processa essa mesma autarquia na Justiça Federal e, em razão dessa insatisfação, caso queira uma reparação justa, aciona o empregador ainda na justiça comum, nas varas cíveis, por meio da ação ordinária de conhecimento com a obrigatória assistência de advogado. O mesmo fato — o acidente — ensejando ações em três juízos diferentes. Para os que militam nos meandros do judiciário, é de fácil entendimento o que se persegue, ou ao que se propõem tais determinações legais e judiciais; tente, porém, explicar para o trabalhador, ou seus dependentes, em casos de falecimento!

Nesse desrespeito absoluto à saúde física, emocional e afetiva do trabalhador brasileiro, o que mudou com a EC n. 45/2004? Morre a competência da justiça estadual para as ações contra os empregadores, pautadas na responsabilidade civil objetiva; entretanto, melhores taxas de juros e índices de correção monetária, bem como cálculo de pensão por morte adequado e correto, o acidentado só obterá na Justiça Federal contra a autarquia INSS, isto porque a base legal desses direitos, após 1966, encontra-se consagrada na Consolidação das Leis da Previdência Social — CLPS — e nos diplomas legais que a sucederam, até a Lei n. 8.213/91, não como parte dos benefícios, mas como reparação securitária (num sistema separado).

Tais aspectos, verdadeiras "distorções" do dever patronal de indenizar o acidentado, só demonstram o quão oportuna é a tese da Dra. Marinês Trindade e o quão difícil será a caminhada judicial até a plena satisfação às ofensas de um direito fundamental.

A militância profissional permite ao advogado acompanhar a evolução, ou o retrocesso, de fórmulas procedimentais, assim como o nascimento de causas de novas reivindicações. Rita Cortez, com *Os Interditos Proibitórios e a Prática de Assédio Processual*, analisa essa terceira face do assédio. O primeiro assédio denunciado, e reivindicada reparação, foi o *sexual* quando o Movimento de Mulheres do Rio de Janeiro, colaborando com a Comissão Oficial de reforma do Código Penal, apresentou a sugestão/bandeira: "Sai a sedução e entra o assédio sexual". Esse, atualmente, é de *lege lata*. Posteriormente, veio o assédio *moral* enraizado nas obrigações legais do empregador de dar condições normais de trabalho, respeitar a integridade física e moral do empregado, não lhe exigindo trabalho além de suas possibilidades — dentre outros mais. A finalidade, o objetivo de se transformarem obrigações patronais em assédio, além de justa causa para rescisão do contrato de trabalho, busca a indenização por dano moral não prevista no elenco das verbas rescisórias. Nessa caminhada, aprendemos com a autora tudo sobre o assédio *processual,* pois ao longo de sua tese repisa os elementos técnicos desse novel instituto: assédio é uma prática *reiterada*, prática marcada por uma forma de *abuso*. Escrevendo sobre os danos causados pelos interditos proibitórios ao direito de greve do trabalhador, na categoria dos bancários, demonstra que o abuso do poder de litigar, e o exercício de qualquer ato processual de forma abusiva, por sua repetição, traduz-se em assédio processual. Bastante instigantes as suas propostas no que concerne a coibir e reparar.

Seguindo na esteira das ações coletivas hoje utilizadas em larga escala, graças ao ineditismo do dissídio coletivo (o coletivo como sujeito de direitos) a partir dos primeiros passos da Justiça do Trabalho, Sayonara Grillo, com sua larga experiência profissional, agora na aplicação do direito como magistrada, apresenta a evolução desse processo, bem como o papel e a atuação dos juízes no fórum trabalhista, em todas as suas instâncias. É de grande valia sua análise para se conhecer a dimensão, em qualquer nível, do poder normativo da Justiça do Trabalho, a sua vinculação com os planos econômicos do governo, após anos sessenta e as conquistas do sindicalismo brasileiro, por meio dos dissídios coletivos. Destaque especial para a grande polêmica em torno da substituição processual, restringida pelo Enunciado n. 310, restrição essa que não foi contemplada na Justiça Federal de 1º Grau, em que os sindicatos foram admitidos como substitutos plenos na liberação de cruzados, no desbloqueio e correção monetária do FGTS, com algumas restrições, por óbvio, do 2º Grau. O cancelamento do Enunciado n. 310, segundo a argumentação oficial, se deu pelo fato de o STF ter se manifestado sobre a matéria determinando o seu alcance, mas como pano de fundo, posso vislumbrar que a sua perda de finalidade (represar as reivindicações coletivas em face das lesões econômicas, decorrentes dos planos governamentais, cuja expropriação do *quantum* remuneratório se dava por meio de índices de correção, fixados por leis que levam os nomes de ministro da fazenda ou de presidente), cinge-se ao fato de ter o próprio STF determinado a não aplicação de alguns expurgos por meio de seus enunciados, aqueles em índices mais significativos, assim como determinar para a correção do FGTS apenas quatro índices num período onde, com os informes do IBGE, levantamos dezesseis.

No texto da Dra. Sayonara encontra-se um relato com sabor de notícia alvissareira: os efeitos das ações civis públicas. Reportando-se a uma apuradíssima bibliografia mostra o quão possível torna-se a Justiça interferir no âmbito das relações individuais de trabalho, até mesmo alterando comportamentos, mediante indenizações por dano moral.

Nesta temática, negociação coletiva *versus* Justiça do Trabalho, destaco um ponto da legislação própria, um tanto esquecido, mas de nodal importância para a política salarial do governo militar: o prazo de duração, não superior a dois anos, para o contrato coletivo de trabalho (a convenção e o acordo), introduzido como condição de validade do negócio jurídico por meio do Decreto-lei n. 229/67, acrescentando o § 3º no art. 614 da CLT. Até essa data (28 de fevereiro de 1967) a prerrogativa de os sindicatos acordarem e convencionarem (arts. 7º e 10, do Decreto n 19.770/31) não tinha limite temporal. Esse Decreto-lei (n. 22/67) pós--golpe militar fixou o exíguo prazo de dois anos, mas na prática desconhece-se prazo superior a um ano, talvez (*sic*!!!) pelo temor da desvalorização salarial em situação de inflação galopante.

Essa brevidade para os direitos conquistados via sindicatos, sem que a Justiça determinasse a incorporação daqueles suprimidos nas negociações seguintes, moldou o comportamento patronal de se retirar das negociações extrajudiciais, contando com a "parceria" dos tribunais, principalmente, no que diz respeito à política salarial.

O maior salto de qualidade para a organização sindical brasileira desde 1931, Decreto n. 19.770, de 19 de março, seria o **prazo indeterminado** dos acordos e convenções coletivas, valendo-se do judiciário apenas para a denúncia e revisão das cláusulas resistidas. Este é um debate que se impõe mesmo ou apesar das oscilações do "poder" sindical.

Cristiano Dias, com a *Modernização nas Relações do Trabalho*, aborda diferentes tópicos, tais como a produção e a qualidade das leis trabalhistas, dizendo que pouco se fez desde 1994 relacionando, a partir daí, todo o repertório publicado, incluindo outros de aplicação subsidiária no direito material e processual. Diz da necessidade de uma legislação atualizada, de um bom conteúdo para vários assuntos ainda não regulamentados, tais como a terceirização, abordando a carência de um Código do Trabalho, principalmente para vários aspectos do processo trabalhista. O Dr. Cristiano traz, com seu estudo, uma variedade de temas tratados sob a forma de artigos, passando a nos dever não apenas um artigo, mas um livro! Seguramente a parte da importância em se consolidar a legislação trabalhista complementar e esparsa, apenas as leis de um conteúdo bom — segundo os arts. 13 e seguintes da LC n. 107/2001, citados na íntegra — marca um espaço de grande questionamento. Finalizando, coloca os advogados trabalhistas à disposição de toda e qualquer tarefa nesta construção do aperfeiçoamento das relações de trabalho, e da Justiça, concluindo no coroamento dessa oferta: todos os profissionais têm essa vontade de contribuir para a melhoria, em todos os campos e aspectos, do direito e da Justiça do Trabalho. Precisamos criar vontade política, além da desoneração da folha de pagamento, das ações governamentais esgarçadas.

Nestes cinquenta anos da ACAT desejamos duas coisas: que se façam os registros de todas as lutas e conquistas encetadas por essa valente associação, como um depoimento histórico para as futuras gerações e que a entidade seja a voz junto à população, revelando o compromisso de seus profissionais com uma Justiça de qualidade, célere e eficaz, para os trabalhadores que transformaram o Brasil na quinta maior economia do mundo e o lugar dos melhores e mais rentáveis investimentos.

A Duração Razoável do Processo, a Celeridade e a Relação que têm com a Justiça

ALEXANDRE TEIXEIRA[(*)]

1 — INTRODUÇÃO

As tendências processuais contemporâneas apontam para a inadmissão de delongas injustificáveis na entrega da prestação jurisdicional. A sociedade brasileira, ao aumentar seu patamar civilizatório, quer ver seus direitos materializados. O Poder Judiciário é chamado, cada vez mais, a assegurar a realização das promessas contidas na ordem jurídico-constitucional. No modelo reparatório de solução dos conflitos intersubjetivos, qual o da jurisdição estatal tradicional, busca-se dar uma resposta expedita às lides submetidas ao Estado-juiz, de modo a obter-se, tão próxima quanto possível, a restituição do *status quo* anterior. Com efeito, o fator tempo assume posição de relevo para a própria obtenção da paz social.

O mundo muda numa "velocidade estonteante",[(1)] ditando um ritmo frenético que gera uma sensação real de aceleramento do tempo, nada ficando imune à sua ação, inclusive o direito. A velocidade passa a ser "o principal critério de qualidade para as coisas em geral",[(2)] repercutindo sobre as relações políticas, econômicas, científicas e jurídicas, impondo uma reconfiguração dos valores e costumes. Como

---
(*) Desembargador do TRT da 1ª Região. Doutor em Direito do Trabalho.
(1) VELOSO, Caetano. *Um índio*.
(2) CORTELLA, Mario Sergio. *Não nascemos prontos! Provocações filosóficas*. Petrópolis: Vozes, 2009. p. 19.

consequência de tal quadro, o Anteprojeto de reforma do Código de Processo Civil e a Lei n. 11.419/2006, que regulamenta o Processo Eletrônico, constituem exemplos dessa tentativa de tornar a relação processual consentânea aos dias em que vivemos. O mote de ambos é a duração razoável do processo e a celeridade.

Porém, a Carta Magna revela que, não obstante a necessidade de um processo mais ágil, a sociedade brasileira tem o direito a que, por meio do processo judicial, toda a promessa de um Estado Democrático e de Direito feita pelo legislador constituinte de fato se efetive. O Judiciário brasileiro, mais que proclamador, torna-se realizador dos direitos e garantias constitucionais, naquilo que, classicamente, concebeu-se, no âmbito da doutrina, como dimensão objetiva desses mesmos direitos e bens assegurados constitucionalmente. Essa função reclamada pela Carta Magna ao Poder Judiciário denota que a questão afeta à duração das demandas judiciais é bem mais complexa do que possa parecer numa análise mais superficial, apressada, ou simplista. Assim, tem-se um quadro em que se almeja, ao menos em tese, que o processo tenha vida que não se prolongue além do necessário, enquanto a maturação do direito exige o decurso de certo lapso temporal, tanto no sentido endoprocessual quanto naquilo que é exterior à relação interpartes. Confrontadas as distintas dinâmicas que envolvem a faceta material e processual do direito, é necessária a busca do equilíbrio entre ambas, de modo a promover-se o respeito ao sistema determinado pela Lei Maior.

Este ensaio pretende, em breves palavras, esboçar alguns caminhos para um ponto de equilíbrio, aproveitando-se de um momento em que se comemora o quinquagésimo aniversário da ACAT, permeado de substanciais alterações na ordem processual, perante uma sociedade em que a agilidade do tempo supera o próprio brocardo que o trata como dinheiro.

Para atingir a finalidade retromencionada, parte-se da premissa de que a mora na solução dos litígios, quando injustificada e injustificável, desde sempre se teve por inadmissível. Portanto, o tempo razoável do processo, particularmente nas relações de trabalho, quase que inevitavelmente é o da celeridade, em que a solução expedita das demandas judiciais não raro justifica a própria existência, como ramo específico da ciência jurídica, do direito processual do trabalho. Porém, o caráter instrumental do processo, relativamente ao ramo substancial do direito a que corresponde, não pode deixar de ser reafirmado, de modo que não se lhe esvazie de conteúdo. Isso significa que a celeridade não se justifica em razão do processo, mas, sim, por força do bem jurídico que está em jogo através da relação processual. Essa diferença é fundamental em tempos, como o atual, em que se afirma a prevalência da métrica, em que tudo é passível de mensuração, o que, inevitavelmente, permite a criação de um espaço em que os dados de aferição gerem uma relação de poder que não necessariamente visam a atender aos fins nobres e elevados que são propagados.

Enfim, há que se distinguir, com nitidez, os princípios da celeridade e da duração razoável, a fim de se evitar o uso às avessas da relação processual. Deve se deixar desde logo assentado que o Estado-juiz, ao assumir o monopólio da jurisdição, tem por poder-dever produzir decisões que dirimam os conflitos intersubjetivos. Porém, não lhe cabe produzir qualquer decisão, senão aquela que solucione, de forma justa, as lides postas ao seu crivo.

2 — Ordem constitucional e materialização dos direitos

O momento jurídico que vivemos reconhece o caráter central da Constituição, de modo a concebê-la como a matriz referencial de toda a ordem jurídica, o que implica em considerá-la como a fonte primordial de definição, configuração, valoração e interpretação de toda a ordem jurídica. O direito, no mundo em que vivemos, trasladou-se dos códigos, onde ordenado segundo a concepção positivista estrita, para as cartas constitucionais. No Brasil, ao assumir o protagonismo dentre as fontes jurídicas, a Constituição teve que retomar uma tripla função, consistente *1* — na *ordenação*, que compreende o ato de delimitar a produção normativa, estabelecendo as distintas espécies de normas existentes no ordenamento jurídico e competências legiferantes; *2* — na *normatização*, que consiste no sentido de unidade emergente da Constituição, que se plasma em todo o complexo normativo, através da correlação que estabelece entre as normas constitucionais; e *3* — na *identificação*, função por meio da qual nosso ordenamento jurídico se particulariza, diferenciando-se dos demais ordenamentos existentes nos distintos países, o que ocorre através da Carta Magna.[3]

Dois aspectos interessam ao presente estudo no tocante à Constituição de 1988. De um lado, é um exemplo desse giro Copérnico, devido à extensa relação de direitos fundamentais que estabelece e à cláusula aberta que permite a inserção de outros bens jurídicos que não estejam diretamente insertos em seu texto, como é o caso daqueles constantes de tratados e convenções internacionais em que o Brasil seja parte (arts. 5º, §§ 2º e 3º). De outro, a consideração de que a Emenda Constitucional n. 45/2004 introduziu norma que assegura a razoável duração do processo judicial e administrativo, assim como a adoção dos meios propiciadores da celeridade de tramitação dessas demandas (art. 5º, LXXVIII). Daí extrai-se a primazia hierárquica dos valores e bens constitucionais, em decorrência da primazia da própria Constituição dentro do sistema de fontes jurídicas. Isso significa que a duração razoável do processo, na qualidade de direito fundamental, assume posição central na ordem jurídica. E, quando essa norma central, cuida, simultaneamente, dessa razoabilidade temporal e da celeridade num único inciso, gera a sensação,

---

(3) Sobre essa realocação, veja-se CUNHA, Alexandre Teixeira de Freitas Bastos. Os direitos sociais na Constituição. Vinte anos depois. Promessas e concreção. In: *Direitos sociais na Constituição de 1988. Uma análise crítica vinte anos depois*. São Paulo: LTr, 2008.

muitas vezes inexata, de sinonímia entre ambos os conceitos, que, apesar da similitude e quase inarredável coincidência, na verdade são distintos. A dupla referência à celeridade e à vida processual não excedente do razoável demonstra, ao revés, o rigor adotado pelo constituinte derivado, que, ao assim proceder, não deixou margem a dúvidas acerca da singularidade e, portanto, diferença entre ambos os conceitos, embora a distinção existente não tenha sido objeto de maior reflexão e debate no âmbito doutrinário, malgrado os riscos que o tratamento indiscriminado possa conter, como se verá.

A razão para essa postura talvez se explique pela origem da norma constitucional em apreço, cuja inspiração consiste no princípio da dignidade da pessoa, que, segundo o Direito Internacional, não admite que o réu penal possa ver consumida sua experiência humana pela perpetuação de demandas processuais. Como no livro homônimo de Kafka, o processo insolúvel transforma o sujeito potencialmente atingido por suas consequências em objeto, gerando uma inadmissível espécie de subvertida coisificação do ser humano. Daí porque "o reconhecimento de um direito subjetivo a um processo célere — ou com duração razoável — impõe ao Poder Público em geral e ao Poder Judiciário, em particular, a adoção de medidas destinadas a realizar esse objetivo",[4] inibindo as medidas que vulnerem não o processo — porquanto em si mesmo impessoal, abstrato e, portanto, insensível — mas toda a gama de garantias afetas aos sujeitos ativo e passivo determinantes da correspondente relação processual.

Com efeito, o que a duração razoável e a celeridade têm em comum, basicamente, é o propósito de impedir que o processo judicial, ao invés de viabilizar a concreção de direitos, converta-se em mais um fator de sua denegação. Portanto, ao assumir o monopólio da jurisdição e suprimir às partes o direito de fazer justiça pelas próprias mãos, o Estado passa a ter o ônus de fazê-lo sem excessos, dentre os quais o temporal.

Essa premissa básica, emergente da teoria geral, tem plena aplicação ao processo do trabalho, em que um complexo de outros princípios, como o da oralidade, da simplicidade dos atos, da irrecorribilidade das decisões interlocutórias, dentre outros, deságuam no princípio da celeridade, alicerçando sua efetiva aplicação. A razão de ser desse estado de coisas está na funcionalidade do processo para alcance dos direitos — quase todos fundamentais — do trabalhador, ordinariamente sujeito ativo das demandas submetidas à competência da Justiça do Trabalho. Nesse sentido, "a natureza fundamental de vários direitos reconhecidos ao trabalhador e o caráter alimentar de que geralmente se revestem os créditos deles resultantes impõem maior celeridade na solução das lides trabalhistas".[5] Com efeito, ao tratar de direitos oriundos da fonte de manutenção única do trabalhador e de sua família, a demanda

---

(4) MENDES, Gilmar Ferreira; COELHO, Inocêncio Mártires; BRANCO, Paulo Gustavo Gonet. *Curso de direito constitucional*. São Paulo: Saraiva, 2008. p. 500.
(5) ALMEIDA, Cleber Lúcio. *Direito processual do trabalho*. Belo Horizonte: Del Rey, 2012. p. 73.

trabalhista atende à dignidade pessoal humana, estando sujeita aos mesmos efeitos deletérios da delonga indiscriminada.

3 — Tempo e direito

Existe, pois, uma relação entre Direito e o tempo que impõe uma aferição para um mínimo de exatidão do resultado proposto na presente reflexão.

Tempo. A ele se dirige Caetano Veloso como "um senhor tão bonito". Por sua vez, Reginaldo Bessa afirma que "o tempo não para no porto, não apita na curva, não espera ninguém". Há um mistério envolto no tempo que os seres humanos vêm se propondo a resolver nas áreas mais diversificadas, como a ciência, as artes, a filosofia. Os resultados revelam que ainda há mais desconhecimento do que saber sobre o tempo. Logo, as linhas seguintes não materializam a aventura inglória de acercarmos da verdade sobre o tempo, mas de observá-lo à luz da construção da ciência jurídica no mundo em que vivemos. Ao que interessa à reflexão que se pretende fazer, revela-se valioso o recurso ao mito, seguindo o que já fizera François Ost, em sua obra intitulada *O tempo do direito*.[6]

Segundo a mitologia grega, a palavra referente a tempo é Kronos, nome do deus fruto do enlace de Urano (céu) e Gaia (terra), que tiveram uma grande prole a partir de um "abraço infindável"[7] entre ambos. Ao libertar seus irmãos do Tártaro,[8] para cujo interior Urano enviara os recém-nascidos, Kronos passou a comandar os Titãs, num reino sem partilha. Kronos desposou sua irmã Reia, com quem gerou os deuses do Olimpo. Avisado, por uma profecia, de que seria destronado por um de seus filhos, passou a devorar todos os seus sucessores masculinos assim que eram postos no mundo. Porém, Reia conseguiu salvar um de seus rebentos, Zeus, entregando a seu esposo-irmão, em lugar do filho, uma pedra envolta em faixas. Ao tornar-se adulto, Zeus revoltou-se contra o pai, a quem obriga a vomitar seus irmãos, valendo-se da ajuda de Métis, a quem coube oferecer-lhe a poção regurgitante. Zeus enviou Kronos ao Tártaro, passando a governar, do Olimpo, o destino dos humanos.

Portanto, essa concepção mitológica de tempo se refere à sucessão de fatos passados, presentes e futuros, que acabam por determinar a nossa consciência e, por que não dizer, nossa própria existência. É a do tempo cronológico — daí seu nome — sequencial, passível de mensuração, estruturante da nossa condição humana, segundo as tradições mais antigas.[9]

---

(6) Tradução ao português de Maria Fernanda Oliveira. Lisboa: Instituto Piaget, 1999.
(7) OST, François. *O tempo...*, cit., p. 9.
(8) Personificação do mundo inferior, para onde eram enviados os inimigos do Olimpo para serem castigados pelos crimes que cometiam.
(9) Segundo a crença Judaico-cristã, por exemplo, o mundo material foi criado por Deus que veio a descansar no sétimo dia. A tradição histórica de várias tribos é contada por meio do encadeamento de fatos.

O mito em questão trata do tempo que nasce do que antes era atemporal. Com efeito, é o abraço entre o céu e a terra que permite o nascimento de Kronos. Mas para que o tempo possa tudo dominar, necessita de, antes, vencer o céu. Detalhe relevante, Kronos se sobrepõe a Urano após cortar seus testículos. Com isso, rompe a fecundidade dos valores mais sublimes, na medida em que o céu é o *locus* para onde, simbolicamente, são dirigidos nossos sonhos e aspirações mais elevados. Essa ruptura também é reveladora de uma imposição do tempo sobre passado e futuro. Não por outra razão afirma François Ost que "cortar os testículos de seu pai é negar o peso do passado, é privá-lo de qualquer prolongamento possível".[10] Tal negação fica ainda mais evidente na atitude de devorar os sucessores, motivada pelo medo de ser destronado no futuro. Revela-se, assim, de um lado, o intento de refrear, de modo perene, qualquer evolução efetiva[11] e, de outro, o medo do novo, daquele que inevitavelmente deve vir.

A esterilidade introduzida por Kronos passa a refletir sobre tudo o que está sob a ação do tempo. Nela se encaixa o ritmo frenético do mundo atual, onde a sensação de que sempre ainda há muito por fazer é a companheira permanente. Sem tempo, não há espaço para o capricho, para o arremate que faz a diferença na ação. A tirania de Kronos, geradora de angústia e aflição, parece que nunca esteve tão consolidada como nos dias em que vivemos, onde o estar numa "aldeia global"[12] acaba por ser redutor não apenas do espaço físico, mas também do próprio tempo. O mundo que não para possui demandas permanentes, as quais, por sua vez, devem ser prontamente atendidas. Não há tempo para a pausa. O ócio, campo fértil ao processo criativo, senão relegado a plano secundário é simplesmente olvidado. Mais do que nunca, somos devorados pelo tempo, vitimados pela tirania de Kronos, impedidos de realizar todo o potencial que Urano nos reserva.

Sob o aspecto temporal, deve ficar assentado que o direito necessita de um período de maturação. Mesmo nos sistemas que vinculam sua cultura jurídica a leis escritas, ainda que formalmente a norma produza efeitos a partir do início da vigência por ela assinada — seja na data expressada pela publicação, ou no decurso da *vacatio legis* — o aspecto da vinculação está relacionado à eficácia. Como se sabe, a lei formalmente em vigor pode apresentar problemas em sua aplicação, devido à injustiça dela emergente (lacuna axiológica), ou em razão da dissintonia entre a norma posta e a realidade fático-social (lacuna ontológica).[13]

---

(10) *O tempo...*, cit., p. 10.
(11) Por isso, François Ost afirma que "comer os próprios filhos é fazê-los regredir a uma posição uterina, é privar desta feita o futuro de qualquer desenvolvimento" (*op. cit.*).
(12) Expressão duramente criticada por vários autores, devido à carga ideológica nela contida e dissimulada.
(13) Sobre as lacunas na ordem jurídica, veja-se CUNHA, Alexandre Teixeira de Freitas Bastos. Os direitos sociais na xonstituição. Vinte anos depois. As promessas cumpridas ou não. In: MONTESSO, Cláudio José; FREITAS, Marcos Antônio de; STERN, Maria de Fátima Coelho (coord.). *Direitos sociais na Constituição de 1988. Uma análise crítica vinte anos depois*. São Paulo: LTr, 2008. p. 21.

Com efeito, quando se observa a construção do direito, é necessário o decurso de tempo considerável para a consolidação desde a criação da norma, não importando a concepção adotada, se *jusnaturalista*, ou positivista. A doutrina se forma através de textos, dogmáticos e científicos, preexistentes, sendo relevantes, ainda, os precedentes dos tribunais. A própria expressão "jurisprudência", atribuída à ciência jurídica, deriva da conjugação dos termos latinos *juris* (direito) e *prudentia* (sabedoria). Revela, pois, que o direito se materializa por meio da reflexão, do sopesar, da serenidade prudente, cujo pressuposto é o tempo.

Ao retomar-se o mito de Kronos, sumariamente relatado anteriormente, observa-se interessante relação entre tempo e direito. Do abraço entre céu e terra nascem divindades, dentre as quais a justiça, que, numa visão purista do naturalismo jurídico, concebe o justo em seu estado genuíno, da perfeição. Com efeito, é no céu que se encontra a verdadeira justiça, noção que se vê em Rousseau, que se manteve pela igreja, posteriormente, para a definição de Direito. A terra, por sua vez, consubstancia a justiça possível, quer pela tentativa humana de reprodução do justo verdadeiro situado em Urano, tal como defendem os *jusnaturalistas*, quer pela instauração da justiça realizável, encarnada pela ordem legal, segundo a concepção jurídico-positivista, quer, ainda, pelas combinações entre ambas as concepções tradicionais de direito, encontráveis naquilo que se denomina como pós-positivismo. Em todas as diferentes concepções do quanto se possa ter por direito, o abraço entre Urano e Gaia representa a união em que a justiça encontra espaço para existir. É no abraço íntimo entre o ideal, o potencial, cujo *locus* é o céu, e o concreto, o que tem condições de existir, entranhados na terra, que viceja o Direito, contemplando sempre, em graus que se diferenciam segundo as distintas concepções, em seu âmago, a justiça. Ainda que o verdadeiro encontro entre os justos extraíveis no céu e na terra seja intangível, como ocorre na busca do santo graal, a filosofia do direito a ele tem se dedicado e a evolução da ciência jurídica revela momentos em que, de fato, ele se verifica. Assim sendo, o corte do testículo de Urano, o céu, provocada pela autoimposição de Kronos, o tempo, representa uma fratura na conexão entre as distintas concepções de justiça, com consequências diretas sobre o próprio Direito.

Com efeito, a Lei de Introdução ao Código Civil explicita a imperatividade das normas estatais em todas as relações verificáveis no âmbito da sociedade brasileira. Daí porque não será dado a ninguém descumprir determinada norma a pretexto de ignorá-la. O conhecimento da norma passa por um processo de assimilação da mesma. E aqui não se cogita dos profissionais do Direito, mas dos sujeitos a quem se dirige. Vale dizer, é intuitivamente necessário o estabelecimento de certo grau de intimidade entre o sujeito e a norma, o que exige, como nas relações razoavelmente íntimas, o decurso de lapso temporal razoável, a fim de que se processem os ajustes necessários. Sem embargo, os dias atuais apresentam características contrárias ao estabelecimento de um maior grau de perenidade do Direito.

Dentre os mais notáveis, aparece, em primeiro lugar, uma espécie de fúria legiferante, segundo a qual o legislador pretende esgotar todo o espectro de relações intersubjetivas e estabelecer regramentos *a priori* a elas afetos. Tal aspecto nãos seria nocivo caso pautado na correlação lógica entre fato social e jurídico, segundo o qual o primeiro determinará a configuração da norma posta. Nas sociedades plurais, como as de hoje, o intuito de tudo regular gera distorções, por um lado, na medida em que deixa de observar certas especificidades de determinados grupos sociais afetados, e, de outro, porque muitas vezes acaba por generalizar indevidamente aspectos peculiares a determinados segmentos sociais. Inocorrendo, não raro, essa concordância entre o substrato social e o produto regulado, a norma perde o valor. A profusão de normas gera um emaranhado que dificulta saber como se deve agir. A ordem jurídica se apresenta desordenada e a arquitetura sistêmica desarmônica e sem sentido. A simultaneidade com que se editam prodigamente normas jurídicas induz a um estado caótico de incerteza, que, obviamente, caminha em sentido contrario ao direito.

Segundo aspecto, não menos importante, diz respeito à qualidade das normas editadas, cuja ineficácia resulta da pouca durabilidade a elas ontológica. Urgência é a palavra de ordem de leis editadas em profusão. Essas normas ditas urgentes tratam de situações pontuais e específicas, quase sempre contraditórias entre si, gerando incoerências naquilo que se concebe como sistema normativo.

Terceiro, dentre tantos outros, é o aspecto de busca do Direito em acompanhar as mudanças sociais. Todos estamos inseridos numa sociedade que muda numa velocidade avassaladora, movida por regras advindas de um consumo desenfreado, motivada por um avanço tecnocientífico sem precedentes na historia humana. Vive-se um tempo em que não se constroem mais sólidas catedrais, dessas que movimentam tantos turistas ao velho mundo somente para apreciá-las. A sociedade do *fast food* não admite perda de tempo. A lógica consiste em que comer, sim, é necessário, mas alimentar-se — no sentido de fazer-se refeições em famílias, ou entre grupos de amigos, enfim, em momentos de pausa em que a alimentação se dá tanto no plano orgânico, com a satisfação das funções do corpo, como na órbita psicossocial — não, pois o tempo deve ser aproveitado e não desperdiçado em relações que se supõem desnecessárias.

Visto desse modo, o tempo do avanço tecnológico e das mudanças sociais é incompatível com um Direito que, qual as catedrais, deve ser construído em bases sólidas e, do mesmo modo que as refeições, precisa ter a capacidade de nutrir as relações intersubjetivas para a saúde orgânica do corpo social em que se insere.

O desafio, portanto, consiste em descolar o Direito desse tempo despótico e devorador, reconectando-o com o tempo que une, frutifica e estabelece uma condição para sua sobrevivência. Trata-se de um tempo próprio ao Direito, necessário a que tenha aptidão para capacitar a organização da sociedade, esta sim sujeita ao tempo cronológico.

4 — Processo e celeridade

O aspecto de maior relevância temporal para o Direito, insista-se, diz respeito à espera das partes pela prestação jurisdicional por meio do Estado. O processo judicial, dentro de uma lógica reparatória, não tem condições de restaurar aos litigantes o *status quo ante*. O produto final do processo, quase sempre senão em todas as ocasiões, representará uma forma de compensação ao titular de um direito violado.[14] Porém, essa devolução inexata, na qual consiste, como visto, a reparação, deve se materializar da maneira mais próxima possível do seu objeto, o que inclui, como corolário lógico, a busca incessante da celeridade. Portanto, segundo uma perspectiva estritamente instrumental, a exigência de rapidez da prestação jurisdicional prende-se, fundamentalmente, à busca de maior proximidade possível entre restituição e a situação jurídica substancial que deu ensejo à provocação da inércia jurisdicional.

Porém, como bem sabem os assim denominados operadores do Direito, no jogo processual, o fator tempo atua de maneira antagônica para os litigantes. Pela razão fundante do princípio da celeridade, antes aludida, o detentor do bem juridicamente violado pretende a devida restituição o quanto antes, ao passo em que o ofensor intenta, senão impedi-la, ao menos retardá-la o máximo possível. Esses movimentos contraditórios têm obvias repercussões sobre o processo. De um modo simplificado, tem-se que, quanto maior a capacidade do Poder Judiciário para a entrega do bem jurídico violado, logicamente mais próximo está da concretização do próprio Direito. Em sentido inverso, quanto menor essa capacidade, mais distanciado o Estado do cumprimento de seu objetivo primordial de afirmar a ordem jurídica em que ele próprio se arrima e não apenas institui, de forma que o Direito, enquanto realidade, torna-se rarefeito. Não por outra razão Rui Barbosa, em sua famosa "Oração aos moços", advertia os formandos da turma de direito do Largo de São Francisco, já na década de 1920 do século passado, que "justiça atrasada não é justiça, senão injustiça qualificada", a revelar que o próprio direito perece frente a uma assincronia entre a demanda e a reparação.

Esse simples enunciado demonstra que a autonomia científica do Direito processual frente ao direito material não pode gerar confusões, nem permitir que a celeridade seja vista de forma isolada. A jurisdição deve ser rápida e, ao mesmo tempo, justa. Rapidez está, portanto, umbilicalmente relacionada com justiça, de modo que a presença de uma sem outra não faz o menor sentido. Com a costumeira precisão José Carlos Barbosa Moreira adverte que "se uma justiça lenta demais é decerto má, daí não se segue que uma justiça muito rápida seja necessariamente uma justiça boa. O que todos devemos querer é que a prestação jurisdicional seja

---

(14) Tal regra não se aplica de modo absoluto, como, por exemplo, ocorre no caso de demandas com caráter preventivo, ou naquelas afetas a direitos metaindividuais.

melhor do que é. Se para torná-la melhor é preciso acelerá-la, muito bem: não contudo a qualquer preço".[15]

5 — Alcance hermenêutico dos princípios que enlaçam tempo e direito

Convém, pois, retomar o cotejo das expressões "duração razoável e celeridade" contidas no aludido inciso LXXVIII, do art. 5º da CRFB, para perceber-se que a sinonímia a elas emprestada mostra-se inexata.

O método estritamente literal de hermenêutica jurídica recomenda que não se despreze nenhum termo ou expressão contido na norma jurídica, tendo como premissa a inexistência de palavras inúteis na lei, o que vale, com muito mais razão, quando se trate do texto da própria Constituição. Se é verdade que a norma em apreço vincula a celeridade na tramitação à duração razoável da demanda, também o é que estabelece uma distinção entre ambas. Caso assim não fosse, bastaria a referência exclusiva à celeridade, ou apenas à duração razoável, para que o constituinte derivado alcançasse o fim colimado pela norma. Não foi o que ocorreu e, tal como visto anteriormente, conforme a técnica de interpretação gramatical, considerando que nenhuma norma contempla excesso vernacular, é de rigor concluir que, ao expressar a duração razoável e a tramitação célere do processo de modo distinto, a Carta Magna instituiu dois aspectos que, embora relacionados entre si, mostram-se inconfundíveis.

Portanto, indo além da técnica gramatical e buscando um sentido para a norma que contemple a distinção contida no texto constitucional, deparamo-nos com o conteúdo regenerador do processo judicial, segundo o qual a relação trilateral instaurada com a intervenção estatal na solução dos conflitos tem por escopo um efeito restaurador, que, fundamentalmente, traduz-se em dois aspectos. Primeiro, solucionando o próprio conflito e, assim, curando as feridas por ele provocadas, de modo que o processo instrumentaliza a reparação da lesão praticada. E, segundo, ao fazê-lo, a demanda promove um efeito de pacificação social, transcendente à esfera de interesses estritos das partes, em que situado o conflito.

Para que se alcance esse desiderato restaurador, a jurisdição deverá permitir, através do devido processo legal, uma maturação do próprio conflito. Tal como o Direito, a vida processual possui um "tempo próprio", segundo o qual "ao reviver no seu tempo próprio a cena do conflito, o processo mobiliza o tempo social fundador arrancado à desordem inicial; ao representar o crime em formas e linguagens socializadas, o processo não se limita a repetir o passado; ao redizê-lo ele o regenera".[16] Retomando a metáfora anterior, a cicatrização de uma ferida tem

---

(15) O futuro da justiça: alguns mitos. *Revista de Processo*, v. 102, p. 232, abr./jun. 2001.
(16) GARAPON, Antoine. *Le temps judiciaire, in bien jugar. Essais sur le rituel judiciaire*. Paris: Odile Jacob, 1997. p. 51 e ss., *apud* OST, F. *Op. cit.*, p. 15.

seu tempo, que pode ser acelerado com cuidado, mas que implica em remexer o que está purulento para tratá-lo até a cicatrização. O mesmo ocorre com o processo, que, para alcançar a reparação, ou cura do conflito, mantendo o clima de paz, tem seu tempo de maturação, com a observância de prazos, procedimentos, recursos, provas, enfim, tudo o quanto a ordem processual prevê como de observância necessária para que se chegue à regeneração do que foi potencialmente maculado por uma lesão anterior. Dito de outro modo, o tempo do processo pode ser acelerado através da observância estrita das regras processuais, que asseguram, o tanto quanto possível, uma restituição da situação de Direito, onde subjaz a justiça. Nesse diapasão, é possível afirmar, sem o receio de incorrer em equívoco e simplificação, que o decurso de certo tempo acaba por ser necessário à restauração do próprio conflito.

Dentre os objetivos fundamentais que institui, a Constituição estabelece o de "construir uma sociedade livre, justa e solidária" (inciso I, do art. 3º), o que somente pode ser alcançado por meio, como é óbvio, da conjugação de todos os valores e regras emergentes da Lei Maior, mas, particularmente, através do tempo de maturação que o Direito, tanto material quanto o processual, possui. Verdade que há, sim, uma chamada constitucional a um aceleramento das decisões judiciais. O mundo contemporâneo, segundo o qual deve ser interpretada a ordem jurídica, não tolera desperdício de tempo. Há, também, uma imposição à transparência de toda ação estatal (art. 37, CRFB), onde incluída a jurisdição prestada. Logo, não se tolera o retardamento injustificável de demandas judiciais. Porém, e isso é de fundamental importância, a falsa sinonímia entre celeridade e duração razoável pode conduzir a um "atropelo procedimental"[17] e, de tal modo, contrariar a ordem jurídico-constitucional que se afirma cumprir.

Os processos, diferentes entre si, como distintos são os ramos do Poder Judiciário e as classes processuais, não têm, como não deveriam ter, uma mesma dinâmica. Um processo célere é assim sabido de antemão, pois como visto anteriormente diversos outros subprincípios, assim como o devido processo legal, determinam, segundo a observância da ordem posta, se tal princípio está presente. O mesmo não ocorre com a duração razoável, que, por residir na efetividade da prestação havida, "é uma expressão que guarda um conceito indeterminado, razão pela qual somente no caso concreto poder-se-á afirmar se determinado processo teve ou está tendo tramitação com duração razoável".[18]

Assim, cada relação processual é singular, envolvendo um conflito específico. O tratamento massificado, meramente numérico dos conflitos recai na hipótese, extremamente arriscada, de ignorar as peculiaridades de cada caso e, com isso, não se atingir o fim restaurador objetivado pela jurisdição estatal. Vale dizer, como

---

(17) LOPES JÚNIOR, Aury. *Direito processual penal e sua conformidade constitucional*. Rio de Janeiro: Lumen Juris, 2011. p. 10.
(18) LEITE, Carlos Henrique Bezerra. *Curso de direito processual do trabalho*. São Paulo: LTr, 2006. p. 58-59.

na vida, em que pessoas distintas vivem, segundo sua própria individualidade, durante números de anos díspares entre si, os processos judiciais assumem caminhos que lhe são próprios, de modo que será razoável a duração mais ou menos célere, segundo os caminhos trilhados por aquela demanda — por exemplo, em ações aparentemente semelhantes, a dilação probatória pode ser totalmente distinta em ambas logicamente desde que observado o devido processo legal.

6 — Tempo e qualidade da jurisdição

A questão que se coloca, então, é a da relação entre quantidade e qualidade das decisões proferidas nas demandas judiciais. Por qualidade, deve ficar bem entendido que não se está a referir, no presente estudo, à erudição dos julgados, com exigência de profundo conhecimento tecnocientífico, expressado por meio de vastas citações doutrinárias e jurisprudenciais. Se expressa, com a palavra qualidade, antes de tudo, a capacidade de uma decisão judicial bem aplicar a abstração normativa à concretude do objeto do litígio, materializando a esperada justiça. Cria-se, por meio dessa relação, uma tensão entre opostos, que pode ser assim enunciada: quanto maior o quantitativo processual, menor o tempo que o julgador terá para discernir cada demanda, individualmente considerada. O problema consiste numa tendência a solucionar tal relação privilegiando-se o quantitativo. Isso representa uma apropriação do tempo processual, com nefastas consequências ao monopólio estatal da jurisdição.

Como visto, a inclusão do postulado de duração razoável do processo no texto da Constituição deu-se por meio da Emenda Constitucional n. 45/2004, que, ao mesmo tempo, provocou sensíveis alterações no Poder Judiciário. Dentre as mudanças de maior significado, sem dúvida alguma, encontra-se a instituição do Conselho Nacional de Justiça, dentro da estrutura do Poder Judiciário, no art. 103-B da CRFB. Esse órgão tem por escopo prestar relevante serviço à sociedade brasileira, ao controlar a atuação administrativa e financeira do Poder Judiciário, zelando pela autonomia da estrutura de poder a que está integrado (art. 103-B, § 4º, *caput* e incisos). Com a reafirmação da autonomia do Poder Judiciário, através de um órgão administrativo que tem como missão precípua protegê-lo, fica patente o objetivo constitucional de reforçar a vontade de que, com a prestação jurisdicional justa — repita-se, justiça expressada pelo somatório do resultado e o tempo da prestação jurisdicional — a composição dos conflitos contribua firmemente para a pacificação e o equilíbrio social. Cuida-se, pois, imediatamente, daquele que tem vocação e competência para a jurisdição estatal, de maneira a zelar, mediatamente, pela própria jurisdição.

Não obstante os relevantes serviços que vem prestando desde a sua implantação, o CNJ, ao que parece, tem dado importante carga valorativa ao aspecto quantitativo da prestação jurisdicional. Essa preferência é vista, nitidamente, no bordão da "Justiça em números". O problema está em que a justiça, como devolução da solução estatal aos conflitos intersubjetivos, não se mede em números. Advogados, Ministério Público e magistrados não são produtores de demandas e soluções judiciais pré-moldadas, que desprezem as especificidades da causa, o drama humano nela encerrado.

O Direito, como engenho humano, recebe o impacto do tempo e com ele guarda íntima relação. A começar do fato de que o próprio tempo cronológico, segundo o conhecemos, também consiste em algo produzido pelo homem, não consistindo em fenômeno natural, como se poderia, em princípio, imaginar. A alta velocidade por todos sentida é incutida por aqueles que detêm o poder e podem se beneficiar desse aceleramento. Não há, pois, nada de natural na forma como vemos e sentimos o tempo. Segundo Milton Santos, criou-se a falsa imagem de que a velocidade constitui um dado histórico irreversível, com o objetivo de obter-se elevado nível de fluidez, benéfica a certos atores sociais dotados de alta capacidade econômica. Arremata o autor antes aludido que, "como tal exercício não responde a um objetivo moral e, desse modo, é desprovido de sentido, o resultado é a instalação de situações em que o movimento encontra justificativa em si mesmo".[19] Trasladada à questão objeto do presente estudo, tem-se a dissociação entre a justiça material e a relação processual a ela jungida, porquanto se propaga a falsa ideia de que a justiça é obtenível apenas de dados numéricos e estatísticos.

Essa concepção, repita-se, desprovida de qualquer base minimamente sustentável, é ideológica, explicando "a forma como a sociedade brasileira percebe, hoje em dia, seus problemas sociais e políticos seja 'colonizada' por uma visão 'economicista' e redutoramente quantitativa da realidade social".[20] Trata-se de uma nova forma de dominação pelos números, que subjuga a sociedade segundo os parâmetros estabelecidos por quem tenha o poder para fazê-lo, consciente ou inconscientemente. Isso significa que mesmo os discursos melhores intencionados podem estar servindo a objetivos subalternos.

Partindo da premissa de que "o tempo é uma instituição social antes de ser um fenômeno físico e uma realidade psíquica", que François Ost verifica uma relação performativa, onde tempo e direito se enredam, de modo não linear, o que permite o estabelecimento de um "tempo social", ou "tempo público", que se opõe ao uso despótico do tempo, gerador do processo de "destemporalização".[21] O ato de destemporalizar deve ser visto segundo a perspectiva cronológica e, portanto, estatística.

O tempo que, ao ser acelerado, tiraniza, devora, escapa, maltrata, sentido tanto no plano da individualidade quanto no coletivo, atinge todas as esferas, insti-

---
(19) *Por uma outra globalização*. Rio de Janeiro: Record, 2000. p. 125.
(20) SOUZA, Jessé. *A ralé brasileira*: quem é e como vive. Belo Horizonte: UFMG, 2009. p. 16.
(21) Tais ideias estão plasmadas na já referida obra *O tempo e o direito*, podendo ser vistas, de modo sintético, nas p. 23-46.

tuições e campos, o que inclui, por óbvio, as estruturas jurídicas. "O fascínio pelos números e pelas estatísticas hoje em dia parece ter substituídos a retórica vazia e as 'palavras bonitas' ou difíceis que faziam o prestígio dos bacharéis do passado: nos dois casos, fala-se do que não se conhece com toda a pose de quem sabe muito. Mudam-se os jogos da dominação, que pressupõe desconhecimento sistemático da realidade sob a aparência de conhecimento, mas se preserva o mesmo sucesso ao se travestir o espírito quantitativo da época".[22]

A prestação jurisdicional, portanto, não pode, nem deve, ser decomposta pura e simplesmente em números. O tempo e o direito, como visto, são indissociáveis, havendo manifesto impacto de um sobre o outro. Isso significa que qualquer posição adotada pelo CNJ acerca da "duração razoável do processo" tem impacto político sobre o mundo jurídico e transborda aquilo que seja estritamente administrativo, ou seja, ultrapassa o limite fixado pela Constituição ao órgão de controle.

Portanto, a dissociação conceitual dos distintos conceitos de duração razoável e celeridade possui um caráter essencialmente político, no sentido inegável de política judiciária. Estão em jogo o Direito que se quer e o sistema de soluções a ele correspondente.

Conclusão

O ato de julgar mostra-se intransferível. A atividade judicante não pode ser tarifada. Cada processo exige empenho e dedicação, considerado o conflito de interesses que dele decorre e de cuja solução dependerá o restabelecimento da paz social. A dimensão processual é a do humano, pois é na pessoa que, a final, que se fará repercutir o efeito de todo o ocorrido durante a demanda judicial. Justiça é o "produto" que o Judiciário, com a participação dos advogados, entrega à sociedade. Não é por acaso que hoje em dia há uma tendência à quantificação e à virtualização do mundo concreto. A tentativa é a de romper os limites estruturantes da realidade humana. Nesse contexto, a superação dos limites pautados em espaço e tempo possibilitam justificar o absurdo, desde que justificado em números e dados estatísticos, porquanto a métrica não comporta valores impalpáveis decorrentes do ético e do justo.

Segundo François Ost, o "verdadeiro detentor do poder é aquele que está em posição de impor aos outros componentes sociais sua construção temporal, como o mercado ..., que hoje impõe o tempo e dita o compasso para todos os Estados do planeta no âmbito de uma economia mundializada e privatizada".[23] Se isso é verdade, e parece ser, um projeto privatístico de solução de conflitos não comporta um instrumento estatal que seja percebido como eficiente pela sociedade.

---

(22) SOUZA, Jessé. *A ralé...*, cit.
(23) *O tempo...*, cit., p. 27.

Não por acaso "a força do liberalismo economicista, hoje dominante entre nós, só se tornou possível pela construção de uma falsa oposição entre mercado como reino paradisíaco de todas as virtudes e o Estado identificado com a corrupção e o privilégio".[24] Os paradoxos retoricamente criados explicam que as críticas dirigidas à morosidade processual não atacam os pontos nevrálgicos determinantes de ações que se perpetuam, como, a título de exemplo, um sistema de ampla recorribilidade que desnuda a desconfiança em si mesmo, permitindo a protelação a pretexto de observância a um sacrossanto "direito de ampla defesa". Normalmente, as críticas são dirigidas a pessoas — juízes e advogados — como se neles estivesse o problema. O presente ensaio não introduzir uma sustentação ingênua ou hipócrita da inexistência de maus profissionais. Eles existem e são punidos em boa parte das situações palpáveis. Porém, é preciso dizer que tais discursos desviam o foco do verdadeiro problema, que pretende desmontar todo um sistema de solução de conflitos construído, por anos a fio, através de conquistas da sociedade brasileira.

Muitas transformações no processo são necessárias para dotar as relações processuais de mecanismos necessários à maior efetividade das demandas judiciais. O processo eletrônico, assim como diversas outras modificações da legislação infraconstitucional poderão e deverão aportar suas respectivas contribuições. Porém, os meios não podem transformar-se em fetiche. Os operadores do Direito devem iden-tificar onde está o canto da sereia que se disfarça através da frieza estatística e numérica. Se os opositores do Direito lograrem, por desgraça, acabar com a condição humana dos destinatários da prestação jurisdicional, muito provavelmente será o fim de magistrados, advogados, membros do *parquet*, enfim, de todos nós que, em tal hipótese, teríamos esquecido que, por trás de cada processo, tem gente de carne e osso.

Bibliografia

ALMEIDA, Cleber Lúcio. *Direito processual do trabalho*, Belo Horizonte: Del Rey, 2012.

BARBOSA, Rui. *Oração aos moços*.

CORTELLA, Mario Sergio. *Não nascemos prontos! Provocações filosóficas*. Petrópolis: Vozes, 2009.

CUNHA, Alexandre Teixeira de Freitas Bastos. Os direitos sociais na constituição. Vinte anos depois. Promessas e concreção. In: *Direitos sociais na Constituição de 1988. Uma análise crítica vinte anos depois*. São Paulo: LTr, 2008.

GARAPON, Antoine. *Le temps judiciaire, in bien jugar. Essais sur le rituel judiciaire*, Paris: Odile Jacob, 1997, *apud* OST, François. *O tempo do direito*. Tradução ao português de Maria Fernanda Oliveira. Lisboa: Instituto Piaget, 1999.

---

(24) SOUZA, Jessé. *A ralé...*, cit., p. 16.

LEITE, Carlos Henrique Bezerra. *Curso de direito processual do trabalho*. São Paulo: LTr, 2006.

LOPES JÚNIOR, Aury. *Direito processual penal e sua conformidade constitucional*. Rio de Janeiro: Lumen Juris, 2011.

MENDES, Gilmar Ferreira; COELHO, Inocêncio Mártires; BRANCO, Paulo Gustavo Gonet. *Curso de direito constitucional*. São Paulo: Saraiva, 2008.

MOREIRA, José Carlos Barbosa. O futuro da justiça: alguns mitos. *Revista de Processo*, v. 102, abr./jun. 2001.

OST, François. *O tempo do direito*. Tradução ao português de Maria Fernanda Oliveira. Lisboa: Instituto Piaget, 1999.

SANTOS, Milton. *Por uma outra globalização*. Rio de Janeiro: Record, 2000.

SOUZA, Jessé. *A ralé brasileira:* quem é e como vive. Belo Horizonte: UFMG, 2009.

A Execução Trabalhista...
a Cabeça da Medusa de Perseu

Benizete Ramos de Medeiros[*]

*"Não posso escolher como me sinto,
mas posso escolher o que fazer a respeito"*
(William Shakespeare)

1 — Introdução

Conta-nos a mitologia grega[1] que o valente filho de Zeus, de nome Perseu, foi incumbido da difícil, quase impossível, tarefa de combater a Medusa, um monstro terrível que habitava uma caverna no interior do país e ameaçava a população da época.

Sabia-se que a Medusa já fora uma linda donzela que se vangloriava por seus atributos físicos, especialmente a beleza de seus cabelos. Narcisista, acabou despertando a inveja e a ira da deusa Afrodite, que privou a jovem de seus encantos e transformou suas madeixas em horríveis serpentes; e assim a Medusa se tornou um monstro de aspecto tão horrível que transformava em pedra qualquer ser vivo que ousasse olhar para seu rosto diretamente.

Mas, apesar de conhecedor disso, o corajoso Perseu não teve medo e precisou mostrar sua força e vencer o monstro temido por todo o povo e recuperar admiração

---
(*) Advogada trabalhista; professora de Direito do Trabalho e Processo do Trabalho; membro da Comissão Permanente de Direito do Trabalho do IAB; diretora da ACAT; diretora da ABRAT e membro JUTRA.
(1) Disponível em: <http://indiscutivelrelevancia.wordpress.com/2010/02/10/perseu-vida-e-obra/; http://www.dec.ufcg.edu.br/biografias/MGPerseu.html>.

e poder. Para isso, recebeu um escudo espelhado de Atena, partindo para a caça ao temível monstro e, assim, indiretamente, era guiado pela imagem da Medusa ali refletida. Então, lutou, lutou, até cortar a cabeça da Medusa e recuperar seu *status* de filho do Deus Zeus.

Esta mitologia grega nos faz refletir sobre o processo de execução trabalhista na atualidade, com várias cabeças da Medusa que vêm petrificando o judiciário, os exequentes, por anos ou décadas — isso mesmo – décadas —, sem êxito, notadamente quando o devedor, seja pessoa física ou jurídica, os seus sócios possuam patrimônio ou não, ou tenham se utilizado dos inúmeros mecanismos de fraude e demais práticas com o fito de postergar ou mesmo não cumprir a obrigação, achincalhando, em última, ou talvez em primeira hipótese, o próprio Judiciário trabalhista.

Isso tem sido uma prática que não pode mais ser tolerada, carecendo atos heroicos para ser vencida. Este é o foco do trabalho. Mas, não se tratará aqui de algumas execuções especiais, como a execução contra a Fazenda Pública, porque nessa hipótese, não há herói que consiga cortar a cabeça da Medusa e, então, melhor que esse tópico seja estudado por alguém mais corajoso ou mesmo em outra oportunidade, com mais fôlego.

Também não se deseja traçar um estudo nem profundamente acadêmico, tampouco com abrangência de todos os aspectos controvertidos do processo de execução trabalhista, detendo-se mais na análise do tempo e dos mecanismos legais editados, inclusive os recentes — não tão mais — atos editados pelo TST e CNJ no intuito de reduzir os embates dos processos em execução, que tanto oneram os cofres públicos e os particulares dos advogados que vivem do árduo trabalho de cada dia.

De qualquer sorte, necessário se faz buscar algumas bases doutrinárias, como o conceito e o próprio objetivo da execução, a fim de melhor desenvolver a ideia central, ou seja, o que pode ser feito, para se implementar a era do cumprimento das decisões judiciais..

2 — Revisitando o conceito de execução e sua origem para entender o atual momento de crise

No mundo antigo a execução era pessoal, portanto o devedor pagava com sua vida, com sua liberdade, uma obrigação inadimplida. A evolução legislativa avançou no sentido da execução real, portanto, somente os bens presentes e futuros dos devedores são passíveis de constrição para pagamento de dívida, humanizando-se assim, o instituto.

No Brasil, várias legislações e decretos informaram o processo de execução trabalhista, sendo o primeiro de 1939 — Decreto-Lei n. 1.237, passando por diversas alterações. Atualmente, encontra-se disciplinada por quatro normas legais: A CLT;

Lei n. 5.584/70; Lei n. 6.380/90 e o CPC, com suas alterações recentes. Lembrando que as alterações da Lei n. 11.232/2005, que trouxeram atualização e modificação de 66 artigos no código de Processo Civil, continua despertando acerca de alguns artigos, profundas discussões acerca de sua aplicabilidade no Processo de execução trabalhista, embora avançado em seu conteúdo. Tudo isso, por amor extremo da compatibilidade com a CLT, a teor do art. 769 desse diploma legal.

Valiosa e oportuna a observação de Mauro Schiavi[2] para quem um dos capítulos do processo do trabalho que tem sido apontados como grande entrave ao acesso real e efetivo do trabalhador à Justiça do Trabalho é o da execução, uma vez que, mesmo com a simplificação do processo na CLT, vem perdendo terreno para inadimplência e contribuindo para a falta de credibilidade da Jurisdição Trabalhista, enfrentando, com isso, o credor, um verdadeiro calvário. Mesmo quando o devedor tem condições de satisfação do crédito, aposta na burocracia do Processo e não raro, nos mecanismos de escusa.

Para entender esse ponto de gargalo e onde o possível retrocesso legislativo, importante analisar, ainda que superficialmente, o conceito e a natureza da execução. Manuel Antonio Teixeira Filho[3], apresenta um conceito detalhado para execução trabalhista. Para ele, execução é:

> (1) é a atividade jurisdicional do Estado, (2) de índole essencialmente coercitiva, (3) desenvolvida por órgão competente, (4) de ofício ou mediante iniciativa do interessado, (5) com o objetivo de compelir o devedor (6) ao cumprimento da obrigação (7) contida na sentença condenatória transitada em julgado (8) ou em acordo judicial inadimplido (9) ou em título extrajudicial previsto em lei.

Nesse compasso, o citado autor[4] analisa cada um dos itens do conceito separadamente, o que não se repetirá aqui, às inteiras, mas, relembrar-se-á aqui alguns que servirão de sustentação para o desenvolvimento do estudo.

A execução é atividade jurisdicional do Estado, um poder, um dever do Estado, que se invoca sempre que tiver sofrido uma lesão e haja amparo legal. Por isso, cabe ao credor exigir do Estado que conduza o devedor ao adimplemento da obrigação a que se obrigou, e para isso, no dizer de Teixeira Filho[5] *valendo-se de todo aparato jurídico coercitivo de que dispõe.*

Acerca da índole essencialmente coercitiva da execução, elucida o autor[6] que não cumprida a obrigação declarada em processo de conhecimento, cabe ao credor solicitar do juiz que torne concreta e efetiva a sanção de que se faz dotado

---

(2) SCHIAVI, Mauro. *Execução no processo do trabalho*. 2. ed. São Paulo: LTr, p. 23.
(3) TEIXEIRA FILHO, Manoel Antonio. *Execução no processo do trabalho*. 9. ed. São Paulo: LTr, p. 33.
(4) *Op. cit., passim.*
(5) *Ibidem*, p. 36.
(6) TEIXEIRA FILHO. *Op. cit.*, p. 37-38.

o título executivo judicial. A sentença, não é mero preceito ou "um sino sem badalo," já que guarda o elemento sancionador e, portanto, pode o Estado valer-se de todos os meios e instrumentos jurídicos coercitivos necessários a conduzir o devedor a adimplir a obrigação.

Outro aspecto do conceito que merece[7] ser revisitado, a partir do citado autor, é aquele que se refere a *"de officio* ou mediante iniciativa do interessado". Revela-se aqui importante aspecto do conceito, que é a faculdade que a lei atribui ao juiz de dar início à execução trabalhista, a teor do art. 878 da CLT, pois, no entendimento desse autor, a execução trabalhista é mera fase do processo de conhecimento. No entanto, respeitando tal posição, embora discordemos, pouco importa se se trata de processo autônomo ou mera fase, o certo é que ele se inicia com a citação do executado para pagar e o *start* é o do Estado, para buscar efetivar a entrega da prestação jurisdicional.

O Juiz é representante do Estado, e o processo no mundo moderno deve andar a par e passo com a globalização, onde a rapidez é a palavra de ordem e o Estado moderno, *ex officio*, deve estar atento a essas necessidades processuais, notadamente a sua finalização com satisfação final da obrigação

E, seguindo-se na decodificação do conceito, repara-se que o objetivo da execução é "compelir o devedor ao cumprimento da obrigação". Portanto, ele não é citado para oferecer embargos, embora possa exercer esse direito, mas sim, para cumprir a obrigação contida na sentença condenatória. Portanto, ele é compelido a fazê-lo. E, uma vez não atendendo a essa determinação, responde com seu patrimônio presente e futuro. Eis o ponto de "nó cego".

Com efeito, o conceito é claro, traduz comandos de *imperium,* mas, o Judiciário trabalhista tem sido tímido. Os processos de execução se arrastam anos a fio, os magistrados são receosos de medidas ousadas, com receio, alguns, das consequências, a despeito da natureza forçada da execução e do aparato legal. Em muitas situações se verifica mesmo a transferência do ônus ao exequente, que deverá achar os bens do devedor e ou dos sócios, descobrir as fraudes, e pior, convivendo com a dificuldade de demonstrar ao magistrado da execução, tudo isso, como se o seu direito tivesse encerrado com o ato de sentença.

A análise da origem, conceito e natureza jurídica se faz essencial para que rompa com o véu de certos princípios da execução e avance na efetiva entrega da prestação jurisdicional, com aplicação dos preceitos, de multas, sem qualquer receio.

3 — Relembrando alguns princípios

Mas, se alguns princípios que regem o processo de execução são benéficos ao executado no processo civil, não é demais relembrar que no processo do Trabalho,

---

(7) *Ibidem*, p. 39.

embora subsistam, são de aplicação mais cuidadosa e em consonância com a natureza de hipossuficiência de uma das partes.

Mauro Schiavi[8] apoiando-se em Fredie Didier Jr. aponta que o princípio da efetividade que nasce do princípio do devido processo legal só se conserva na execução trabalhista quando é capaz de entregar no menor prazo possível a obrigação fixada no título, tendo assim, a execução, o máximo de resultado com o menor dispêndio.

E, cotejando alguns princípios, dos quais, extraímos o texto que avalia o princípio da vedação do retrocesso social, segundo o qual deve estar sempre acompanhando os direitos fundamentais do cidadão, bem como propiciar a efetividade do direito fundamental do trabalhador a efetiva justiça, sendo, para isso, de relevante importância a melhoria da execução trabalhista, como forma de garantir a melhoria da condição social do trabalhador expresso no texto constitucional.

3.a) Princípio da razoável duração do processo como direito fundamental

Como não podia deixar de trazer o importante diálogo entre o princípio da razoável duração do processo (CRFB, art. 5º. LXXVIII) e a morosidade da execução trabalhista, para isso, mais uma vez, nos socorremos do brilhante e sensível Schiavi[9], em cujo tema, firma posição de que tal princípio não é mera regra programática, mas sim princípio fundamental norteador da atividade juridisdicional, seja na interpre-tação da legislação, ou para o próprio legislador editar normas, dispensando, inclusive, pela sua eficácia lei regulamentadora. No entanto, evidencia que deve estar o Estado aparelhado para sua efetivação, pois o Estado é também responsável por sua inércia, pela ausência de condições de se implementar uma justiça que atenda os fins sociais, o Estado Democrático de Direito.

O princípio da razoabilidade do processo não nasceu para figura decorativa no ordenamento, tampouco para atender a mera pressão da sociedade, mas sim no momento de avanços sociais e econômicos.

Assim, reforma do Judiciário, através da EC n. 45/2004, trouxe, dentre outros, o princípio da razoável duração do processo e passou a integrar o corpo da nossa Constituição, no nível de princípio fundamental, cuja redação é expressiva, no art. 5º, LXXVIII, "A todos, no âmbito judicial e administrativo, são assegurados a razoável duração do processo e os meios que garantam a celeridade de sua tramitação".

Nesse ponto também de se relembrar Luis Carlos Moro[10] para quem "não é nova a promessa processual de brevidade, assim como não são novas as promessas

---
(8) SCHIAVI. *Op. cit.*, p. 33.
(9) *Ibidem*, p. 38.
(10) MORO, Luis Carlos. A razoabilidade da duração de um processo — como atuar para que se deslindo um feito em prazo razoável? O que é razoável. In: MEDEIROS, Benizete Ramos de

da legislação não cumprida na vida real. Inclusive a Constituição da República pode ser considerada uma promitente a quem seus servidores no legislativo não foram fiéis".

Realçando esse autor, que floreia que na esfera da legislação processual civil e trabalhista a celeridade se impunha como um dever fundamental do magistrado e, após a EC n. 45/2004, a celeridade e duração razoável passaram a ser um direito fundamental da parte, alterando-se assim, o centro de gravidade do direito à celeridade processual, imiscuindo-se as normas básicas dos arts. 125, II do CPC e 765 da CLT, nos direitos e garantias fundamentais, aliando-se ainda mais à missão da autoridade de velar pela rapidez do feito.

E chega mesmo a concluir, em seu artigo, que na hipótese de não atendimento ou eventual insensibilidade ao apelo formulado diretamente ao magistrado a quem incumbe o feito, fica patente a possibilidade de impetração de mandado de segurança para amparar o direito líquido, certo e exigível da razoável duração do processo.

4 — COTEJANDO A PRÁTICA TRABALHISTA COM OS AVANÇOS DA LEI N. 11.232/2005

Na análise da Lei n. 11.232/2005, não é demais cotejar os ensinos de Bezerra Leite[11] para quem a natureza jurídica da execução trabalhista frente às novas regras do processo sincrético "O processo de execução autônomo de título judicial, foi, no processo civil, substituído pelo 'cumprimento da sentença', que uma simples fase procedimento posterior à sentença, sem a necessidade de instauração de um novo processo (de execução)".

Eis o chamado sincretismo processual ocorrido no processo civil, que consiste na simultaneidade de atos cognitivos e executivos no mesmo processo e tem por objetivo tornar a prestação jurisdicional mais ágil, célere e, consequentemente, mais efetiva. Com certeza, se a prestação do serviço jurisdicional constitui ato essencial à administração (pública) da justiça, como obrigação do Estado, como se analisou acima, portanto, é raciocínio lógico concluir que deve, o judiciário como um todo, inclusive a Justiça do Trabalho, buscar incessantemente a operacionalização dos princípios da eficiência (CF, art. 37, *caput*) e da duração razoável do processo, inserido pela Emenda Constitucional n. 45/2004.

Daí, continuando com o citado autor[12], que lucidamente entende que "a necessidade de reconhecermos a ausência de completude do sistema processual

---

(coord.). *A Emenda Constitucional n. 45/2004. Uma visão crítica pelos advogados trabalhistas.* São Paulo: LTr, p. 135, 145.
(11) LEITE, Carlos Henrique Bezerra. *Curso de direito processual do trabalho.* São Paulo: LTr, p. 935.
(12) LEITE. *Op. cit.*, p. 942.

trabalhista, máxime no que concerne no cumprimento da sentença trabalhista, e adotarmos, no que couber, a sua heterointegração com o sistema processual civil".

Isso não somente pela lacuna normativa, como também, no dizer de Luciano Athayde Chaves, citado por Bezerra Leite[13] diante das "frequentes hipóteses em que a norma processual trabalhista sofre de manifesto e indiscutível ancilosamento em face de institutos processuais semelhantes adotados em outras esferas de a ciência processual, inequivocadamente mais modernos e eficazes".

Com efeito, analisando os princípios basilares do Direito do Trabalho, notadamente o da proteção, além do caráter alimentar da verba, é de se estranhar a resistência na aplicabilidade de instrumentos modernos que visem à efetividade e o cumprimento da sentença, com valorização do legalismo em detrimento dos fins sociais do Direito.

Ada Pellegrini Grinover[14], que participou da elaboração do anteprojeto da Lei n. 11.232/05, esclarece que a lei "traz profunda modificação em todo o direito processual brasileiro e em seus institutos". A principal característica da lei — denominada de cumprimento de sentença — consiste na eliminação da figura do processo autônomo de execução fundado na sentença civil condenatória ao pagamento de quantia certa, generalizando o disposto nos arts. 461 e 461-A do CPC. Agora, a efetivação dos preceitos contidos em qualquer sentença civil condenatória se realizará em prosseguimento ao mesmo processo no qual esta for proferida.

Também com Bezerra Leite[15], analisando as disposições da CLT, notadamente o art. 876, sobre execução, com espeque no art. 769, fico convencida de não faz sentido algum a aplicação da estreita moldura do disposto no art. 880 da CLT, já que o processo civil dispõe, agora, de uma estrutura que superou a exigência da nova citação, rumo a uma mudança que anseia para acontecer, que requer seja implementada por se coadunar com as ideias de tempo, economia e efetividade processuais.

Por isso, é a hipótese mais evidente de lacuna ontológica do microssistema processual trabalhista. Acrescente-se, isso sem contar a economia aos cofres públicos e a boa imagem do judiciário.

Com o mesmo pensamento de avanço e de soluções efetivas, Schiavi[16]:

> Não pode o juiz do Trabalho fechar os olhos para normas de direito processual civil mais efetivas que a CLT, e se omitir sob o argumento de a legislação processual do trabalho não é omissa, pois estão em

---

(13) CHAVES, Luciano Athayde. *A recente reforma no processo comum:* reflexos no direito judiciário do trabalho. São Paulo: LTr, 2006. p. 28-29, *apud* LEITE, Bezerra. *Op. cit.*
(14) GRINOVER, Ada Pellegrini. Anteprojeto da Lei n. 11.232/2005, *apud* LEITE, Bezerra. *Op. cit.*, p. 942-943.
(15) *Ibidem*, p. 949.
(16) SCHIAVI. *Op. cit.*, p. 39.

jogo interesses muito maiores que a aplicação da legislação processual trabalhista, e , sim a importância do direito processual do trabalho, como sendo um instrumento célere, efetivo, confiável que garanta acima de tudo, a efetividade da legislação processual trabalhista e a dignidade da pessoa humana.

E, completa de que não há mais motivo de se manter a autonomia da execução no Processo do Trabalho, em detrimento do processo sincrético adotado pelo processo civil ante a Lei n. 11.232/05, com base nos argumentos da celeridade e simplicidade do procedimento; princípio da razoável duração do processo e acesso à justiça e efetividade da jurisdição trabalhista, além do fato da execução se iniciar de ofício e não carecendo petição inicial de titulo execução judicial, pois não se pode admitir o sacrifício do trabalhador com a demora na efetiva entrega da prestação jurisdicional com o recebimento de seu crédito por amor à autonomia do processo, devendo, pois, o intérprete ser orientado pelos princípios basilares do Direito Processual do Trabalho, em consonância, acrescente-se, com o objetivo de efetividade.

É imprescindível verificar sempre a finalidade social da regra contida no LICC art. 5º, "Na aplicação da lei, o juiz atenderá os fins sociais a que ela se dirige e às exigências do bem comum". Nesse compasso, é o Enunciado n. 66 da 21ª Jornada de Direito material e processual do Trabalho do TST.

APLICAÇÃO SUBSIDIÁRIA DE NORMAS DO PROCESSO COMUM AO PROCESSO TRABALHISTA. OMISSÕES ONTOLÓGICA E AXIOLÓGICA. ADMISSIBILIDADE. Diante do atual estágio de desenvolvimento do processo comum e da necessidade de conferir aplicabilidade à garantia constitucional da razoável duração do processo, os arts. 769 e 889 da CLT, comportam interpretação ao conforme a constituição Federal, permitindo a aplicação de normas processuais mais adequada à efetivação do direito. Aplicação dos princípios da instrumentalidade, efetividade e não retrocesso social.

Não se esquecendo de cotejar isso com a garantia de acesso à Justiça, esposado no 5º XXXXV e LXXVIII, e essencialidade do crédito trabalhista para subsistência do trabalhador, que evidenciam fatos relevantes para a aplicação do 475-J, dentre outros, ao rito executivo trabalhista.

Relembre-se, ademais que, no Código de Processo Civil, em seu art. 125, II, quando afirma que ao juiz compete velar pela rápida solução do litígio, constata-se também uma outra grande preocupação do legislador com a rápida entrega da prestação jurisdicional, então manifestada no art. 765 da CLT. Assim: "Os Juízos e Tribunais do Trabalho terão ampla liberdade na direção do processo e velarão pelo andamento rápido das causas, podendo determinar qualquer diligência necessária ao esclarecimento delas".

Com isso, chega-se mesmo a desconfiar da necessidade de se manter o volume de processos na Vara, com fincas a estatísticas, mas isso por certo é fruto de mente criativa e travessa, pois seria inconcebível tal intenção, por violar princípios constitucionais, sobretudo o da razoável duração do processo e próprios princípios da magistratura.

5 — As recentes — não mais tanto — ações para se solucionar o peso da execução trabalhista

Relevante ressaltar que este texto é escrito na primavera do ano de 2012.

Diante do assustador índice de processos trabalhistas em execução abarrotando as Varas trabalhistas, que, em 2010, havia 2,6 milhões de processos na fase de execução, e 696 mil (26,8%) foram encerrados naquele ano[17]. *A taxa de congestionamento foi de 68,61%,* nos levantamentos estatísticos, o Judiciário vem buscando medidas e soluções, agora sob a ótica do emperramento da máquina judiciária.

Já antes mesmo, os magistrados reunidos na 1ª Jornada de Direito material e Processual do Trabalho, de 23.11.2007, aprovaram, dentre outros, o Enunciado n. 71:

> Enunciado n. 71. ART. 475-J DO CPC. APLICAÇÃO NO PROCESSO DO TRABALHO. A aplicação subsidiária do art. 475-J do CPC atende às garantias constitucionais da razoável duração do processo, efetividade e celeridade, tendo, portanto, pleno cabimento na execução trabalhista.

Em setembro de 2011, observou-se no *site* do Tribunal Superior do Trabalho[18], o seguinte título: "Justiça do Trabalho inova com 1ª Semana Nacional da Execução", no qual se extrai, em resumo, que o presidente do Tribunal Superior do Trabalho e do Conselho Superior da Justiça do Trabalho (CSJT), ministro João Oreste Dalazen, havia assinado ato que instituía a Semana Nacional da Execução Trabalhista no âmbito da Justiça do Trabalho, com a proposta de fomentar medidas conjuntas e coordenadas destinadas a imprimir maior efetividade à execução trabalhista, momento do processo em que o devedor é cobrado a quitar os débitos reconhecidos judicialmente.

A proposta é de realização anual nos órgãos de primeiro e segundo graus, nos meses de junho, salvo em 2011, que ocorreu no mês de novembro.

Trouxe, ainda informação de realização de pesquisas destinadas à identificação de devedores e seus bens, por meio, sobretudo, das ferramentas eletrônicas disponíveis (BACENJUD, RENAJUD, INFOJUD etc.), a contagem dos processos de execução, a convocação de audiências de conciliação, a expedição de certidões de crédito, a alimentação e o tratamento dos dados do Banco Nacional de Devedores

---
(17) *Site* do TSTS. Acesso em: 9.2011.
(18) *Site* TST. Acesso em: 9.2011.

Trabalhistas, para fins da emissão da Certidão Nacional de Débitos Trabalhistas, e a divulgação da lista dos maiores devedores da Justiça do Trabalho.

Outra providência importante prevista pelo Ato é que as medidas também deverão ser aplicadas aos processos de execução em arquivo provisório, atualmente, cerca de 800 mil. Pretende-se, com isso, revolver esses casos arquivados, trazendo-os à tona e possibilitando a execução, que não se deu à época porque os devedores não tinham bens a serem penhorados.

Informou também a proposta de Leilão de âmbito nacional que objetiva o uso preferencialmente de meio eletrônico com pregão nacional, em que todos os Tribunais e Varas do Trabalho realizarão alienações judiciais de bens penhorados para pagamento de dívidas trabalhistas. Os procedimentos serão feitos, prioritariamente, a partir dos *sites* dos órgãos judicantes. O leilão eletrônico trará, de acordo com a Presidência do CSJT, mais transparência ao processo, além de universalizar a possibilidade de acesso dos interessados, já que pessoas em qualquer lugar do mundo poderão participar, bastando para isso um computador.

5.A) OS ATOS DO TST E CNJ

E efetivamente, o CNJ e o TST, já a partir de meados de 2010, em parceria com os regionais, passaram a implementar medidas para que se resolver a questão das execuções infindas, com criação de comissões de estudos e pesquisa — Comissão Nacional de Execução Trabalhista e o Banco de Boas Práticas da Corregedoria-Geral da Justiça do Trabalho —, que tem o ápice na identificação e localização de bens do devedor, em razão das inúmeras fraudes intentadas.

Assim os seguintes atos. Ato n. 6/2010 TST da CCGTJ,

Art. 1º Constituir Comissão com o objetivo de colher dados e informações no âmbito de toda a Justiça do Trabalho e proceder à realização de estudos voltados ao desenvolvimento de instrumentos ou medidas destinadas a imprimir maior celeridade e efetividade à execução trabalhista, contribuindo para a significativa diminuição do resíduo de processos dessa natureza. (grifos nossos)

A recomendação CGJT n. 1/2011, que dentre as justificativas para sua criação destaca-se a seguinte:

[...]

Considerando a preocupação em fomentar o cumprimento do dever de impulsionar de ofício os processos de execução;

Considerando a necessidade de exaurimento das iniciativas do Juiz, objetivando tornar frutífera a execução à luz das ferramentas tecnológicas disponíveis, mormente BACENJUD, RENAJUD e INFOJUD, antes do arquivamento dos autos.

RESOLVE:

RECOMENDAR às Corregedorias dos Tribunais Regionais do Trabalho que orientem os Juízes de Execução a adotarem a seguinte estrutura mínima e sequencial de atos de execução, antes do arquivamento dos autos:

a) Citação do executado;

b) Bloqueio de valores do executado via sistema do BACENJUD;

c) Desconsideração da personalidade jurídica da empresa executada, nos termos dos arts. 79 e 80 da Consolidação dos Provimentos da Corregedoria-Geral da Justiça do Trabalho;

d) Registro no sistema informatizado e citação do sócio;

e) Pesquisa de bens de todos os corresponsáveis via sistemas BACENJUD, RENAJUD e INFOJUD;

g) Mandado de protesto notarial;

[...]

(grifos nossos)

Nesse compasso, o ato GCGJT n. 2/2011, que Institui a Comissão Nacional de Execução Trabalhista e o Banco de Boas Práticas da Corregedoria-Geral da Justiça do Trabalho em que, dentre as justificativas para sua criação, estão:

[...]

Capítulo I — da comissão nacional de execução trabalhista

Art. 1º A Corregedoria-Geral da Justiça do Trabalho institui comissão nacional responsável pela coordenação, análise e implementação das medidas destinadas a imprimir maior efetividade à execução trabalhista.

[...]

Capítulo II — do banco de boas práticas

Art. 3º Instituir Banco de Boas Práticas da Corregedoria-Geral da Justiça do Trabalho, em ambiente virtual a ser disponibilizado em sítio eletrônico do Tribunal Superior do Trabalho, para consulta pública.

§ 1º O Banco de Boas Práticas será composto de atos judiciais, instrumentos, mecanismos e outras medidas destinadas a imprimir efetividade à execução trabalhista.

§ 2º Todos os magistrados e servidores da Justiça do Trabalho poderão encaminhar, preferencialmente por meio eletrônico, as boas práticas de que trata o parágrafo anterior.

(grifos nossos)

Insta trazer à referência que o TRT da 3ª Região, já no ano de 2010, criou, com grande sucesso, o núcleo de pesquisa judicial patrimonial, coordenado pelo juiz do Trabalho, Dr. Marcos Vinicius Barroso, com objetivo de localizar bens em nome dos sócios, familiares, laranjas, bem como outras medidas para inserção do nome dos devedores na zona de desconforto. Informação apresenta em conferência no VI encontro Luso-brasileiro de Juristas do Trabalho realizado em abril de 2011[19].

A despeito de tudo isso, o risco de Perseu não vencer a Medusa ainda paira, pois há o medo de olhar de frente o monstro.

5.B) ATOS ATENTATÓRIOS À DIGNIDADE DA JUSTIÇA NA LEGISLAÇÃO E A DOUTRINA CONTEMPORÂNEA

Como entrelace importante para o objeto desse estudo, algumas breves considerações sobre o instituto dos atos atentatórios à dignidade da Justiça, como outra forma de ferramenta para solução da grave solução da questão da execução trabalhista.

O próprio ordenamento jurídico anterior, já contemplava formas de coibir os abusos do executado renitente e, a esse propósito, Leonardo Dias Borges e Edilton Meireles[20] trazem considerações em torno das alterações inseridas no art. 600 do CPC pela Lei n. 11.232/05:

> A possibilidade de se apenar o executado com sanção pecuniária no montante de 20% (vinte por cento) do valor atualizado do débito em execução, ao ser condenado pela prática de ato atentatório à dignidade da justiça, *deveria ser medida da mais alta eficácia*, bem como intimidativa, pois que numa execução, por exemplo, de R$ 1.000.000,00 pela referida condenação, haveria o acréscimo de R$ 200.000,00. Quantia portanto, razoável. Todavia, na prática por uma razão que não se consegue ao certo identificar, a medida é muito pouco utilizada.[21]

(grifos nossos)

E, mais à frente[22]

> Sem dúvida que o propósito do legislador, ao inserir no Código de Processo Civil esse texto, foi o de colocar nas mãos do Magistrado um instrumento mais atuante e capaz de lhe permitir atuar sobre a conduta da parte executada, obrigando-a a observar com mais ética processual o seu dever.

---

(19) BARROSO, Marcos Vinicius. Palestras. In: *VI Encontro Luso-brasileiro de Juristas do Trabalho*, Ouro Preto, abr. 2011.
(20) MEIRELES, Edilton; BORGES, Leonardo Dias. *A nova reforma processual e seu impacto no processo do trabalho*. 2. ed. São Paulo: LTr.
(21) *Op. cit.*, p. 125.
(22) MEIRELES; BORGES. *Op. cit.*, p. 125.

Portanto, segundo eles,[23] a sanção pecuniária acima se impõe, sempre que o executado violar um dos incisos do art. 601 do CPC, pois o juiz tem o dever de impedir a "cavilosidade do litigante malicioso", sem qualquer advertência prévia, aplicando, imediatamente após o quinquídio estabelecido pela Lei, o corretivo adequado.

Com efeito, a renitência e as práticas abusivas, sempre injustificáveis, devem ser combatidas pertinazmente, sem qualquer receio.

Caminhando para uma conclusão reverenciamos, mais um vez, Mauro Schiavi[24] para quem,

> Na esfera trabalhista, pensamos que é dever do magistrado trabalhista buscar novos caminhos para a execução, aplicando leis processuais que propiciem maior resultado à execução trabalhista a fim de efetivar não só o direito fundamental do trabalhador de acesso à justiça, mas principalmente, o direito fundamental de ter o seu direito materializado na execução trabalhista

O cenário é triste, como se vê, e cada vez mais o processo do Trabalho carece de instrumentos mais eficazes, mas, mais que isso, coragem do Estado para implementação dos que já se tem.

Com isso, a aplicação das reformas do CPC que venham a contribuir para a celeridade e efetividade do Processo do Trabalho somam-se aos anseios do credor e se harmonizam com os princípios próprios do Direito do Trabalho e do Direito processual do Trabalho.

Por isso que, para Schiavi[25] é necessária, mais que a edição de leis, a mudança de mentalidade dos operadores do direito, principalmente do devedor, a fim de que a fase de execução se transforme, efetivamente, em fase de satisfação da obrigação, sem a necessidade dos inúmeros incidentes processuais que travam o procedimento executivo.

Conclusão

Não resta menor dúvida de que a execução é hoje o grave problema da Justiça do Trabalho, levando, por isso, ao descrédito. É o pedrouço do advogado. A angústia do credor. Não se pode fazer ouvido mouco a essas constatações. E, diante do mapeamento de tal situação, associado às tentativas de se solucionar o problema, não se sustentam mais despachos que não tragam soluções, que não

---

(23) *Op. cit.*, p. 126.
(24) SCHIAVI. *Op. cit.*, p. 33.
(25) SCHIAVI. *Op. cit.*, p. 24.

avancem, que não saneiem a questão ou não criem caminhos de se finalizar o processo, rumo à entrega da prestação jurisdicional.

Extrai-se, do próprio conceito de execução, a autorização da atividade coercitiva do Estado em fazer cumprir suas decisões e, para isso, a parte deve estar de prontidão, cobrando, fomentando o cumprimento e aplicação dos instrumentos existentes. E, portanto, não bastam legislações, súmulas, jornadas, atos do TST, CNJ, informações, se não houver conscientização e preparo.

Os magistrados, notadamente os de primeiro grau "que mexem a colher" diariamente, têm de não só adotarem as boas práticas trabalhistas, mas sobretudo se revestirem de coragem, de assessores preparados; despirem-se do receio de retaliações ou atos de enfrentamento, até porque já se tem respaldo do TST e CNJ e, a par e passo disso, devem andar os tribunais regionais.

Multar, apenar o renitente, o procrastinador, o rebelde, o violador da dignidade da Justiça, são medidas que têm eficácia de intimidação, que formam o caráter pedagógico, inclusive a imagem do judiciário.

Assim, Perseu deve ser representado por todos os juízes, pelos advogados, pelos tribunais, a fim de que se combata com valentia a Medusa e extirpa de uma vez as cabeças que petrificam o judiciário trabalhista no cenário do processo de execução e sua efetividade.

Referências

BARROSO, Marcos Vinicius. Palestras. In: *VI Encontro Luso-brasileiro de Juristas do Trabalho*, Ouro Preto, abr. 2011.

CHAVES, Luciano Athayde. A recente reforma no processo comum: reflexos no direito judiciário do trabalho. São Paulo: LTr.

GRINOVER, Ada Pellegrini. *Anteprojeto da Lei n. 11.232/05.*

LEITE, Carlos Henrique Bezerra. *Curso de direito processual do trabalho*. São Paulo: LTr.

SCHIAVI, Mauro. *Execução no processo do trabalho*. 2. ed. São Paulo: LTr.

MEIRELES, Edilton; BORGES, Leonardo Dias. *A nova reforma processual e seu impacto no processo do trabalho*. 2. ed. São Paulo: LTr.

MORO, Luis Carlos. A razoabilidade da duração de um processo — como atuar para que se deslindo um feito em prazo razoável? O que é razoável. In: MEDEIROS, Benizete Ramos de (coord.). *A Emenda Constitucional n. 45/2004. Uma visão crítica pelos advogados trabalhistas*. São Paulo: LTr.

TEIXEIRA FILHO, Manoel Antonio. *Execução no processo do trabalho*. 9. ed. São Paulo: LTr.

Gênese do Direito do Trabalho e a Criação da Justiça do Trabalho no Brasil

Benedito Calheiros Bomfim[*]

Formação do nosso Direito do Trabalho

No momento em que se comemora o septuagésimo aniversário da Justiça do trabalho, cabe rememorar também a origem e raízes do Direito do Trabalho no Brasil, para cuja operacionalização ela foi criada.

Entre 1906 e 1932, mais intensamente a partir de 1920, numeroso eram as greves, os movimentos sociais e sindicais no Rio de Janeiro e em São Paulo, promovidos por associações profissionais, entidades sindicais, ligas operárias, associações trabalhistas, uniões profissionais, federações de operários, Federação da Associação de Classes, Comitê de Defesa Proletária, Centro Cosmopolita e outras agremiações, nas quais preponderavam anarquistas e socialistas, imigrados da Europa, vindos em boa parte da Itália. Registraram-se nesse período de agitação muitas e sucessivas greves, algumas de grande vulto, compreendendo entre outras categorias, trabalhadores de pedreira, tecelões, portuários, marítimos, chapeleiros, condutores e motorneiros de bonde, ferroviários, operários de construção civil e de marcenaria, gráficos, empregados de hotéis, padeiros. Essas etidades tinham como principais reivindicações a redução da jornada de trabalho, incoformados com a duração de dez a treze horas diárias de serviço, além de aumentos salariais e melhoria de condições degradantes do ambiente de trabalho.

(*) Advogado; membro da Academia Nacional do Direito do Trabalho.

Dezenas de pequenos jornais, editados por variadas organizações profissionais, quase sempre com pequena duração de vida, nasceram e desapareceram à falta de recursos financeiros, quandos não fechados pela polícia.

Destacaram-se como principais ideólogos e ativistas dos movimentos sociais e sindicais da época Joaquim Pimenta, Evaristo de Moraes, Astrogildo Pereira, Agripino Nazaré, José Oiticica, entre outros.

No estudos do Direito do Trabalho , foram pioneiros, entre nós, Evaristo de Moraes, Sampaio Doria, Carvalho Neto e Francisco Alezandre, Cesariano Junior, que publicaram, respectivamente, as obras *Apontamentos de Direito Operário* (1905), *A Questão Social* (1922), *Legislação do Trabalho*(1926), e *Estudos de Legislação Social* (1930), *Consolidação das Leis do Trabalho* (1943), contendo os primeiros comentários à CLT.

As greves e conflitos do trabalho eram até então violentamente reprimidos.

Como bem expôs o Ministro do Supremo Tribunal Federal, Clóvis Ramalhete, no prefácio da 1ª edição de nosso *Conceitos sobre Advocacia, Magistrura,Jusitça e Direito,* "o Direito do Trabalho esteve, de começo, lavrado na turbulência reprimida das ruas e portões de fábricas". A seguir, eboçou-se nos comícios, na voz dos bacharéis políticos precursores (Ruy Barbosa, Maurício de Lacerda, Evaristo de Moraes — no Rio de Janeiro; Joaquim Pimenta, no Recife; Lindolfo Collor, em Porto Alegre; e outros). Depois, nos anos 1920, ganhou as primeiras leis e projetos desarticulados e atirados em face do Estado republicano de 91 que, ao tempo, tinha o Coronelismo no Município por base, e o liberalismo econômico por ideologia. Ao cabo, tendo em 1930 conquistados o Poder, o Direito do trabalho ganhou Ministério, Comissão Permanete de Legislação Social, Sindicatos e até Partidos, quando suas leis passaram a seguir em série, sob unidade doutrinária e que, boa ou má, erigiu um corpo concreto. Nesta última fase, coube à jurisprudência assumir seu papel de Fonte de Direito.

Honra, pois, aos juízes e advogados desta época inicial, que contribuíram para a modelagem de institutos jurídicos inteiros, no vazio ou na lacuna da norma da lei — como foram as questões de férias, punição disciplinar, despedida obstativa da estabilidade, períodos descontínuos de relação de emprego e tantas outras a que a jurisprudência criou ou completou o entendimento.

Vemos, pois, que o Direito do Trabalho brasileiro foi contruído e conquistado aos poucos, pelos movimentos sociais, com a dura luta cotidiana das associações operárias e sindicais, muitas vezes à custa de sangue, nas fábricas e enfrentando a repressão policial.

Sabemos que antes de 1930, quando nosso país vivia sob o regime da economia agrária, ainda com resquícios do sistema feudal no campo, insexistiam, praticamente, leis dispondo sobre duração do trabalho, descanso, organização sindical, salário mínimo, contrato de emprego, férias e outras modalidades de tutela de trabalho. O pouco que desta se cuidava era regulado pelo Código Civil, sob a designação de locação de serviço. Prevalecia, na maior parte, principalmente no interior do país, a ausência de qualquer sistema de proteção legal ao trabalho, o qual se desenvolvia em condições desumanas, assemelhadas às dominantes no período que se seguiu à revolução industrial na Europa. Ignorando a questão social, o Estado considerava-a caso de polícia, e dela só tomava conhecimento para reprimir o movimento operário.

No relato de Aumary Mascaro Nascimento, "A história do movimento sindical no Brasil é marcada por uma tradição legislativa que se inicia em 1903, com a regulamententação dos sindicatos rurais, em 1907, com a legislação sobre sinidicatos no Estado, considerados, daí por diantes, órgão de colaboração com o poder público e foi apenas formal o princípio da Constituição de 1934 ao declarar que " a lei assegurará a pluralidade sindical e completa autonomia dos sindicatos", não implementada na prática" (*História do trabalho, do direito do trabalho e da justiça do trabalho*. São Paulo: LTr, p. 78).

Antecedentes constitucionais

Esses e outros direitos sociais,a serem "reconhecidos de conformidade com a lei", bem como a instalação da Justiça do Trabalho, foram, pela primeira vez no plano constitucional, objeto de previsão, entre nós, na Constituição de 1934 (arts. 121 a 123) e na Carta de 1937 (art. 139). A Justiça do Trabalho, contudo, só viria ser instalada a 1º de maio de 1941, como órgão administrativo, vinculado ao Ministério do Trabalho, Indústria e Comércio (criado em 1930), integrando-se ao Poder Judiciário por disposição da Carta Magna de 1946 (art. 94).

Muito antes, os direitos sociotrabalhistas vinham sendo consagrados, no exterior, no Tratado de Versalhes (1910), na Constituição mexicana (1917). Segundo Arnaldo Süssekind, "a primeira Constituição a inserir no seu texto importantes direitos para o trabalhador foi a da Suíça, aprovada em 1871 e emendada em 1869. É certo que a Constituição francesa de 1848, de curtíssima vigência, aludiu ao direito do trabalho, à educação profissional e a instituições de previdência; mas não estabeleceu, de maneira objetiva, um elenco de direitos para o trabalhador" (*Direito constitucional do trabalho*. Rio de Janeiro: Renovar, p. 11).

Como se vê, sua repercussão no Braisl se fez tardia, e marcou a mudança da posição abstencionista do Estado e o início da intervenção dste nos conflitos sociais. Assinalava, por igual, a passagem de uma economia agrícola, baseada predominantemente na exploração do café, para o processo de industrialização.

Gênese da justiça do trabalho

A questão trabalhista era vista e combatida como uma questão de polícia. Com vitória da revolução de 1930, Getúlio Vargas, chefe desse movimento armado, habilmente, pôs em prática uma política, aparentemente paternalista, transformando a questão operária em questão social. Para tanto, objetivando reduzir os conflitos trabalhistas e sociais, editou leis, normas e atos de organização e proteção do trabalho, com os quais criou um ambiente de acomodação e satisfação da maioria do operariado, e, ao mesmo tempo, atraiu e tranquilizou boa parte dos empresários industriais e da burguesia. Mediante esse engenhoso processo de conciliação e pacificação, buscou deslocar as tensões e desentendimentos do âmbito das empresas e da agitação, nas ruas, das associações operárias, para a via institucional da nascente Justiça do Trabalho. Essa inteligente estratégia, embora inicialmente vista com reserva e certa desconfiança por muitas parcelas do patronato e donos do capital, foi sendo absorvida pelos setores mais esclarecidos dos empresários e da elite econômica, convencidos de que as medidas eram mais vantajosas do que prejudicias aos seus interesses de classe, inclusive porque impunha uma regula-mentação e uma siciplina nas relações internas de trabalho.

Como se vê, o que ditou o aparecimento da Justiça do Trabalho foi a necessidade de o Estado, em benefício da produção e da disciplina nos estabelecimentos patronais, ordenar, organizar, normatizar e canalizar para uma via institucional, as reivindicações e embates por interesses e direitos em formação, pleitos que, até então, se tratavam comumente dentro da empresa, de forma desordenada, desorganizada, indisciplinada, apaixonada, em que, não raro, à falta de um mecanismo legal, o conflito individual e o coletivo assumia proporções tumultuadas e agressivas, e se resolvia pela força, por métodos traduzidos, não raro, em paralisação do trabalho, retaliação pessoal, ou por outros meios violentos, quando não mediante sabotagem. A justiça, até então, se fazia pelas próprias mãos (pois não havia a quem recorrer), ou não se fazia.

A parcela mais inteligente e mais esclarecida dos detentores do poder, dos meios de produção, dotada de visão reformista, logo percebeu que a melhor forma de assegurar o ritmo e rendimento da produção e o bom funcionamento da empresa era estabelecer um código de deveres e disciplina, com mútuas obrigações, no qual a autoridade patronal só fosse suscetível de discussão ou contestação perante um órgão institucionalmente autorizado, distante do recinto do estabelecimento patronal, em que o limite de concessões fosse o respeito à hierarquia e a soberania econômica do empregador. Para tal órgão seriam canalizados os desentendimentos e as reclamações, os dissídios com os trabalhadores. E, assim, o julgamento dos conflitos seria feito por agentes do Estado, entre estranhos — aparentemente ou não — neutros.

Criou-se, dessa forma, a Justiça do Trabalho, que , a par de sua função predominantemente conciliadora, absorve os conflitos trabalhistas, cujas pretensões são diluídas ao longo do tempo de duração da tramitação dos respectivos processos.

A Justiça do Trabalho, pois, atua como um sublimador, um derivativo da inconformação, protestos e demandas do assalariado, reivindicações que, se ela não existisse, seriam apresentadas, individualmente ou coletivamente, ou por associação de classe, diretamente ao empregador. A Justiça do Trabalho, pois, funciona como um aliviador da efervescência, um amortecedor dos conflitos de classes.

Inobstante, a Justiça do Trabalho, instalada em 1941, ainda sob a esfera administrativa, era malvista e subestimada pela maior parte dos operadores do Direitos e segmentos empresariais, que procuravam desacreditá-la, conceituando-a como uma Justiça menor, inferior, de segunda classe, facciosa, criada unicamente para proteger trabalhadores.

A ADVOCACIA TRABALHISTA

Escasso era o número de advogados que ainda na década seguinte se interessavam por atuar no foro trabalhista e , mais raro ainda, a opção pela especialização, tendência que só ocorreria muitos anos depois, com o incremento da industrialização do país e a expansão da nova Justiça especializada. A exígua dimensão e a aparente desimportância da novel instituição não se mostrava atraente aos profissionais do Direito. A advocacia trabalhista era comumente exercida como atividade pararela, secundária, complementar. Hoje, estima-se que pelo menos 20% dos advogados atuem na Justiça trabalhista, dos quais cerca de 10% com exclusividade. Quase todos os grandes escritórios de advocacia mantêm um departamento especializado em questões laborais.

A rejeição inicial à Justiça do Trabalho se deveu às inovações processuais que introduziu (muitas das quais viriam a ser incorporadas ao processo civil), tais como: presença obrigatória das partes, direito destas se autorepresentarem, obrigatoriedade de proposta de conciliação, contestação oral em audiência, citação e intimações por via postal, princípio de concentração e oralidade, razões finais orais, existência de Oficial de Justiça avaliador, ausência de condenação em honorários advocatícios.

Por serem a esse tempo ínfimos, aviltantes mesmo, os vencimentos do Juiz trabalhista, só advogados malogrados na profissão, à exceção daqueles vocacionados, candidatavam-se aos concursos para preenchimento do cargo. Como era urgente preencher as Juntas de Conciliação e Julgamento que se criavam , o nível técnico dos dos magistrados tornou-se deficiente, inclusive porque inexistia Exame de Ordem. À medida que se criavam novas Juntas, eram elas preenchidas com Suplentes de Presidente.

A CLT, originariamente, e mesmo após a CF de 1946, manteve a figura de suplentes até de presidentes de TRTs.

Perfil do advogado trabalhista

Não tem razão os que minimizam a figura do advogado, cuja formação alega-se dispensar maiores conhecimentos técnicos e preparo intelectual. Pois, por não existir Código Processual do Trabalho nem de Direito Material, e sendo o Direito comum (quando omissa a CLT) subsidiário desta, exigem-se dos profissionais trabalhistas, por isso mesmo, conhecimentos de todos os ramos do Direito. Por ser o processo do trabalho oral e seus atos concentrados, em audiência única, o advogado, sem tempo para consultar livros e estudar matéria suscitada, tem de improvisar sua defesa e réplica, para o que necessita perspicácia, percepção aguda, raciocínio rápido. Já na Justiça comum, diferentemente, para tudo há prazos e se processa por escrito. É do advogado trabalhista, pois, que se exigem amplos conhecimentos, maior preparo técnico e melhores conhecimentos de direito.

A advocacia trabalhista é exercitada com mais motivação social, mesmo porque requer maior contato físico com o cliente, mexe com emoções e sentimentos. Nem podia deixar de ser assim, uma vez que tem por objetivo conflitos sociais, litígios entre os que vendem sua força de trabalho, da qual depende sua subsistência e de sua família, e aqueles que, às custas da apropriação da mão de obra, acumulam bens e riquezas.

A justiça do trabalho

Embora instituída para operar de maneira simpes, informal, célere e gratuita, a Justiça do Trabalho, logo hipertrofiada, tem se distanciado de suas vertentes, com perda de suas características originais de singileza, informalidade, praticidade e agilidade, com que foi concebida. Burocratizou-se, solenizou-se, multiplicou os ritos judiciais, tornou-se complexa, pesada, entorpecida.

O Judiciário trabalhista nunca foi um modelo de celeridade. Contudo, a deterioração de seus serviços não se constitui num caso isolado. Ela se insere no quadro da crise de todo o Judiciário e das demais instituições. Não se pode esperar que pairasse, sobranceira, acima do mundo, como se fosse um corpo estranho e não um dos órgãos da sociedade, com as mesmas virtudes e os mesmos defeitos desta, os mesmos erros e acertos, as mesmas grandezas e mesquinharias existentes em todos os aglomerados humanos. Daí ter o Presidente do Supremo Tribunal Federal, Ministro Carlos Velloso, lembrado que os "juízes são homens e não anjos".

A Justiça do Trabalho, justamente aquela que, por sua natureza e destinação, deveria ser a mais rápida e a menos formal, foi o único ramo do Judiciário que funcionou, durante decênios, com quatro instâncias. Pois, das decisões de segundo grau cabia recurso para o Tribunal Superior do Trabalho e, deste, para o Supremo Tribunal Federal, que, em grau, de recurso extradinário, apreciava alegação de violação da letra de lei federal, o mesmo recurso que servia de fundamento para os recursos de revista e embargos, no TST. Por isso, particularmente por isso, logo se tornou morosa. A Constituição de 1988, ao restringir o recurso trabalhista à mais alta Corte de Justiça à matéria constitucional, já encontrou as instâncias da Justiça especializada de tal forma congestionadas, que o só aumento do número de juízes, as esparsas, pouco relevantes e tímidas alterações processuais não foram suficientes para desafogá-las.

Enquanto o processo trabalhista, naquilo que tem de eficaz, vem servindo de paradigma, e vê muitos de seus princípios incorporados a outros institutos jurídicos, juízes do trabalho passam a adotar, paradoxalmente, ritos do processo civil, incompatíveis com as peculiaridades do direito laboral, com o espírito que o informa, com sua destinação social.

Nos primeiros decênios, os tribunais trabalhistas entendiam que a finalidade da Justiça do Trabalho não era a de proporcionar indenização, ressarcimentos pecuniários ao trabalhador, mas sim preservar o emprego, manter o vínculo empregatício, de acordo, aliás, com o que sustentavam os empregadores. De lá para cá, o término da estabilidade e a outorga do poder de despedida arbitrária aos patrões (sem garantia de emprego não se pode falar num auntêntico Direito do Trabalho) — exacerbou-se o desemprego, multiplicaram-se as reclamações trabalhistas, invertendo-se a equação, e a Justiça do Trabalho transformou-se de fato no que é hoje: a Justiça dos sem — trabalho, a Justiça dos desempregados.

FUNÇÃO DA JUSTIÇA DO TRABALHO

Num clima conflitivo, em que tensões acumuladas e represadas podem transbordar e arrastar tudo de roldão, sepultando privilégios em seus escombros, o conservador inteligente e habilidoso tende à prática do reformismo, da transigência, das concessões, como o meio mais seguro de manter o *status quo*, de preservar seu patrimônio, desde que conserve o sistema que alimenta sua prosperidade. Nem foi outra razão que inspirou o papa Leão XIII ao editar a encíclica *Rerum Novarum*.

É de John Kennedy esta advertência: "Se a sociedade livre não atender os pobres, que são muitos, não salvarás os ricos, que são poucos". Idêntico é o tom de alerta de Tancredo Neves: " A história nos tem mostrado que o exacerbado egoísmo das classes dirigentes as tem conduzido ao suicídio social" (apud BOMFIM, Calheiros. *Pensamentos selecionados*. 2. ed. São Paulo: Destaque, p. 263 e 278).

As concessões sociais e trabalhistas feitas pelos empregadores, grupos econômicos e estamento político, portanto, não foram ditadas, espontaneamente, por generosidade, sentimento de humanidade, consciência de justiça, reconhecimento da valorização e da dignidade do trabalho. Foram motivadas, isto sim, de um lado por pressão dos trabalhadores, e, de outro, pelo receio de que a intransigência pudesse acabar com seus privilégios, pôr em risco suas riquezas. Concorreu para essas concessões do patronato, o medo — proveniente do impacto da revolução soviética — de que os trabalhadores, revltados com a exploração de que eram vítimas, ascendessem ao poder. Compreendem os empresários esclarecidos que a melhor estratégia é, e sempre foi, ceder no secundário para conservar o essencial, o fundamental, no caso, seus patrimônios.

Setores conservadores mais intransigentes e radicais do empresariado, contudo, não compreendendo esse papel (no fundo, para eles benéfico) apaziguador desempenhado pela Justiça do Trabalho, não enxegando a função social e política desta, sempre se opuseram à sua existência, por eles vista, preconceituosamente, como uma Justiça facciosa, protetora do trabalhador, prejudicial aos interesses dos empregadores.

Para se aquilatar o grau de cegueira desses segmentos empresariais, basta que se tenha em conta que as causas na Justiça do Trabalho costumam tramitar durante 5 a 7 anos. Sabido que o trabalhador-reclamante, quase sempre desempregado, por sua inferioridade econômica, sem condições de suportar a longa duração do pleito, vê-se compelido a se submeter a acordo, no qual cede uma parte, quando não a maior porção do que pleiteia. Se se considerar que cerca de 50% dos litígios são conciliados a a partir da audiência nas Juntas, e as que não o são sofrem intolerável retardamento, é fácil imaginar quão favorável e útil aos empregadores é a estrutura do Judiciário trabalhista.

Deficiências da Justiça do Trabalho

A Justiça do Trabalho — que, paradoxalmente, tornou-se a Justiça dos desempregados, porque não garante o emprego dos que reclamam seus direitos na vigência do contrato do trabalho — apresenta outras sérias deficiências — e nisso existe consenso —, entre as quais sobreleva a excessiva lentidão. As causas desses defeitos — a nosso ver — são, principalmente, estruturais e processuais.

A morosidade tem raízes basicamente no excesso de formalismo, recursos, ritos e procedimentos, pelos quais o maior responsável é o Poder Legislativo, que não elabora as leis necessárias à sua reestruturação e à simplificação de seu processo, e deixa de votar Projetos dos próprios parlamentares, como ainda susta propostas que, com esses objetivos, lhe são encaminhadas. Tudo isso agravado por uma tumultuária avalanche de Medidas Provisórias, toleradas por um Legislativo submisso e um Supremo Tribunal Federal complacente. Para a morosidade concorria também a negligência de muitos magistrados, notadamente os de segundo e primeiro graus, para os quais, até a criação do Conselho Nacional de Justiça, não havia controle ou efetiva fiscalização.

Para corrgir as distorções e defeitos da Justiça do Trabalho urge promover uma reforma profunda e corajosa, processual e estrutural.

A JURISPRUDÊNCIA TRABALHISTA

Faz-se premente a necessidade de reformular o processo do trabalho, sobretudo na execução, em que a grande maioria das sentenças condenatórias quedam-se inefetivas, inviabilizadas.

O fato de ser o Brasil um país de grande extensão territorial, diversidade cultural, condições econômicas e sociais desiguais, torna dispensavél, em razão dessas caracte-rísticas, a uniformização da jurisprudência nacional. A lei e as condições de trabalho podem ser interpretadas e aplicadas em consonância com as necessidades de cada região, por magistrados familiarizados e identificados com as peculiaridades locais.

O mesmo argumento se aplica aos dissídios coletivos, em que o Tribunal Regional de cada Estado poderia estabelecer condições econômicas e normas jurídicas adequadas à cultura e à realidade social e econômica da região. As Turmas Recursais elaborariam sua própria jurisprudência, suscetível de variação de uma unidade da Federação para outra. Não se pode tratar regiões desiguais, cada uma com peculiaridades próprias, sob o mesmo e único critério, pena de se estar cometendo injustiça. Em razão da diversidade político-econômica, de Estado para Estado, o valor do próprio salário mínimo, durante longo período, foi regional, variando de uma para outra zona, de região para região, sem que, por esse tratamento desigual, se alegasse, com êxito, ilegalidade ou inconstitucionalidade.

Com fundamento na Constituição de 1946 (art. 101, III, *d*), o STF admitia interposição de recurso extraordinário quando a decisão recorrida estabelecia interpretação "diversa da que lhe haja dado a qualquer dos outros tribunais". Esse permissivo constitucional, criando virtualmente uma quarta instância no processo do trabalho, fazia com que as questões trabalhistas se estendessem por oito a dez anos. E, o pior, numa época inflacionária em que inexistia correção monetária e os juros de mora eram 6% ao ano. O benefício que isso proporcionava ao empregador sucumbente prejudicava, inversamente, na mesma proporção, o empregado. Essa era uma das razões pelas quais muitos advogados se desinteressavam de atuar na Justiça do Trabalho.

Tão abundantes nesse período eram as decisões do Supremo em matéria do trabalho que permitiu publicarmos, em três volumes, repertórios intitulados *A Consolidação Trabalhista Vista pelo Supremo Tribunal Federal*.

Lembre-se que a CLT originária estabelecia o instituto do Prejulgado (equivalente, hoje, à Súmula Vinculante), cujas decisões obrigavam às instâncias inferiores, instituto afinal julgado pelo STF, por incompatível com a Constituição de 1946.

O autor do presente estudo — e só recentemente se deu conta disto — teve papel precursor na organização, sistematização e publicação da jurisprudência trabalhista, desde sua fase administrativa. Em 1943, editei, em forma de dicionário, em parceria com Vitor do Espírito Santo, um repertório de decisões de Juntas de Conciliação e Julgamento do Ministério do Trabalho, ao tempo em que este possuía competência para, em uma espécie de avocatória, reformar os julgados dos órgãos da Justiça do Trabalho. A primeira parte da obra publicada reunia decisões das Juntas de Conciliação e Julgamento do então Distrito Federal, acórdãos do Conselho Nacional do Trabalho e da Câmara da Justiça do Trabalho. Para esta, cabia recuso, segundo a primitiva redação do art. 896 da CLT. Em 1950 publicamos pela Editora Nacional de Direito, novo *Dicionário de Decisões Trabalhistas*, reunindo farta jurisprudência dos mesmos órgão judiciais e administrativos, relativa ao ano de 1944. Em 1950, já integrada a Justiça do Trabalho ao Poder Judiciário, publiquei, pela Revista do Trabalho Ltda., o primeiro "Dicionário de Decisões (judiciais) Trabalhistas, contendo cerca de 2.000 ementas do TRT da 1ª Região, do STF, referentes a 1947, 1948 e 1949, obra que se constituiu no primeiro repositório de jurisprudência trabalhista de âmbito nacional".

RITOS PROCESSUAIS

Há que reduzir o excesso de ritos, procedimentos, atos e recursos processuais. É indispensável ainda sancionar drasticamente os atos proletários, coibir abusos supostamente praticados em nome da amplitude do direito de defesa. Quando a Constituição Federal assegura amplo, em sua plenitude, o devido processo legal, o faz naturalmente no pressuposto do uso regular, normal de se exercício, e não para que dele se valha de artifícios o litigante com o objetivo de impedir a efetividade do processo, atrasar e retirar a plena eficácia da prestação jurisdicional. A amplitude do direito de defesa não pode servir de expediente para entravar o andamento do processo e tornar tardia a realização da justiça, a materialização da prestação jurisdicional. É inadmissível a utilização do sadio e democrático instituto do devido processo legal em sentido contrário à sua destinação jurídica e social.

A política judiciária moderna objetiva o maior acesso à Justiça, a redução de seus custos, a busca da celeridade, simplificação, o resultado útil de suas decisões, a efetividade do processo, podando o excesso de ritos, procedimentos, atos, recursos.

É forçoso reconhecer, contudo, que tal política traz ínsito o risco de produzir eventuais injustiças, mas atende à coletividade, a maioria maciça dos jurisdicionados. Em contrapartida, a celeridade representará justiça para, praticamente, a coletividade, a massa dos litigantes. Para alcançar o todo, é inevitável, algumas vezes, desagradar e parecer injusto com alguns deles.

A Lei n. 5.584/70, que alterou a CLT, buscando imprimir celeridade às reclamações trabalhistas de "valor não excedente de duas vezes o salário mínimo", dispensou, em seu processamento, o resumo dos depoimentos, limitando-se a Junta a fazer constar da ata à conclusão do julgamento quanto às questões de fato, vedada, em tais hipóteses, a admissão de recursos, salvo se versarem matéria constitucional.

Frustrantes, contudo, inclusive pelo ínfimo valor fixado para a alçada. Resultaram os efeitos do aludido diploma legal, no tocante à agilização processual na Justiça do Trabalho, sem embargo da proibição de recurso contra decisões proferidas em tais processos, medida não contemplada nem mesmo nos Juizados Especiais.

É certo, como proclamam os doutos e a experiência comum confirma, que justiça tardia, mais do que justiça incompleta, é injustiça qualificada, danosa aos hipossuficientes que não têm condições de suportar a dilatada duração do pleito, verdade que ganha ênfase especial no âmbito da Justiça do Trabalho, onde as causas se revestem de natureza salarial, vale dizer, alimentar.

Conclusão

Já é tempo de se reconhecer que o descongestionamento do Judiciário e o seu bom funcionamento dependem menos de dotações orçamentárias, do aumento do número de juízes, da ampliação de seu quadro de serventuários, encantação de uma autêntica e profunda reforma judiciária, consistente em medidas inovadoras e corajosas. Tudo isso, porém, perderá muito sua eficácia se não encontrar receptividade, mente aberta, empenho e espírito público por parte dos juízes, serventuários, e se os magistrados tardinheiros, relapsos, desidiosos, de má conduta, permanecerem impunes.

A existência de falhas na Justiça do Trabalho, encontradas em todas as instituições, não justifica sua abolição, como se propôs mediante frustrada Emenda Constitucional. Recomenda-se, ao contrário, o seu aperfeiçoamento, "de maneira a — como proclamou o Instituto dos Advogados Brasileiros — desburocratizá-la, modernizá-la, torná-la célere, mediante uma profunda reforma estrutural e processual".

Se se for acabar com as instituições que padecem de deficiências e distorções, nenhuma delas sobreviveria, a começar pelos Poderes Legislativo e Executivo. O serem onerosas ao Tesouro, também não é razão para extingui-las, uma vez que as instituições públicas não são constituídas para produzir lucro, mas para realizarem seus fins sociais, serem úteis à coletividade, ao povo, seu verdadeiro destinatário.

Um Judiciário operoso, acessível, sobranceiro, célere, independente, moralmente inatacável, pressupõe uma advocacia ética, altiva, acreditada, respeitada, ciosa de sua função social e política, pilares, ambas instituições, do estado de direito democrático. As duas estão intimamente interligadas e se interagem. Dado o grau de dependência entre elas, não se pode desmerecer uma sem depreciar a outra.

É verdade que, com o tempo, a Justiça do Trabalho perdeu sua singeleza e muitas de suas características originais: burocratizou-se, formalizou-se, solenizou-se, criou ritos próprios da Justiça Comum. Com as instalações suntuosas das sedes de seus Tribunais, distanciou-se fisicamente de seus jurisdicionados.

Seja como for, a Justiça do Trabalho, nestes seus setenta anos de vida, cresceu, expandiu-se, agigantou-se, disseminou-se por todo país. É a ela, e somente a ela, apaziguadora e redutora dos conflitos sociais e trabalhistas, em que pese a morosidade, que o trabalhador pode recorrer para ver reconhecidos os direitos que lhes são sonegados. Sua utilidade, como promotora da paz social é inestimável. Sua magistratura, com raras exceções, é dotada de espírito público e tecnicamente preparada. Apesar das deficiências que ainda apresenta esclarecer aperfeiçoamento, a Justiça do Trabalho constitui socialmente o ano mais útil e importante do Judiciário brasileiro.

CURSOS JURÍDICOS NO BRASIL:
É TEMPO DE REFUNDAÇÃO

CELSO SOARES[*]

Os cursos jurídicos foram criados depois que o Brasil se tornou independente de Portugal; até então os brasileiros iam estudar Direito na Universidade de Coimbra. A necessidade de se criarem cursos jurídicos foi suscitada na Assembleia Constituinte convocada por Pedro I, cujos debates sobre o tema giraram em torno da criação de universidades, as quais deveriam ter cursos jurídicos. Dissolvida a Constituinte em 9 de janeiro de 1825, o decreto que a dissolveu criou provisoriamente um curso jurídico no Rio de Janeiro, que não chegou a funcionar. Em 1826 instalou-se a Assembleia Geral Legislativa, que elaborou o projeto de criação dos cursos jurídicos, depois remetido ao Senado e aprovado. Assim, em 11 de agosto de 1827, Pedro I sancionou a lei fundadora do ensino jurídico no Brasil, criando dois cursos de Ciências Jurídicas e Sociais: um em São Paulo, outro em Olinda.

A criação dos cursos jurídicos não visava simplesmente à formação de profissionais da advocacia; o objetivo maior era formar quadros capacitados a elaborar a ideologia jurídica e a integrar os órgãos da administração pública e judiciais em função da necessidade de estruturação do poder do Estado correspondente ao país independente, à nação brasileira. Tanto que, além de Direito Civil, Criminal, Mercantil e Marítimo, as matérias dos cursos jurídicos então criados incluíam análise da Constituição do império, Direito Público, Direito das Gentes, Diplomacia. Chamar, pois, o 11 de agosto de Dia do Advogado, festivamente comemorado pelos estudantes com o "pendura", saudado pelos advogados com confraternizações e por

---

(*) Ex-Presidente da ACAT e da ABRAT.

suas entidades com celebrações, não passa de fetichismo e esse fetiche impede que se traga à luz que a fundação dos cursos jurídicos no Brasil atendeu, acima de tudo, à afirmação do Estado nacional.

A fundação do IAB por decreto de Pedro II, em 1843, é um relevante exemplo. Na época, estava em curso o processo de consolidação do Estado e, como parte desse processo, cogitou-se de criar um "instituto de cultores e agitadores do direito, que viesse constituir a Ordem dos Advogados, *regularizasse o serviço da administração da justiça e completasse a organização do Poder Judiciário*" (grifado por mim)[1]. Montezuma, primeiro presidente do IAB, em seu discurso de posse na Presidência, sustentou, referindo-se à criação da OAB, que "a grande missão só seria possível quando o país houvesse entrado franca e decisivamente na fase da organização dos seus altos poderes, sistematizando todos os princípios e regulamentando os serviços públicos"[2]. Criar a OAB não era, portanto, a função primordial do Instituto dos Advogados Brasileiros, tanto que o IAB foi fundado em 1843 e a OAB criada somente em 1931. Eis outro fetiche a circular no nosso mundo jurídico.

Conforme bem observado por Alberto Venancio Filho[3], os cursos jurídicos, no Império, foram "o celeiro dos elementos encaminhados às carreiras jurídicas, à magistratura, à advocacia e ao Ministério Público, à política, à diplomacia, espraiando-se também em áreas afins na época, como a filosofia, a literatura, a poesia, a ficção, as artes e o pensamento social. Constituíram, sobretudo, a pepineira da elite política que nos conduziu durante o Império". Embora tenha crescido no império, quando preponderavam na política (e continuaram a preponderar na república) o prestígio dos bacharéis em Direito já vinha dos tempos do Brasil colônia e decorria "do tipo de ensino colonial, de caráter eminentemente literário e retórico" (Gilberto Freire, citado por Venancio Filho, afirmou que a Inconfidência Mineira "foi uma revolução de bacharéis"). Após a independência, os títulos de *bacharel* e *doutor* continuaram, no império, a angariar prestígio e esse prestígio prosseguiu na república.

O processo de estruturação do Estado tinha como fundamento ideológico o liberal-conservadorismo: liberalismo na ênfase sobre os direitos individuais e conservadorismo na preservação da propriedade e dos privilégios da elite agrária então dominante. A propósito, Antonio Carlos Wolkmer, acentuando que o liberalismo foi "a grande bandeira ideológica ensinada e defendida no interior das academias jurídicas", esclarece: "No bojo das instituições, amarrava-se, com muita lógica, o ideário de uma camada profissional comprometida com o projeto burguês-individualista, projeto assentado na liberdade, na segurança e na propriedade. Com efeito, a harmonização do bacharelismo com o liberalismo reforçava o interesse

---

(1) OLIVEIRA, José Gualberto. *História dos órgãos de classe dos advogados*, p. 222, citado na edição comemorativa dos 50 anos do IAB.
(2) *Instituto dos Advogados Brasileiros (150 anos de história, 1843-1993)*. Rio de Janeiro: Destaque, p. 10/11.
(3) *Das arcadas ao bacharelismo (150 anos de ensino jurídico no Brasil)*. São Paulo: Perspectiva, p. 271.

pela supremacia da ordem legal constituída (Estado de Direito) e pela defesa dos direitos individuais dos sujeitos habilitados à cidadania sem prejuízo do direito à propriedade privada. O bacharel assimilou e viveu um discurso sociopolítico que gravitava em torno de projeções liberais desvinculadas de práticas democráticas e solidárias. Privilegiaram-se o fraseado, os procedimentos e a representação de interesses em detrimento da efetividade social, da participação e da experiência concreta".

O autor conclui que, "na construção de sua identidade, os atores jurídicos buscaram conciliar uma certa práxis cujos limites, nem sempre muito claros, conjugavam ideias liberais e conservadoras" e "a especificidade do processo demonstra que a consagração do liberalismo como a principal ideologia do Estado burguês nacional não chega a destruir, como poderia acontecer, o legado societário de cunho burocrático-patrimonial"[4]. (Persiste nos dias de hoje: de vez em quando o Estado é pilhado em práticas patrimonialistas).

Os bacharéis em Direito foram, pois, nos séculos XIX e parte do século XX, como dizia Alberto Venancio Filho[5], presença constante na vida brasileira. Sua atuação destacada originou o fenômeno denominado *bacharelismo*, cujos críticos caricaturavam por sua retórica, seu beletrismo, sua linguagem formal, suas formulações jurídicas. À medida, porém, que a escravatura fora abolida, que a sociedade brasileira deixou de ser predominantemente agrária e a aristocracia rural, como consequência da industrialização do país, do progresso capitalista, foi aos poucos perdendo poder para as chamadas "classes produtoras", para o desenvolvimento do comércio e das finanças, o bacharelismo entrou em declínio.

"Com a Revolução Francesa, a concepção teológica do mundo deu lugar à concepção jurídica: em vez do poder da Igreja, o poder do Estado. As relações econômicas, políticas e sociais em geral passaram a ser criadas pelo Estado, do qual emanam normas jurídicas abstratas, de validade geral, cujo fundamento é o direito."[6] Essa concepção fez do direito um sistema normativo e estatal, situado nos limites da forma jurídica. Em suma: a sociedade capitalista é essencialmente regida pelas relações jurídicas.

Compreende-se que assim seja porque seu objetivo primeiro é a riqueza individual, daí que os interesses individuais estejam acima dos coletivos, o individualismo se sobreponha à solidariedade. A sociedade, fragmentada em individualidades egoístas, cujos interesses se opõem, necessita que estejam ligadas pela relação jurídica sob pena de se ver dilacerada por lutas entre interesses opostos. O Estado exerce, assim, o controle social por meio da chamada *ordem jurídica*: essas lutas

---

(4) WOLKMER, Antonio Carlos. *História do direito no Brasil*. Rio de Janeiro: Forense, 1998. p. 102/102.
(5) *Op. cit.*, p. 271.
(6) SOARES, Celso. *Direito do trabalho*: a realidade das relações sociais. São Paulo: LTr, 2012. p. 50.

são reduzidas a conflitos, cuja solução compete ao Judiciário. Essa realidade histórica determinou que a ideologia jurídica — e portanto os cursos jurídicos — adquirisse notável relevância.

A forma contemporânea do liberalismo, autodenominada *neoliberalismo*, prioriza o mercado, não o Estado; abomina qualquer regulação, pretende que a compra e venda da força de trabalho deixe de ser jurídica e passe a ser mercantil; que a função pública se exerça mais como agente dos interesses do mercado do que do interesse público. Sob a influência neoliberal, o ensino jurídico submete-se à lógica mercantil: faculdades de Direito proliferam como lojas comerciais; sujeita-se o exercício da advocacia às relações de mercado, deixando em segundo plano seu sentido social, valorizando a competição com sacrifício da ética profissional; escritórios de advocacia transformam-se em empresas e revistas passaram a se ocupar da advocacia como negócio.

A cultura jurídica fica, assim, amesquinhada, já que a universidade, voltada preferencialmente para fazer que os profissionais que forma tenham sucesso no mercado, vai deixando de estimular o pensamento crítico. Luís Alberto Warat acentua "a tediosa mediocridade do pensar acadêmico e da indústria cultural que faz das ideias fetiches para o consumo massivo", clama pela necessidade de se virar a página "de um programa educativo apoiado na indiferença morna da atual massa crítica das universidades", observando que o mesmo poderia ser dito "das diversas instituições jurídicas, perdidas nas filigranas da fundamentação de litígios, sem nenhum ânimo de transformação dos conflitos reais"[7]. E Luiz Gonzaga Belluzzo assinala: "Os argumentos da razão técnica dissimulam a pauperização das mentalidades e o massacre da capacidade crítica".

Desde a fundação dos cursos jurídicos no Brasil, o paradigma do ensino do Direito tem sido a ideologia jurídica do positivismo, que identifica o direito com a norma positiva estatal, privilegiando a forma em detrimento do conteúdo, tendo como método a lógica formal, "que apenas consegue apreender o dever-ser"[8], e dessa maneira o estudante de Direito, em vez de aprender a pensá-lo, tem seu aprendizado limitado às leis vigentes. O positivismo jurídico faz do direito um instrumento das forças detentoras do controle do Estado e da sociedade.

Vimos que a fundação dos cursos jurídicos no Brasil visou a atender a uma razão de Estado. O quadro atual da sociedade, porém, impõe a necessidade de uma **refundação dos cursos jurídicos**, não do ponto de vista das forças sociais e políticas dominantes, mas numa perspectiva transformadora, onde não

---

(7) WARAT, Luís Alberto. A desconstrução da razão abstrata e o outro pensar: os arquivistas utópicos. In: FAGÚNDEZ, Paulo Roney Ávila (org.). *A crise do conhecimento jurídico*. São Paulo: OAB, 2004. p. 48.

(8) RODRIGUES, Horácio Wanderlei. O direito errado que se conhece e ensina: a crise do paradigma epistemológico na área do direito e seu ensino. In: *A crise do conhecimento jurídico*. São Paulo: OAB, 2004. p. 99.

prevaleçam os valores da lógica mercantil, onde se cultive a solidariedade em lugar do indiví-dualismo, onde se estimule o pensamento crítico e a advocacia se identifique mais com as aspirações e os reclamos populares. Refundação que possa banir da advocacia o amor à ritualística e à linguagem arrevesada e formal, expressões de poder, que deixe de consagrar o positivismo jurídico, que abra caminho à eliminação do monopólio do saber jurídico por especialistas. Refundação, enfim, condizente com um Estado de verdadeira democracia porque voltado para a futura eliminação da desigualdade básica da sociedade atual: a exploração do trabalho humano.

MODERNIZAÇÃO NAS RELAÇÕES DO TRABALHO

CRISTIANO DE LIMA BARRETO DIAS[*]

O Presidente do Tribunal Superior do Trabalho (TST), Ministro João Orestes Dalazen, em recente matéria publicada no Caderno de Economia do Jornal *O Globo*, declarou que "tudo mudou, exceto a legislação trabalhista". Segundo ele, é necessária uma revisão da Consolidação das Leis do Trabalho (CLT), pois a origem da enxurrada de ações na Justiça do Trabalho é resultado do imobilismo do Estado.

A afirmação do Ministro Dalazen está, sem qualquer sombra de dúvida, correta e, além disso, solidamente amparada em fatos concretos. Os últimos dezesseis anos — oito do mandato do Presidente Fernando Henrique Cardoso e oito do Governo do Presidente Lula — houve avanço inexpressivo no que diz respeito à legislação trabalhista. Muitas promessas foram feitas, como, por exemplo, a famosa "Reforma da CLT", mas as promessas não saíram do papel ou, quando muito, seguem tramitando no Congresso Nacional de forma lenta e morosa, em prejuízo dos trabalhadores e do crescimento econômico do Brasil.

A qualidade das poucas leis trabalhistas editadas também continua sendo um problema crônico para o pleno desenvolvimento da nação. Até mesmo leis simples, como, por exemplo, a nova lei do aviso-prévio proporcional ao tempo de serviço, tem causado bastante rebuliço no mundo jurídico, dada a precariedade de conteúdo, o que levou o Ministério do Trabalho e Emprego a editar algumas Notas Técnicas aclaradoras. O benefício trazido com essa nova lei é nobre, mas seguramente tardio. Demorou mais de vinte anos, após a data da promulgação da Constituição Federal

---

(*) Advogado Trabalhista, sócio do escritório *Barreto Advogados e Consultores Associados*. Diretor da Associação Carioca de Advogados Trabalhistas (ACAT).

de 1988, para essa Lei ser editada pelo Governo Federal, ou seja, foram duas décadas perdidas, de completo vazio legislativo neste particular.

Na verdade, há uma grande falta de comunicação entre os agentes criadores de lei e a população em geral, que permanece sempre a espera de leis eficientes, justas, que façam sentido e alcancem a sua finalidade. A prova dessa falta de comunicação pode ser resumida através de frase frequentemente escutada: "Essa lei não pegou". Ora, como pode uma lei não vingar se todas elas têm força cogente? A resposta é bem simples: a lei não reflete a vontade do povo e, por essa razão, o povo, destinatário da norma, entende que a lei não faz sentido e, consequentemente, opta deliberadamente por não cumpri-la.

Dentro desse contexto de retração legislativa trabalhista, seguem, abaixo, algumas impressões acerca do passado, do presente e do futuro da Justiça do Trabalho, todas elas são fruto de minha experiência profissional na área da Advocacia Trabalhista.

Sobre a legislação material

A legislação material trabalhista não é totalmente ruim. Entretanto tem se mostrado atrasada em diversos aspectos ou, no mínimo, está em descompasso com os recentes avanços tecnológicos e com os diversos segmentos do mercado de trabalho que, curiosamente, ainda estão sem regulamentação. Constata-se, por exemplo, o movimento global no sentido de transferir a terceiros as atividades antes realizadas no âmbito da própria empresa, movimento ao qual no Brasil se deu o nome de *terceirização*[1], porém sem regulamentação em pleno século XXI.

De 2000 a 2010 a população brasileira cresceu 12,3% de acordo com dados oficiais do Instituto Brasileiro de Geografia e Estatística (IBGE), isto é, existem 21 milhões de brasileiros a mais, o que equivale ao dobro ou mais da população de Portugal. O Brasil é um país com mais de 200 milhões de pessoas, contudo, não temos conseguido legislar objetivamente para regulamentar alguns temas específicos de natureza trabalhista.

Praticamente toda a estrutura da terceirização no Brasil está alicerçada na Súmula n. 331 do Tribunal Superior do Trabalho (TST), que tem inconteste caráter social, mas que, por outro lado, também tem servido para assoberbar a Justiça do Trabalho com milhares de ações trabalhistas com igual objeto. Realmente, a terceirização de serviços exige ser regulamentada no Brasil. Mesmo que não se concorde com ela, não há como desconhecer sua importância prática no mundo globalizado e, salvo melhor juízo, até mesmo sua inevitabilidade como fator gerador de postos de trabalho e impulsionador da economia.

---

(1) Cf. MAGANO, Octavio Bueno. Terceirização. In: *Política do trabalho*. São Paulo: LTr, 1995. v. II, p. 373 e ss.; bem como CAVALCANTE JUNIOR, Ophir. *A terceirização das relações laborais*. São Paulo, LTr, 1996, *passim*.

Segundo apresentação preparada pelo Deputado Roberto Santiago em julho de 2009, os números da empregabilidade provocados pela terceirização no mundo e no Brasil são bem expressivos:

NO MUNDO:

- 376,8 milhões de Ocupações Terceirizadas.
- 15,5% da Mão de obra em Atividade.

NO BRASIL

- 7,1 milhões de Trabalhadores Terceirizados.
- 1,9% das Ocupações Terceirizadas no Mundo.
- 21,4% dos Empregados com Carteira assinada — 33,2 milhões de Trabalhadores.
- 7,7% do PEA (População Economicamente Ativa — 92,6 milhões de Pessoas).

De acordo com algumas publicações de Jerônimo Souto Leiria e Newton Saratt[2], 76% das empresas brasileiras praticavam algum tipo de terceirização de serviços, dos quais podemos destacar os seguintes: administração de restaurantes, limpeza e conservação, segurança e vigilância, manutenção predial, locação de veículos, serviços de transportes, processamento de dados, microfilmagem, cobrança, serviços jurídicos, planos de recursos humanos, treinamentos, pesquisas de mercado, *telemarketing* e publicidade.

A terceirização talvez seja o exemplo mais evidente da falta de legislação específica para se regulamentar um tema de natureza trabalhista. Nos últimos anos, mais precisamente de 1995 a 2012, o Congresso Nacional não soube ou não conseguiu legislar com qualidade na área do Direito do Trabalho. No quadro abaixo lemos alguns exemplos das poucas leis editadas nos últimos anos no Brasil, que possuem temas ligados, direta ou indiretamente, ao Direito do Trabalho. Pouca atenção foi dada a esta importante área, inclusive se compararmos a quantidade de projetos de leis em tramitação e a inexpressiva quantidade de leis aprovadas.

---

(2) *Terceirização:* uma alternativa de flexibilidade empresarial. São Paulo: Gente, p. 36. Para outras informações, cf. SARATT, Newton. A evolução da terceirização e a realidade empresarial. In: *XIV Ciclo de Estudos de Direito do Trabalho,* São Paulo: IBCB, 2007. p. 181 e ss.

Ano	Lei	Assunto
1994	8.906	Advogados.
1995	9.063	Salário mínimo.
	9.093	Feriados.
	9.219	Contribuições previdenciárias devidas pelos empregadores em geral.
1996	9.300	Normas reguladoras do trabalho rural.
	9.307	Arbitragem.
1997	N/A	N/A.
1998	9.601	Banco de horas e contrato por prazo determinado
	9.674	Dispõe sobre o exercício da profissão de Bibliotecário.
	9.676	Dispõe sobre a periodicidade de recolhimento das contribuições previdenciárias arrecadadas pelo Instituto Nacional do Seguro Social — INSS.
	9.696	Regulamentação da Profissão de Educação Física.
	9.701	Base de cálculo da Contribuição para o Programa de Integração Social — PIS devida pelas pessoas jurídicas.
	9.703	Depósitos judiciais e extrajudiciais de tributos e contribuições federais.
	9.719	Trabalho Portuário.
	9.758	Dá nova redação ao art. 11 da Consolidação das Leis do Trabalho e determina outras providências.
1999	9.849	Contratação por tempo determinado.
	9.851	Dá nova redação ao § 1º do art. 651 da Consolidação das Leis do Trabalho — CLT, aprovada pelo Decreto-Lei n. 5.452.
	9.853	Faltas ao serviço, nas hipóteses que especifica.
	9.867	Criação e o funcionamento de Cooperativas Sociais.
	9.872	Cria o Fundo de Aval para a Geração de Emprego e Renda — FUNPROGER, altera o art. 11 da Lei n. 9.365, de 16 de dezembro de 1996, e dá outras providências.
	9.876	Contribuição previdenciária do contribuinte individual, o cálculo do benefício.
2000	10.098	Estabelece normas gerais e critérios básicos para a promoção da acessibilidade das pessoas portadoras de deficiência ou com mobilidade reduzida.
	10.101	Participação dos Trabalhadores nos Lucros ou Resultados.
	10.208	Dispõe sobre a profissão de empregado doméstico e FGTS relativo.
	10.218	Acrescenta dispositivos ao Art. 487 da Consolidação das Leis do Trabalho — CLT, aprovada pelo Decreto-Lei n. 5.452, de 1º de maio de 1943
	10.220	Normas gerais relativas à atividade de peão de rodeio.

Ano	Lei	Assunto
2001	LC n. 110	Institui contribuições sociais, autoriza créditos de complementos de atualização monetária em contas vinculadas do Fundo de Garantia do Tempo de Serviço — FGTS e dá outras providências.
	10.243	Variações de jornada no registro de ponto não serão computadas e lista o que não será considerado salário-utilidade.
	10.244	Revoga o art. 376 da Consolidação das Leis do Trabalho — CLT para permitir a realização de horas-extras por mulheres.
	10.270	Proíbe anotações desabonadoras na Carteira de Trabalho e Previdência Social.
	10.272	Altera a redação do art. 467 da Consolidação das Leis do Trabalho — CLT, que dispõe sobre o pagamento de verbas rescisórias em juízo.
2002	10.607	Declara Feriados Nacionais.
2003	10.710	Altera a Lei n. 8.213, de 24 de julho de 1991, para restabelecer o pagamento, pela empresa, do salário-maternidade devido à segurada empregada gestante.
	10.748	Programa Primeiro Emprego — PNPE.
	10.770	Dispõe sobre a criação de Varas do Trabalho nas Regiões da Justiça do Trabalho, define jurisdições e dá outras providências.
	10.779	Dispõe sobre a concessão do benefício de seguro desemprego, durante o período de defeso, ao pescador profissional que exerce a atividade pesqueira de forma artesanal.
	10.820	Desconto de Prestações em Folha de Pagamento.
2004	10.940	Alterado pela MEDIDA PROVISÓRIA N. 411, DE 28 DE DEZEMBRO DE 2007 — DOU 28.12.2007 — Edição extra Altera e acrescenta dispositivos à Lei n. 10.748, de 22 de outubro de 2003, que cria o Programa Nacional de Estímulo ao Primeiro Emprego para os Jovens — PNPE e à Lei n. 9.608, de 18 de fevereiro de 1998, que dispõe sobre o Serviço Voluntário, e dá outras providências.
	11.164	Revogada pela Lei n. 11.321, de 2006 — Dispõe sobre o valor do salário mínimo a partir de 1o de maio de 2005, e dá outras providências.
	11.187	Altera a Lei n. 5.869, de 11 de janeiro de 1973 — Código de Processo Civil, para conferir nova disciplina ao cabimento dos agravos retido e de instrumento, e dá outras providências.
2005	11.119	Revogado LEI N. 11.482, DE 31 DE MAIO DE 2007 — DOU 31.5.2007 — Edição Extra, altera a Legislação Tributária Federal e dá outras providências.
2006	11.321	Salário mínimo.

Ano	Lei	Assunto
2007	11.4971	Institui o Fundo de Investimento do Fundo de Garantia do Tempo de Serviço — FI-FGTS, altera a Lei n. 8.036, de 11 de maio de 1990, e dá outras providências.
	11.495	Dá nova redação ao *caput* do art. 836 da Consolidação das Leis do Trabalho — CLT, aprovada pelo Decreto-Lei n. 5.452, de 1º de maio de 1943, a fim de dispor sobre o depósito prévio em ação rescisória.
	11.496	Dispõe sobre o prazo para embargos no TST.
	12.640	Institui, no âmbito do Estado de São Paulo, pisos salariais para os trabalhadores que especifica, e dá providências correlatas.
2008	11.718	Trabalhador rural contratado por curto prazo.
	11.760	Dispõe sobre o exercício da profissão de Oceanógrafo.
	11.767	Direito à inviolabilidade do local e instrumentos de trabalho do advogado, bem como de sua correspondência.
	11.788/08	Estagiário.
2009	11.960	Contribuições Sociais.
	11.962	Contratação de trabalhadores para prestação de serviços no exterior.
	12.009	Regulamenta a profissão de Mototaxista e *Motoboy*.
	12.216	Disciplina o mandado de segurança individual e coletivo e dá outras providências.
2011	12.425	Admissão de professores no ensino federal.
	12.436	Veda o emprego de práticas que estimulem o aumento de velocidade por motociclistas profissionais.
	12.437	Insere o § 3º no art. 791 da CLT, que versa sobre a constituição de procurador com poderes para o foro em geral poderá ser efetivada, mediante simples registro em ata de audiência, a requerimento verbal do advogado interessado, com anuência da parte representada.
	12.440	Certidão Negativa de Débitos Trabalhistas.
	12.467	Institui a profissão de *Sommelier*.
	12.470	Alterações na Previdência Social.
	LC n. 139	Alterações na legislação do microempreendedor.
	12.506	Aviso prévio proporcional.
	12.519	Institui o dia de Zumbi — feriado.
2012	12.544	Repouso semanal remunerado e pagamento de salário nos dias de feriados.
	12.551	Trabalho à distância.
	12.519	Reconhece a profissão de Turismólogo.
	12.618	Regime de Previdência dos Servidores Públicos Federais de cargo efetivo.
	12.619	Profissão de Motorista.

Existem outros temas que ainda carecem de regulação específica, tais como:

a) Despedida em massa ou coletiva;

b) Assédio moral;

c) Assédio sexual;

d) Novos tipos de contrato de trabalho;

e) Legislação para regular o trabalhar *offshore* no Brasil, ou seja, todo o tipo de trabalho que é realizado em águas nacionais;

f) "Pejotização" (terceirização através de pessoas jurídicas);

g) Teletrabalho (a nova redação do art. 6º da CLT tão somente dispôs acerca do trabalho a distancia, sem regulamentar a matéria, tal como já fez Portugal).

No tocante ao item "e" acima mencionado, faz-se necessário salientar que a Lei n. 5.811/72 — que dispõe sobre o regime de trabalho dos empregados nas atividades de exploração, perfuração, produção e refinação de petróleo, industrialização do xisto, indústria petroquímica e transporte de petróleo e seus derivados por meio de dutos —, não tem se mostrado suficientemente útil para regular a situação de diversas empresas que chegaram ao Brasil com o objetivo de atender a demanda do denominado *pré-sal* (petróleo, gás e derivados localizados em águas profundas).

Existem centenas, milhares, de trabalhadores trabalhando *offshore*, amparados em Acordos Coletivos de Trabalho firmados com Sindicatos de Classe variados, para regulamentar uma série de situações próprias e típicas da atividade realizada *offshore*.

O Ministro Dalazen, em sua entrevista, ao responder à pergunta: "Como o senhor avalia a legislação trabalhista diante dos gargalos estruturais que o país enfrenta?", respondeu:

> A CLT cumpriu um papel importantíssimo no período em que foi editada, na década de 1940 do século passado, na transposição de uma sociedade agrícola e até escravocrata para o nível industrial. Mas hoje deixa muito a desejar. Primeiro, porque é uma regulação rígida e fundada na lei federal, que praticamente engessa toda relação entre patrão e empregado; segundo, é excessivamente detalhista e confusa, o que gera insegurança jurídica, e, inevitavelmente, descumprimento, favorecendo o aumento de ações na Justiça; e terceiro, está cheia de lacunas. O mundo e a sociedade evoluíram. Tudo mudou, exceto a legislação trabalhista.

Sem analisar o conteúdo da sua resposta, se acertada ou errada, o fato é que o mundo e a sociedade evoluíram rapidamente nos últimos vinte anos, enquanto nossa legislação trabalhista permaneceu estática, com insuficiente edição de leis para inserir no mercado de trabalho dezenas de milhares de trabalhadores que seguem na informalidade. Em apertada síntese, as boas leis trabalhistas devem ser editadas já, a fim de regulamentar uma série de situações existentes que carecem de previsão legal.

Sobre o acordo coletivo especial

Recentemente o Sindicato dos Metalúrgicos do ABC paulista elaborou um anteprojeto de lei criando o Acordo Coletivo Especial (ACE). Segundo seus idealizadores, a finalidade é modernizar as relações de trabalho no Brasil, permitindo às partes negociantes (Sindicatos e Empresas) avançar em certos pontos através da via coletiva.

É importante lembrar que, no Governo do Presidente Fernando Henrique Cardoso, cogitou-se dar nova redação ao art. 618 da CLT, para, em resumo, que o *negociado* pelas partes através da via coletiva prevalecesse sobre o *legislado*. O Projeto de Lei que tratava dessa matéria, contudo, foi rejeitado, com forte apoio das Centrais Sindicais, sob o fundamento de que, em caso de aprovação, haveria retrocesso social, com precarização das condições laborais.

O questionário abaixo transcrito, preparado pelo próprio Sindicato do ABC para tirar dúvidas, permite-nos ter uma visão mais ampla do ACE, que pode ser uma viável alternativa para solução de alguns problemas ligados à falta de legislação trabalhista específica:

1) O projeto ACE flexibiliza a legislação trabalhista?

NÃO. A proposta não flexibilizará a CLT que, apesar de ser dos anos 1940, ainda tem papel importante em um País onde os direitos básicos de parte dos trabalhadores, como carteira assinada, são desrespeitados. O Acordo Coletivo Especial permite adequações específicas envolvendo um único local de trabalho e, em nenhum momento, coloca em risco os direitos já conquistados pela classe trabalhadora.

2) O ACE é um atalho para uma reforma sindical que não saiu do papel?

NÃO. O ACE é um projeto que não altera a estrutura sindical nem mexe na legislação existente. Ele vai coexistir com tudo que já está aí e garantir que as especificidades de um local de trabalho tenham tratamento adequado.

3) O objetivo do projeto é garantir o reconhecimento legal da representação sindical no local de trabalho?

É MAIS QUE ISSO. A representação no local de trabalho, como o Comitê Sindical de Empresa que temos no ABC e em outros sindicatos, é critério e condição essencial para a construção do acordo coletivo especial, uma vez que o ACE será o papel de agente fiscalizador desse acordo. É fato que o projeto fortalecerá as representações sindicais no local de trabalho.

4) Quais são os sindicatos que já têm esse modelo de representação sindical no local de trabalho igual ao ABC?

Empresas do ramo metalúrgico no interior do Estado. Químicos do ABC, Químicos de São Paulo. Também há várias empresas no Paraná e Rio Grande do Sul onde há representação sindical e que poderão se enquadrar no projeto.

5) E qual é o objetivo do projeto?

Em primeiro lugar, contribuir para a democratização e modernização das relações de trabalho no Brasil, porque o projeto garantirá segurança jurídica a acordos específicos entre um sindicado e uma empresa e, com isso, estimulará que a negociação coletiva seja adotada no País como instrumento mais moderno para a solução de conflitos naturais às relações de trabalho, além de estimular a representação sindical no interior da empresa.

6) Mas a legislação brasileira já não prevê negociação coletiva? O que diferencia o ACE do que tem na CLT e na Constituição Federal?

SIM, a legislação prevê a negociação coletiva, porém de forma limitada, engessada. Pelo nosso projeto, o acordo coletivo especial passa a ter total segurança jurídica para que trabalhadores e empresas negociem e possam fazer adequações que solucionem situações específicas de um determinado local de trabalho.

7) Por que o Sindicato decidiu elaborar este projeto?

Porque o Brasil precisa modernizar as suas relações de trabalho. Na base do SMAC, temos uma realidade diferente da vivida na maior parte do País. Há 30 anos praticamos um modelo democrático de relação de trabalho, que nada fica a dever às principais organizações sindicais do mundo, por isso o projeto pode e deve ser adotado por todas as categorias e em todo o território nacional, que é o nosso desejo. Mas antes precisamos garantir segurança jurídica aos acordos coletivos específicos. É disso que trata a nossa proposta.

8) O Sindicato é o único autor do projeto?

NÃO. O projeto foi elaborado em parceria com outros sindicatos que têm o mesmo modelo de representação sindical que o SMABC. Durante quase três anos, realizamos apresentações e debates sobre o texto base do anteprojeto com representantes de todos os setores da sociedade — parlamentares, empresários, dirigentes sindicais de diferentes centrais, juristas, economistas, OAB, TST, entidades patronais como a FIESP e a CNI, universidades, acadêmicos. Com base nesses debates recebemos contribuições à proposta.

9) De quem foi a ideia original do ACE?

Da atual direção do Sindicato dos Metalúrgicos do ABC, que tomou posse em 2008 e foi reeleita este ano para mais um mandato.

10) O projeto, quando for lei, poderá prejudicar trabalhadores de regiões do País onde os sindicatos não têm o nível de organização, a tradição de negociação coletiva e a representação dos Metalúrgicos do ABC?

NÃO. O ACE não prejudicará nenhum trabalhador porque seu texto é claro ao afirmar que o acordo só pode estabelecer normas e condições específicas que não desrespeitem os direitos trabalhistas previstos no art. 7º da Constituição Federal. Além disso, para celebrar o ACE, será obrigatório obedecer a critérios pré-estabelecidos, como representatividade, por parte dos sindicatos, e responsabilidade social, por parte das empresas.

11) Por que o projeto será encaminhado ao Congresso Nacional como de autoria do Executivo?

Porque o governo federal tem a decisão de garantir o crescimento do País com relações modernas de trabalho.

12) Quando o projeto seguirá para a Câmara e qual o prazo para tramitação?

Ainda não há data definida. Nossa expectativa é que seja neste semestre. Trabalharemos para isso. Não há, porém, como estimar o tempo de tramitação, pois o texto ainda passará por análises técnicas e de redação.

13) A CUT conhece e apoia o projeto?

SIM. O anteprojeto foi aprovado por unanimidade pela direção nacional da CUT.

14) As demais centrais conhecem o projeto? Quais?

SIM. O projeto foi apresentado a todas as centrais sindicais e nenhuma delas se opôs.

15) As montadoras instalados no ABC conhecem o projeto? Apoiam?

SIM. As cinco montadoras de São Bernardo conhecem e apoiam o projeto, além de outras empresas da base do Sindicato onde existe representação sindical.

16) O projeto foi discutido com outras categorias?

SIM. Apresentamos o ACE para praticamente todos os ramos de trabalhadores, como químicos, bancários, professores.

17) O ministro Carlos Lupi (Trabalho) conhece o projeto?

SIM. O ministério, inclusive, ajudou na construção do projeto. Em janeiro de 2010, Lupi conheceu não somente a proposta, mas também visitou duas empresas da nossa base, em São Bernardo e Diadema, onde há representação sindical.

18) A presidente Dilma Rousseff conhece o projeto?

SIM, tanto que designou o ministro Gilberto Carvalho (Secretária-geral da Presidência) para receber, enviar e acompanha o projeto no Congresso.

19) Há um exemplo prático e fácil de entender, para quem não é sindicalista, de como o ACE pode melhorar a vida do trabalhador no local do trabalho e as relações com a empresa?

SIM. Exemplo: a legislação garante à trabalhadora em fase de amamentação direito a dois períodos de meia hora cada para amamentar o filho em casa. Isso valia na época em que as mulheres trabalhavam do lado de casa. Hoje, a maioria das mulheres mora distante do local de trabalho e esse tipo tempo garantido por lei acaba não sendo usado na prática, ou seja, a lei não tem efetividade. No

ABC, o Sindicato fechou acordos coletivos especiais por empresa que somam o tempo garantido por lei e acrescenta o total à licença maternidade. É uma adequação da lei existente que melhorou a vida da trabalhadora, mas que não tem segurança jurídica.

20) Mas se não há segurança jurídica em alguns acordos coletivos, como o do exemplo acima, como eles acabam vigorando?

Vigoram sem segurança jurídica, ou seja, podem ser questionados a qualquer momento, embora tenham sido aprovados por trabalhadores e empresa.

21) Sindicatos profissionais, de qualquer ramo, poderão celebrar o ACE?

SIM, desde que obtenha habilitação junto ao Ministério do Trabalho e, para isso, o sindicato tem de ter regulamentado em seu estatuto e instalado em uma ou mais empresa de sua base de representação o Comitê Sindical de Empresa, composto por no mínimo dois e no máximo 32 membros.

22) Qualquer categoria profissional pode aderir ao projeto para celebrar o ACE ou é um acordo que funciona somente para linha de produção e metalúrgicos?

SIM, desde que seja representada por um sindicato profissional e este sindicato preencha requisitos exigidos para obter habilitação no Ministério do Trabalho. Somente após habilitado, o sindicato poderá celebrar o acordo com a empresa, mas para isso terá de atender exigências.

23) O que é preciso para sindicato profissional celebrar o ACE?

Ter habilitação do Ministério do Trabalho; ter Comitê Sindical instalado na empresa; contar com índice mínimo de sindicalização de 50% mais 1 do total dos trabalhadores na empresa; aprovar o acordo em escrutínio secreto, assegurada a participação de, no mínimo, 50% dos trabalhadores abrangidos pelo percentual de 60% por cento ou mais dos votos apurados.

24) O que é preciso para a empresa celebrar o ACE? Reconhecer o Comitê Sindical como órgão de representação do sindicato profissional no local de trabalho; não possuir condenação em ação produzida pelo sindicato em consequência de restrições ao exercício de direitos sindicais.

25) A empresa precisa obter habilitação no Ministério do Trabalho?

NÃO. Porém tem de preencher os critérios acima para celebrar o ACE.

26) Qual é o objetivo de todas essas exigências e critérios?

Impedir que empresas sem responsabilidade social e sindicatos profissionais sem representatividade real junto aos trabalhadores possam fechar acordos que prejudiquem o trabalhador ou precarizem o trabalho.

27) A adesão ao projeto é voluntária. O que levará uma empresa a querer aderir ao projeto para celebrar o acordo?

A empresa terá segurança jurídica para fechar acordos específicos e evitará possíveis novos passivos trabalhistas.

28) E como o Ministério do Trabalho fiscalizará, se hoje o Brasil tem dificuldades em fiscalizar registro em carteira e trabalho análogo ao escravo?

Os acordos coletivos especiais poderão ser fiscalizados porque serão formalizados e registrados em instância regional do trabalho.

29) O ACE vale por tempo indeterminado?

NÃO. O ACE tem validade de três anos. O sindicato, por exemplo, perderá a habilitação do Ministério do Trabalho para celebrar o ACE se deixar de representação sindical no local de trabalho. A empresa perde a habilitação se for condenada por práticas antissindicais. Ambos podem recuperar a habilitação se comprovarem que voltaram a atender as exigências do MTE.

30) Qual a importância do trabalhador na validação do ACE?

O acordo só poderá ser celebrado entre sindicato e empresa se for aprovado por votação secreta (em urnas) e obter a aprovação de, no mínimo, 60% dos votos apurados entre os trabalhadores envolvidos diretamente na negociação. Isso se houver comprovação de que 50% + um dos trabalhadores são sindicalizados, ou seja, o trabalhador decide.

31) Qual é a principal virtude do projeto?

O fato de estar baseado no convencimento e nas boas práticas sindicais. O ACE tem tudo para se transformar em referência positiva para o mundo do trabalho no País inteiro. Todo grande projeto nasce pequeno e vai crescendo e ganhando corpo com o tempo.[3]

No atual cenário, o anteprojeto apresentado pelo Sindicato dos Metalúrgicos do ABC será uma excelente ferramenta para que empresas e Sindicatos possam celebrar Acordos Coletivos de Trabalho Especiais (ACE), com a devida segurança jurídica, regulamentando situações específicas que o legislador ainda não conseguiu claramente identificar e legislar.

O Ministério Público do Trabalho, porém, deverá ficar atento para evitar que, através do ACE, não haja qualquer tipo de precarização e/ou retrocesso social, mas sem perder de vista que as partes envolvidas têm capacidade negocial plena, sendo certo que a Carta Magna de 1988 já protege os instrumentos coletivos.

Sobre a legislação processual

A legislação processual trabalhista, de igual sorte, também não é ruim. Pelo contrário. Ela inclusive tem sido fonte de inspiração e referência para outras áreas do Direito, citando-se, por exemplo, a Lei dos Juizados Especiais e alguns pontos da Reforma do CPC.

---

[3] Fonte consultada: Sindicato dos Metalúrgicos do ABC. Disponível em: <http://www.smabc.org.br/smabc/materia.asp?_CON=27816&id_SEC=12&busca=Projeto+ACE> Acesso em: 15.10.2012.

O Direito do Trabalho no Brasil, porém, ainda carece de um Código do Trabalho, para regulamentar alguns impasses existentes nas fases de conhecimento e na fase de execução, em decorrência da aplicação supletiva do Código de Processo Civil e da Lei de Executivos Fiscais.

Com o propósito de aperfeiçoar a sistemática de recursos no âmbito da Justiça do Trabalho, o TST encaminhou uma minuta de anteprojeto de lei, que acabou se transformando no PL n. 2.214/2001, o qual incorporou as sugestões apresentadas pelo TST. O Projeto se encontra atualmente na Comissão de Trabalho, de Administração e Serviço Público (CTASP) da Câmara dos Deputados, e já recebeu parecer do relator, Deputado Roberto Santiago (PSD-SP), favorável a sua aprovação, com algumas emendas. Depois da apreciação conclusiva pela CTASP, o Projeto seguirá para a Comissão de Constituição, Justiça e Cidadania (CCJ).

As alterações introduzidas visam a incluir, entre as condições para interposição de recursos, a hipótese de contrariedade a Súmulas Vinculantes do Supremo Tribunal Federal, bem como obrigar a uniformização de jurisprudência no âmbito dos Tribunais Regionais do Trabalho e instituir medidas para dar celeridade a decisões cujos temas estejam superados pela jurisprudência das cortes superiores. O texto prevê também sanções para coibir a interposição de recursos manifestamente protelatórios. Merecem destaque alguns artigos:

- Art. 894 da CLT

O dispositivo trata dos requisitos de admissibilidade dos Recursos de Embargos no TST — recursos à Seção Especializada em Dissídios Individuais (SDI) contra decisões das Turmas do TST. A nova redação inclui, no inciso II, a contrariedade à Súmula Vinculante do STF entre as hipóteses de cabimento. Inclui, ainda, a possibilidade de o Relator negar seguimento aos Embargos, de forma monocrática, e impor multa de até 10% do valor da causa, em favor da parte contrária, se a decisão recorrida estiver de acordo com a Súmula do TST ou do STF ou com a "interativa, notória e atual jurisprudência do TST" ou nos casos de deserção, intempestividade, irregularidade de representação ou ausência de qualquer outro pressuposto extrínseco de admissibilidade.

Se a decisão monocrática do Relator for objeto de agravo "manifestamente inadmissível ou infundado", a SDI condenará a parte que interpôs o agravo a pagar à parte contrária multa de 10 a 15% do valor corrigido da causa, e a interposição de qualquer outro recurso fica condicionada ao depósito desse valor.

- Art. 896 da CLT

Os dispositivos tratam do processamento do Recurso de Revista e do Agravo de Instrumento. Além da inclusão da hipótese de contrariedade à Súmula do STF, a redação proposta para o art. 896 acrescenta ao § 1º a obrigação, a quem recorre, de especificar o trecho da decisão que está sendo questionado e o dispositivo legal supostamente violado e, ainda, atacar um a um os fundamentos jurídicos da decisão. O § 3º torna obrigatória a uniformização da jurisprudência dos TRTs e autoriza a aplicação do incidente de resolução de demandas repetitivas previsto no CPC. E o § 4º permite que o relator do recurso no TST, ao verificar a não observância desse procedimento, devolva o processo ao TRT, para que uniformize sua jurisprudência. A expectativa é a de que a uniformização em âmbito regional tenha impacto positivo na diminuição do número de recursos para o TST, evitando recursos baseados apenas na divergência entre turmas de Regionais.

O projeto acrescenta ainda os arts. 896-B e 896-C à CLT. O primeiro autoriza o relator a negar seguimento a recurso monocraticamente e a Turma a aplicar multa em caso de agravo manifestamente protelatório contra essa decisão. O segundo artigo prevê a aplicação ao recurso de revista das normas do Código de Processo Civil que regem o julgamento de recursos especiais e extraordinários repetitivos.

• Art. 897-A da CLT

O dispositivo, que regulamenta a possibilidade de interposição de embargos de declaração no processo do trabalho, recebe cinco novos parágrafos. O § 2º, que trata do efeito modificativo (limitando-o à correção de vício da decisão embargada), o condiciona à manifestação da parte contrária. Outro 3º define que a interposição de embargos de declaração não interrompe o prazo recursal em caso de intempestividade ou irregularidade de representação, e os §§ 4º, 5º e 6º, como nos casos anteriores, autoriza a aplicação de multa nos casos protelatórios.

• Art. 899 da CLT

O art. 7º é alterado para determinar que a parte recorrente indique, em caso de mandato tácito, a ata da audiência em que este foi configurado, sob pena de não conhecimento do recurso.

Sobre o projeto de consolidação da legislação trabalhista

Nos idos de 2007, o Deputado Cândido Vaccarezza (PT-SP) apresentou o Projeto de Lei n. 1987/2007, com o propósito de consolidar toda a legislação trabalhista existente no Brasil num único instrumento, que seria uma espécie de Nova CLT. Realmente, a primeira versão do citado PL extrapolava, em diversos aspectos, os limites da LC n. 95, de 1998, alterada pela Lei Complementar n. 107, de 26 de abril de 2001, que estabelece:

Art. 13. As leis federais serão reunidas em codificações e consolidações, integradas por volumes contendo matérias conexas ou afins, constituindo em seu todo a Consolidação da Legislação Federal.

§ 1º A consolidação consistirá na integração de todas as leis pertinentes a determinada matéria num único diploma legal, revogando-se formalmente as leis incorporadas à consolidação, **sem modificação do alcance nem interrupção da força normativa dos dispositivos consolidados.**

§ 2º **Preservando-se o conteúdo normativo original dos dispositivos consolidados**, poderão ser feitas as seguintes alterações nos projetos de lei de consolidação:

I — introdução de novas divisões do texto legal base;

II — diferente colocação e numeração dos artigos consolidados;

III — fusão de disposições repetitivas ou de valor normativo idêntico;

IV — atualização da denominação de órgãos e entidades da administração pública;

V — atualização de termos antiquados e modos de escrita ultrapassados;

VI — atualização do valor de penas pecuniárias, com base em indexação padrão;

VII — eliminação de ambiguidades decorrentes do mau uso do vernáculo;

VIII — homogeneização terminológica do texto;

IX — supressão de dispositivos declarados inconstitucionais pelo Supremo Tribunal Federal, observada, no que couber, a suspensão pelo Senado Federal de execução de dispositivos, na forma do art. 52, X, da Constituição Federal;

X — indicação de dispositivos não recepcionados pela Constituição Federal;

XI — declaração expressa de revogação de dispositivos implicitamente revogados por leis posteriores.

§ 3º As providências a que se referem os incisos IX, X e XI do § 2º deverão ser expressa e fundadamente justificadas, com indicação precisa das fontes de informação que lhes serviram de base.

Art. 14. Para a consolidação de que trata o art. 13 serão observados os seguintes procedimentos:

I — o Poder Executivo ou o Poder Legislativo procederá ao levantamento da legislação federal em vigor e formulará projeto de lei de consolidação de normas que tratem da mesma matéria ou de assuntos a ela vinculados, com a indicação precisa dos diplomas legais expressa ou implicitamente revogados;

II — a apreciação dos projetos de lei de consolidação pelo Poder Legislativo será feita na forma do Regimento Interno de cada uma de suas Casas, em procedimento simplificado, visando a dar celeridade aos trabalhos.

§ 1º Não serão objeto de consolidação as medidas provisórias ainda não convertidas em lei.

§ 2º A Mesa Diretora do Congresso Nacional, de qualquer de suas Casas e qualquer membro ou Comissão da Câmara dos Deputados, do Senado Federal ou do Congresso Nacional poderá formular projeto de lei de consolidação.

§ 3º Observado o disposto no inciso II do *caput*, será também admitido projeto de lei de consolidação destinado exclusivamente à:

I — declaração de revogação de leis e dispositivos implicitamente revogados ou cuja eficácia ou validade encontre-se completamente prejudicada;

II — inclusão de dispositivos ou diplomas esparsos em leis preexistentes, revogando-se as disposições assim consolidadas nos mesmos termos do § 1º do art. 13.

Art. 15. Na primeira sessão legislativa de cada legislatura, a Mesa do Congresso Nacional promoverá a atualização da Consolidação das Leis Federais Brasileiras, incorporando às coletâneas que a integram as emendas constitucionais, leis, decretos legislativos e resoluções promulgadas durante a legislatura imediatamente anterior, ordenados e indexados sistematicamente. (Original sem negritos).

O referido Projeto de Consolidação de Leis tem como objeto: uma parte da atual Consolidação das Leis do Trabalho — CLT (arts. 1º a 642); a lei dos empregados domésticos (Lei n. 5.859/72); a lei dos trabalhadores rurais (Lei n. 5.889/76); a lei que dispõe sobre o trabalho voluntário (Lei n. 9.608/98); a lei que dispõe sobre os estagiários (Lei n. 6.494/77); a lei que dispõe sobre o trabalho temporário nas empresas urbanas (Lei n. 6.019/74); a legislação que dispõe sobre o técnico estrangeiro assalariado em moeda estrangeira (Decreto-lei n. 691/69); a lei que define a situação jurídica do estrangeiro no Brasil e cria o Conselho Nacional de Imigração (Lei n. 6.815/80); a lei sobre os trabalhadores contratados ou transferidos para prestar serviços no exterior (Lei n. 7.064/82); a lei que dispõe sobre a invenção de empregado ou de prestador de serviços (Lei n. 9.279/96); a lei que dispõe sobre a participação dos trabalhadores nos lucros ou resultados da empresa (Lei n. 10.101/00); a lei que dispõe sobre o direito de greve, atividades essenciais e atendimento das necessidades inadiáveis da comunidade (Lei n. 7.783/89); e diversas (porém não todas) legislações esparsas que dispõem sobre a regulamentação de profissões.

No prazo aberto para sugestões, contudo, diversas Entidades, tais como: ANAMATRA — Associação Nacional dos Magistrados da Justiça do Trabalho; CFC — Conselho Federal de Contabilidade; CFA — Conselho Federal de Administração; SINTERGIA — Sindicato dos Trabalhadores nas Empresas de Energia do Rio de Janeiro e Região; FIEMG — Federação das Indústrias do Estado de Minas Gerais; COFECON — Conselho Federal de Economia; CFB — Conselho Federal de Biblioteconomia; CNPL — Confederação Nacional das Profissões Liberais; CFQ — Conselho Federal de Química; CFN — Conselho Federal de Nutricionistas; CFPR — Conselhos Federais de Profissões Regulamentadas; CONLUTAS — Coordenação Nacional de Lutas; IBA — Instituto Brasileiro de Atuária; MPU — Ministério Público da União; OAB — Ordem dos Advogados do Brasil; apresentaram sugestões de melhoria, a fim de que o Projeto de Consolidação não extrapolasse os expressos limites da LC n. 95/2008.

Sendo observadas as regras vigentes para a consolidação de leis, entendemos que a reunião de toda a legislação trabalhista em um único instrumento (tal como a Nova CLT) contribuirá para uma melhor compreensão e aplicação da legislação trabalhista por parte de todos os operadores do Direito.

Faz-se necessário registrar que a própria LC n. 95/98 estabelece que as alterações podem ser feitas "preservando-se o conteúdo normativo original dos dispositivos consolidados" (§ 2º do art. 13) e "sem modificação do alcance nem interrupção da força normativa dos dispositivos consolidados" (§ 1º do art. 13), o que significa dizer que não há qualquer risco de flexibilização, redução ou supressão de direitos e benefícios previstos na legislação constitucional e infraconstitucional, eis que tal espécie de modificação não é possível através de Projeto de Consolidação de Leis.

Atualmente[4], o Projeto de Lei encontra-se em análise na Mesa Direto dos Deputados, porém, sem nenhuma movimentação desde o início de 2011, o que reforça nosso posicionamento acerca da morosidade do Legislativo na criação de leis que atendam aos anseios da sociedade.

Sobre o PJe-JT

Em poucas palavras, o Processo Judicial Eletrônico da Justiça do Trabalho é um sistema de informática criado para dar fim à tramitação dos autos em papel no âmbito do Poder Judiciário Trabalhista. De acordo com informações disponibilizadas pelo TST, o sistema promove o uso racional e inteligente da tecnologia em prol de uma Justiça mais célere, acessível, econômica, eficiente e em sintonia com a preservação ambiental. No plano teórico, podemos dizer que o PJe-JT tem tudo para dar certo.

Entretanto, do ponto de vista prático e operacional, vemos com muita preocupação o futuro próximo, pois a Justiça do Trabalho ainda não está devidamente aparelhada para implantar o PJe-JT na velocidade desejada pelo Tribunal Superior do Trabalho (TST). Se for oferecida uma infraestrutura apropriada, com mão de obra e recursos para implantação do PJe-JT em todos os Tribunais Regionais do Trabalho, bem como a realização de cursos e treinamentos para todos os seus operadores, acreditamos que o processo eletrônico trará vantagens aos jurisdicionados, pois concorrerá para a rapidez na tramitação do processo, a transparência de todos os atos judiciais praticados, a eliminação do papel e do custo com transporte de autos físicos, dentre outros benefícios.

Todavia acreditamos que o PJe-JT, sozinho, não alcançará o efeito desejado pelo CNJ, CNJT e TST, tendo em vista que a matéria de fundo — a legislação processual e material do trabalho — continuará a ser a mesma. De modo que novas lides, com idênticos objetos, continuarão a surgir e a assoberbar os corredores da Justiça do Trabalho.

Sobre os projetos de lei em tramitação

Os membros do Poder Legislativo têm predileção pelo Direito do Trabalho e pelo Direito Previdenciário, tendo em vista que Projetos de Lei nessas áreas têm

---

(4) Disponível em: <www.camara.gov.br> Acesso em: 9.2012.

amplo alcance. Consequentemente, existem algumas centenas de Projetos de Lei para introduzir, modificar, dar nova redação a artigos da legislação trabalhista e previdenciária.

Contudo, muitos deles não atendem à realidade de algumas relações de emprego ou são pouco eficientes no que se propõe a modificar. Além disso, o Congresso não tem dado conta de apreciar em suas Comissões e votar os Projetos em tempo de fazê-los entrar em vigor de maneira célere, de modo que há muitos projetos em tramitação e poucas leis aprovadas capazes de fazer alguma diferença.

Através de pesquisa no *site* da Câmara dos Deputados utilizando as expressões *trabalhista* e *CLT*, constata-se a existência de mais de 3.600 projetos de leis que tratam de alguma maneira destes temas, número que se revela expressivo se levarmos em consideração a quantidade de leis aprovadas. Muitos destes projetos tratam de temas que encarecem a contratação, como nos casos da redução da jornada de trabalho, da ampliação da licença-maternidade, do bloqueio dos contratos de terceirização e vários outros, o que acaba tornando o Brasil pouco competitivo no cenário global. Muitos deles, apesar de seus bons propósitos, aumentam a burocracia atual e oneram ainda mais a folha de pagamento.

Sobre o futuro da Justiça do Trabalho

A Justiça do Trabalho vem, ano a ano, melhorando em diversos aspectos por iniciativa própria, por impulso do Conselho Nacional da Justiça, do Conselho Superior da Justiça do Trabalho e/ou do Tribunal Superior do Trabalho. Como advogado militante e operador do Direito em diversos Estados do Brasil, tive a oportunidade de acompanhar a implantação e/ou aperfeiçoamento de diversas práticas que, ao fim e ao cabo, ajudaram a Justiça do Trabalho a cumprir o seu papel social. Por outro lado, ainda há muito por fazer, sobretudo para que o Processo do Trabalho seja mais célere para os usuários da Justiça.

A execução trabalhista segue sendo um problema crônico para os Juízes do Trabalho, os advogados e as partes, tendo em vista que as Varas do Trabalho não estão estruturadas para proferirem sentenças líquidas, do mesmo modo que uma grande parte dos Tribunais Regionais do Trabalho não tem condições de proferir acórdãos líquidos, pois não possuem ferramentas técnicas e mão de obra necessária para tanto.

Os TRTs de grande porte possuem realidades bem diferentes dos TRTs com menor número de Varas, Juízes e processos, o que impede uma ação homogênea para solução de problemas parecidos. Quando o PJe-JT estiver em pleno funcionamento, o que certamente demorará algum tempo, a Justiça do Trabalho estará mais modernizada, com todos os seus casos digitalizados, mas os problemas decor-rentes da falta de legislação persistirão, caso não sejam editadas novas e melhores leis.

Tomemos o exemplo da Justiça Eleitoral. O processo de votação no Brasil é o mais célere e seguro do mundo, segundo informações veiculadas na mídia impressa, tudo isso fruto da moderna tecnologia. Atualmente conseguimos saber, quase que instantaneamente, todos os candidatos eleitos nos mais variados Municípios do Brasil. Ocorre que, enquanto não houver a Reforma Eleitoral, sanando-se uma série de problemas existentes na atual legislação eleitoral, o Brasil continuará a eleger pessoas sem aptidão e/ou sem vocação para exercer funções públicas de tamanha relevância, causando prejuízo aos cofres públicos. Assim, temos a rapidez na apuração dos votos, mas não temos a qualidade de representação.

Valendo-se do método comparativo, o PJ-e da JT servirá, certamente, para tornar o processo do trabalho mais ágil, fazendo com que a prestação jurisdicional seja entregue de forma célere. Entretanto, persistirão os mesmos problemas de carência de legislação material e processual do trabalho, uma vez que tais questões não estão na pauta do Governo Federal, único competente para legislar em matéria trabalhista.

A Presidente Dilma Russef já declarou que entende que a Reforma Trabalhista não é imprescindível, assim como revelou ser contra a redução da jornada de 44 horas para 40 horas semanais, tal como pretendido pelas Centrais Sindicais (PEC das 40 horas). Por outro lado, ela tem declarado que pretende desonerar a folha de pagamento das empresas, o que é positivo sob o prisma da geração de postos de trabalho, novos investimentos externos, crescimento da economia etc., fazendo com que o Brasil se torne mais competitivo no cenário global.

Com ou sem novas e modernas leis, a Justiça do Trabalho do Brasil seguirá o seu nobre papel em busca do aperfeiçoamento da entrega da prestação jurisdicional. Os advogados trabalhistas, como de costume, estão à disposição para contribuir com apresentação críticas, ideias e soluções a serem avaliadas por quem de direito, para que os modernos problemas da Justiça do Trabalho possam ser equacionados.

Justiça do Trabalho
Presente, Passado e Futuro

Luiz Inácio Barbosa Carvalho[*]

Quase setenta anos depois de implementada em nosso País a Justiça do Trabalho, parece oportuno uma profunda reflexão sobre sua importância, vicissitudes e desempenho. Mas para que se proceda a uma reflexão consistente, imperioso recordar os fatos marcantes da sua história e focalizar alguns aspectos de relevo que hoje preocupam os que a integram e aqueles que nela militam.

A Justiça do Trabalho foi prevista na Constituição de 1934, tendo em conta que as Juntas de Conciliação e Julgamento, criadas pelo Decreto Legislativo n. 22.132, de novembro de 1932, proferiam decisões que valiam apenas como títulos suscetíveis de execução na Justiça Comum, cujas instâncias reexaminavam, geralmente, os fundamentos da condenação.

Ao mesmo tempo funcionavam, também no então Ministério do Trabalho, Indústria e Comércio, as Comissões Mistas de Conciliação (Decreto Legislativo n. 21.396, de 12.5.1932), para os conflitos coletivos do trabalho, e o Conselho Nacional do Trabalho, criado como órgão consultivo em 1923 (Decreto n. 16.027) e transfor-mado em 1934 (Regulamento aprovado pelo Decreto n. 24.784) em instância recursal da Previdência Social e julgadora dos inquéritos instaurados contra empregados estáveis de empresas concessionárias de serviço público.

O texto fundamental de 1934 incluiu a Justiça do Trabalho no capítulo "Da ordem econômica e social", outorgando-lhe competência "para dirimir questões

---
(*) Advogado Trabalhista e Professor de Direito do Trabalho e Direito Processual do Trabalho.

entre empregadores e empregados, regidos na legislação social" (art. 122, *caput*). E, no parágrafo único desse artigo, assegurou a paridade de representantes das duas classes nos tribunais do trabalho e nas comissões mistas de conciliação — órgãos que seriam presididos por "pessoas de experiência e notória capacidade moral e intelectual", de livre nomeação do Governo Federal.

A Constituição de 1937 dispôs sobre a instituição da magistratura do trabalho, em preceito que não desceu a detalhes (art. 139). Logo em seguida, o Ministro do Trabalho, Indústria e Comércio, designou uma comissão que teve por objetivo redigir os projetos que se transformaram no Decreto-lei n. 1.237, de 1939, instituidor da Justiça do Trabalho; no Decreto-lei n. 1.346, do mesmo ano, que reorganizou o Conselho Nacional do Trabalho; nos regulamentos da Justiça do Trabalho (Decreto n. 6.596) e do CNT (Decreto n. 6.597), ambos de 1940.

Paralelamente, o Governo Federal expediu o Decreto-lei n. 39, de 3 de dezembro de 1937, estabelecendo que, na execução dos julgados das juntas perante o Juízo do Cível, a defesa seria restrita a nulidades, prescrição ou pagamento da dívida. Assegurava-se, assim, mesmo antes da instituição da Justiça do Trabalho, a intangibilidade das decisões das Juntas de Conciliação e Julgamento criadas em 1932, no tocante aos seus pronunciamentos sobre as teses de natureza trabalhista e o mérito das reclamações.

Com o advento da Constituição de 1946, ocorreu a efetiva integração da Justiça do Trabalho ao Poder Judiciário (art. 94), assegurado o poder normativo dos seus tribunais para "estabelecer normas e condições de trabalho", nos casos especificados em lei, ao julgar os dissídios coletivos (art. 125, § 2º).

A Carta Magna de 1967 manteve o poder normativo da Justiça do Trabalho (art. 142, § 1º) e a composição paritária dos seus órgãos (art. 141); e foi além: a) em disposição que foi redigida pelo saudoso Arnaldo Süssekind a pedido do Presidente Castelo Branco, garantiu o acesso de magistrados de carreira, membros do Ministério Público do Trabalho e advogados, nas proporções indicadas, tanto nos Tribunais Regionais, como no Tribunal Superior do Trabalho (art. 141, §§ 1º e 5º); b) limitou o recurso para o Supremo Tribunal Federal às decisões contrárias à Constituição (art. 143).

A Lei Fundamental de 1988 conservou todas essas normas, ampliou a competência da Justiça do Trabalho e admitiu a arbitragem facultativa como excludente da intervenção dos seus tribunais nos conflitos coletivos de trabalho (arts. 114 e 115).

Mas recentemente a Emenda Constitucional n. 45, de dezembro de 2004, que ampliou significativamente a competência da justiça do Trabalho. Feito esse breve relato histórico, cabe algumas observações sobre esse importante segmento do Poder Judiciário.

E a primeira constatação de relevo diz respeito à pouca agilidade na entrega da prestação jurisdicional, aspecto que alcança não apenas a Justiça do Trabalho, mas o Poder Judiciário como um todo. No caso específico do tema, podemos destacar que muito contribuiu para essa morosidade o próprio desenvolvimento econômico ocorrido ao longo dessas últimas décadas em nosso País, bem como a extensão da legislação do trabalho às atividades rurais e a multiplicação das entidades sindicais, somadas à excessiva rotatividade da mão de obra, à ausência de procedimentos para conciliação dos litígios individuais no âmbito empresarial e, ainda, à inexistência de mecanismos de mediação dos conflitos coletivos de trabalho. Esses são os fatores determinantes, sem prejuízo de outros mais, que a nosso ver geraram, ao longo do tempo, um considerável aumento de processos ajuizados na Justiça do Trabalho. Aduza-se a circunstância de muitos empregadores só admitirem assinar acordos e quitações perante a Justiça do Trabalho, fomentando, para tanto, o ajuizamento das conhecidas ações simuladas sobre as quais já houve prévio entendimento. Em resumo, objetivamente, podemos apontar as seguintes causas do exagerado número de procedimentos que levaram à sobrecarga da Justiça do Trabalho:

a) alta rotatividade da mão de obra, gerando de um modo geral, reclamações dos trabalhadores despedidos;

b) excesso de empregados não registrados, os quais ajuízam reclamações quando são dispensados;

c) abuso de contratos simulados, sob o rótulo de terceir

ização ou de cooperativa de trabalho, com a evidente intenção de encobrir verdadeiras relações de emprego, por isto que os prestadores dos serviços trabalham sob o poder de comando (diretivo, hierárquico e disciplinar) da empresa contratante;

d) conscientização dos seus direitos por parte de trabalhadores rurais e domésticos;

e) excesso de leis inovando ou modificando o ordenamento legal, com afronta ao bom direito, inclusive a princípios e normas constitucionais;

f) cultura desfavorável à mediação de terceiros e à arbitragem para a solução das controvérsias trabalhistas, sobretudo no que tange aos conflitos coletivos.

Cabe asseverar que também contribuíram para essa sobrecarga os vários planos econômicos, que feriram direitos adquiridos, motivando milhares de ações trabalhistas ao longo das últimas décadas. E, mais recentemente, as duas emendas constitucionais: a Emenda Constitucional n. 20, que acrescentou o § 3º ao art. 114 da Constituição, com a criticável regulamentação da Lei n. 10.035, de 2000, tumul-tuando e retardando as execuções das sentenças trabalhistas pela cobrança das contribuições previdenciárias e do FGTS; e, por fim, a Emenda Constitucional n. 45 que aumentou significativamente a competência da Justiça do Trabalho.

Cumpre, de logo enfatizar, ao contrário do que sustentam alguns, que a grande maioria dos países é dotada de organismos especiais, administrativos ou judiciais, para a solução dos litígios trabalhistas.

De um modo geral, a competência dos tribunais do trabalho é tanto mais ampla quanto maior a intervenção do Estado nas relações do trabalho. É certo que a legislação trabalhista nasceu, é e será intervencionista. Há, no entanto, vários graus de intervencionismo, que dependem de diversos fatores, dentre os quais cumpre destacar: a) o regime jurídico-político vigente; b) o nível alcançado pela organização sindical nacional. Daí por que o nível de intervenção estatal se reduz na razão inversa do fortalecimento das associações sindicais e da atuação efetiva destas em proveito dos seus representados.

Daí porque prevalece na legislação comparada a competência dos tribunais de trabalho limitada aos dissídios individuais e dos coletivos de direito.

É inquestionável que não há recursos humanos, nem financeiros, para ampliar significativamente a nossa Justiça do Trabalho. A solução há de ser outra, inspirada nos procedimentos de bom êxito adotados em outros países. E chega a surpreender a omissão das entidades sindicais no equacionamento da reformulação do sistema vigente, quando o direito comparado revela que a maior parcela das controvérsias individuais do trabalho é conciliada ou mediada, seja por *comissões paritárias de conciliações* no âmbito da empresa ou da categoria, seja pelo diálogo franco entre o chefe do serviço de recursos humanos da empresa e o *delegado sindical* ou o *representante eleito* pelos respectivos empregados. Só os litígios não solucionados com esses procedimentos informais é que aportam nos tribunais ou nos órgãos administrativos competentes para o seu julgamento.

Em estudo da *Organização internacional do Trabalho* (*Conciliación y arbitraje en les conflictos de trabajo*. Genebra: OIT, 1987. p. 175/80), resta registrada a tendência do direito comparado

> (...) es de considerar procedimientos conciliatorios para los conflictos individuales de trabajo, cuya solución tradicionalmente se había reservado a los órganos de la jurisdicción laboral.

E, depois de assinalar que os procedimentos conciliatórios perante tribunais do trabalho ou órgãos gerais de administração pública do trabalho "presentan en mayor o menor grado, una serie de inconvenientes que comprometen la eficacia de la conciliación", são apontados os três sistemas que historicamente revelaram de maior êxito:

> 1º) *organismos especializados*, que atendam aos diferentes graus de conhecimento dos litígios que lhes são submetidos, com especialização relativa aos diversos setores trabalhistas. É o que ocorre na *Espanha, França e Itália*, cujos órgãos estatais foram criados por

via legislativa, e na *Dinamarca*, cujo organismo resultou de convenção coletiva;

2º) *organismos privados* que atuam num determinado setor da economia ou *categoria econômica*. Os seus membros possuem, naturalmente, os conhecimentos requeridos para a boa compensação da atividade profissional que corresponde à competência. É o caso, por exemplo, da *Venezuela*;

3º) *organismos intraimpresariais*, com representação da administração da empresa e dos seus empregados, que vêm se multiplicando em virtude de *contratos coletivos*, nas mais diversas regiões do mundo, sendo que na *Europa Oriental* e na República Federal da *Alemanha* (agora unida à antiga República Democrática da Alemanha), sua instituição decorre de lei.

Consoante foi ressaltado no aludido estudo, "La conciliación ante órganos internos de la empresa se ha demostrado capaz de obtener resultados bastante satisfactorios. Sus ventajas principales están dadas por las circunstancias de que los organismos conciliadores posuen un buen conocimiento de las peculiaridades propias del respectivo sector laboral y de que, por tener una competencia restringida al ámbito interno de la empresa, no se encuentram congestionados por el conocimiento de muchos asuntos muy diversos entre sí y pueden, por tanto, dedicar un esfuerzo serio a la gestión conciliatoria, la cual no queda reducida a una mera formalidad, como sucede a veces cuando el procedimiento se realiza ante otro tipo de órganos".

Cumpre ponderar, neste passo, que a OIT aprovou a *Recomendação n. 94*, sugerindo a criação de organismos de consulta e colaboração entre empregadores e trabalhadores, no âmbito da empresa, cuja competência deveria excluir apenas as controvérsias trabalhistas compreendidas no campo da negociação coletiva (*reserva sindical*). O Título VI da nossa CLT, sobre convenções coletivas de trabalho, prevê a faculdade desse instrumento criar comissão de consulta e colaboração intra-empresarial (art. 621). Mas, porque facultativa, raramente tem sido objeto de negociação coletiva. Daí entendemos que *a lei deveria prescrever* a constituição de comissões paritárias de conciliação, ou de consulta e colaboração, com a participação do representante dos trabalhadores de que trata o art. 11 da Constituição, nas empresas de médio ou grande porte.

Não se cogita — convém sublinhar — de atribuir poder judicante a tais comissões, mas simplesmente estabelecer uma *pré-fase compulsória* nas empresas, visando à conciliação dos litígios. Afinal, como se sabe, metade das ações ajuizadas se resolvem pela conciliação perante a Justiça do Trabalho. Ora, o que é conciliável em órgão do Judiciário também o será nessas condições de composição paritária, cujos membros representam efetivamente as partes que pessoalmente conhecem e, por adotarem procedimentos informais e disporem de tempo razoável, terão, sem dúvida, maiores, possibilidades de mediar as contendas. Será indispensável, no entanto, assegurar plena eficácia aos acordos nelas celebrados.

Mas isso não é o que efetivamente ocorre nas conhecidas Comissões de Conciliação Prévia instituídas pela Lei n. 9.958/2000, que introduziu o Titulo VI-A na CLT. Na verdade, as chamadas CCPs acabarem por vir rodeadas de fraude e realizando "acordos" que fugiam completamente ao seu grau de competência, como, por exemplo, depósitos relativos ao FGTS ou adicionais compulsórios (insalubridade ou periculosidade) entre outras matérias. Ora, os depósitos relativos ao FGTS ou o direito ou não ao adicional de insalubridade ou periculosidade são matérias que não são viáveis de composição extrajudicial. Se o depósito do FGTS não foi realizado a tempo e modo pelo empregador, nada pode ser transigido a respeito que não a realização dos depósitos com os acréscimos legais. O mesmo ocorre que os adicionais de insalubridade ou periculosidade que dependem de apuração técnica. Outro fator que também gerou o descrédito das chamadas CCPs é a utilização das mesmas como mero órgão "homologador" de pagamento de verbas resilitórias. Efetivamente, a recomendação da OIT, acima referida, não sugere nada disso.

É inquestionável que a autocomposição do conflito de trabalho constitui o ideal que deve ser fomentado e motivado, a fim de afastar, sempre que possível, a solução heterônoma. Entretanto, o êxito da negociação coletiva, com ou sem greve, pressupõe a existência de sindicatos fortes e atuantes, com expressiva representatividade dos trabalhadores. Não basta que tais sindicatos existam em algumas regiões ou em certas categorias. Se estes podem obter adequadas condições de trabalho por meio dos instrumentos da negociação coletiva, seja por acordo direto ou mediado, seja por arbitragem facultativa, certo é que os sindicatos mais fracos só conseguem melhorar as condições mínimas de trabalho através de arbitragem obrigatória ou da sentença normativa do tribunal competente. Aduza-se que o sucesso da negociação coletiva depende também do fornecimento de informações pelos empresários e da boa fé com que ambas as partes, numa atitude de mútua compreensão, estabelece o diálogo — fatores que se reduzem na razão direta do subdesenvolvimento econômico.

Esse quadro explica por que países em vias de desenvolvimento ou desigualmente desenvolvidos, como o Brasil, adotam mecanismos administrativos ou judiciais com poder de intervir compulsoriamente para resolver o conflito. E, pelos mesmos fundamentos, a legislação do trabalho desses países caracteriza o intervencionismo básico do Estado nas relações de trabalho, estabelecendo limites à autonomia da vontade para preservar a dignidade do ser humano no seu direito à vida.

Convém sublinhar que o intervencionismo básico, assim como os mecanismos de solução compulsória dos conflitos, não impedem que as condições mínimas e indisponíveis de proteção ao trabalho sejam melhoradas pelos instrumentos de negociação coletiva, quando a autonomia privada coletiva puder complementar e ampliar o nível resultante das normas imperativas. E a ação neste sentido desenvolvida pelos sindicatos mais expressivos, com a conquista de novos direitos ou ampliação dos impostos por lei, acaba por influenciar os mencionados organismos administrativos ou judiciais para que estendam tais normas ou condições de trabalho a categorias que não teriam força para conquistá-las nos procedimentos da negociação coletiva. O poder normativo ou arbitral compulsório constitui, nessa hipótese, um fator de equidade social no conjunto das categorias.

Quando a organização sindical se engrandece em termos nacionais, contando com associações expressivas em todas as atividades, as próprias centrais sindicais geralmente se incumbem de evitar o desnível acentuado entre as condições de trabalho dos diversos setores da economia, especialmente no concernente aos salários. Os acordos neste sentido firmados na *Espanha* e na *Itália* são eloquentes exemplos dessa preocupação macroeconômica, posto que os sindicatos de base e as empresas atuam, na negociação coletiva, dentro dos parâmetros prefixados nesses acordos. Assinale-se que, sendo, o desnível significativo, a população das regiões mais pobres, nelas incluídos os trabalhadores, é onerada com o custo dos bens produzidos nas regiões industrializadas, que hão de computar as vantagens conquistadas pelos respectivos empregados. É o que se verifica no nosso País: o trabalhador do nordeste, por exemplo, ao adquirir uma televisão ou uma geladeira, paga o custo das condições de trabalho que ele não tem, obviamente inserido no preço do bem produzido. Daí a conclusão do professor Sagardoy Bengoechea no sentido de que, em escala de macroeconomia, é necessário coordenar os acordos salariais, devendo os critérios de fixação ser estabelecidos a nível setorial ou intersetorial (*Política gubernamental y negociación coletiva en un contexto de crises econômicas*. Madri: IES, 1979. p. 18 e 29).

O direito produz normas que regem as relações humanas e, por ser inadmissível que inevitáveis conflitos de interesses se perpetuem, devem ser estabelecidos mecanismos para sua solução. Não é por outra razão que a Constituição brasileira consagra o princípio segundo o qual nenhuma lesão ou ameaça a direito pode ser excluída da apreciação do Poder Judiciário (art. 5º n. XXXV).

Nesta fase de inquietação e de transformações no mundo do trabalho, decorrentes das repercussões sociais da revolução tecnológica e das medidas econômicas, é mister que se mantenham sempre atualizados os instrumentos de que se valem os grupos sociais e os indivíduos para que não seja entravada a aplicação do direito, porque dele depende, em decisivo apelo, a distribuição da Justiça.

Como há alguns anos atrás já alertava o Ministro Carlos Alberto Reis de Paula, que integra o egrégio Tribunal Superior do Trabalho, quando enfatizou a busca é, justamente, "o momento do Direito do Trabalho, porque todas as vezes que se acentuam as desigualdades, o Direito busca diminuir essas desigualdades. Ora, o Direito que cuida disso, na órbita da relação capital/trabalho, é o Direito do Trabalho" (*Rev. AMATRA*-3, set. 2000, Belo Horizonte, p. 3).

É evidente que os tribunais que compõem a Magistratura brasileira e as regras processuais que os dinamizam carecem de aprimoramento. Não se deve, porém, julgar as instituições públicas por suas anomalias atípicas, até porque o seu funcionamento depende do homem, nem sempre preparado ética e culturalmente para o exercício das respectivas funções. É inquestionável, no entanto, que, nos seus quase setenta anos de existência, a Justiça do Trabalho, nos limites de suas possibilidades, cumpriu a relevante missão que lhe compete.

Os dados estatísticos pertinentes à magistratura do trabalho, amplamente divulgados, revelam que, não obstante suas imperfeições e das causas exógenas motivadoras de milhões de ações, ela funciona. Por isto mesmo vem sendo criticada por aqueles que, numa orquestração suspeita, gostariam de extingui-la, para, em seguida, num retrocesso inadmissível, desregulamentar a legislação substantiva de proteção ao trabalho, impondo a volta ao *laisser faire*, de triste memória na história da civilização.

O Desafio do Ônus da Prova nas Ações de Acidentes do Trabalho e Adoecimento Ocupacional

Marinês Trindade[*]

Inspiração

... solidificou-se o conceito de que o trabalho é feito para o homem e não o homem para o trabalho, tendo o trabalhador "direito de ser tratado como um ser humano e não como instrumento de produção". (grifo nosso)

SERVAIS, Jean-Michel apud BRANDÃO, Cláudio. Meio ambiente do trabalho saudável: direito fundamental do trabalhador. Revista n. 49, Tribunal Regional do Trabalho 1ª Região, p. 89-98, jan./jun. 2011.

O foco

A ampliação da competência da Justiça do Trabalho, com o advento da EC n. 45, introduziu novos objetos de estudo no mundo do trabalho que antes conhecíamos. Entre tantos, aqui nos ocupamos da lógica jurídica na distribuição do ônus da prova em ações trabalhistas cuja lesão seja originada nos acidentes ou doenças do trabalho, contextualizando a prestação jurisdicional trabalhista como elemento

---

(*) Advogada trabalhista — especializada em direito material e processual do trabalho.

de justiça social, e, alavanca da humanização e dignificação das condições e ambiente do trabalho.

O CENÁRIO

No contexto social, o aspecto inovador no tema se dá a partir de abril de 2007, com a entrada em vigor de disposição de lei, com nova metodologia da Previdência Social, para reconhecer casos de acidentes e doenças do trabalho, o Nexo Técnico Epidemiológico Previdenciário — NTEP. Através deste conceito jurídico permitiu-se, automaticamente, relacionar determinadas doenças a determinadas categorias profissionais.

É importante destacar, a fim de relacionar as consequências da implantação do Nexo Técnico Epidemiológico Previdenciário (NTEP) e o objeto de nosso estudo, que a fonte primária de dados de ocorrência de acidentes e doenças de trabalho são as empresas ou empregadores responsáveis pela emissão da Comunicação de Acidente do Trabalho. Contudo, a realidade já demonstrara há muito, a prática frequente da subnotificação pelas empresas, o que revelava sensível vulnerabilidade destes dados.

No entanto, com o estabelecimento da metodologia do NTEP, abandonou-se o referencial teórico individual, tradicional na medicina do trabalho, passando-se a usar o referencial coletivo. Dessa forma, averiguando o caso concreto, não é possível limitar-se a esclarecer apenas se trabalhador está ou não doente, mas, principalmente, e fundamentalmente, se o ambiente do trabalho é ou não doentio.

Neste sentido, são feitos trabalhos e pesquisas epidemiológicas, em saúde e segurança na população empregada em cada setor econômico, visando a verificar os motivos que levam os índices e formas de adoecimento ou acidentes diferenciarem-se entre estes. Nesta abordagem, a doença deixa de ser vista como um problema do trabalhador e passa a ser o problema de um segmento econômico ou de uma empresa. Este é o ponto.

Confirmando estes estudos, na atualidade os números de acidentes e doenças ocupacionais ampliam-se de forma progressiva, diretamente proporcionais, às mudanças radicais na gestão do trabalho.

Nos bancos crescem, de um lado a severa redução do número de funcionários, o aumento da produção e fixação de metas em ambiente altamente competitivo, de outro, além da LER — Lesão por Esforço Repetitivo, acentuam-se os casos de transtornos mentais e bipolar, depressão e síndrome do pânico.

Nos setores ascendentes da economia, onde são exigidos crescentes e grandes esforços físicos do trabalhador, como a agricultura e a construção civil, também se amplia um misto de riscos organizacionais com riscos operacionais, e aumento das mortes. Destacando-se nesta última, a enorme aceleração do ritmo de trabalho e pressões psicológicas, a que os trabalhadores estão sujeitos na obra, em virtude de prazos bem reduzidos para a conclusão e entrega dos serviços etc.

O CONTEXTO CONSTITUCIONAL

Adentramos assim ao exame das repercussões destes fatos, nas demandas judiciais propostas na Justiça do Trabalho, e consequentemente, na distribuição do ônus da prova nas ações que envolvam estes casos, preconizando os direitos fundamentais da pessoa humana, como o direito à vida, à dignidade, à integridade pessoal e moral, entre outros.

Para tal é imprescindível contextualizar a matéria em foco, a partir dos fundamentos da Constituição Cidadã de 1988, a saber: a dignidade humana, art. 1º, III da CRFB — princípio fundamental da república, o valor social do trabalho art. 1º, IV da CRFB — fundamento da república e a função social da propriedade art. 170, III da CRFB — princípio da ordem econômica.

Segundo Ingo Wolfgang Sarlet (*Dignidade da pessoa humana e direitos fundamentais.* Porto Alegre: Livraria do Advogado, 2008. p. 102) "da dignidade decorrem, simultaneamente, obrigações de respeito e consideração (isto é de sua não violação), mas também um dever de promoção e proteção, a ser implementado, inclusive — consoante já referido relativamente aos assim designados direitos sociais ...".

Destarte, a Constituição Federal ao declarar em seu introito o direito de todos à dignidade, igualmente, está, situando a obrigação, também para todos, notadamente ao estado e particulares, inclusive quando empregadores, de respeitar, considerar, promover e proteger a vida humana.

A par disso, e da mesma forma, cabe lançar mão dos direitos humanos consagrados na Declaração Universal dos Direitos do Homem e da integração ao ordenamento jurídico nacional das normas estabelecidas no **Pacto de San José da Costa Rica,** conforme entendimento pacificado pelo Supremo Tribunal Federal.

Com a leitura cuidadosa destes encontrar-se-ão, dispositivos que vão de encontro diretamente à prevenção e garantias em face do acidente de trabalho e na saúde ocupacional, caracterizando que a dignidade da pessoa humana engloba necessariamente o respeito e a proteção à integridade física e emocional da pessoa. E, ainda, realçará a vinculação intrínseca entre o princípio da dignidade da pessoa humana e o direito à vida, como se vê na declaração dos Direitos do Homem:

Art. III — Todo homem tem direito à vida, ... (...)

Art. VIII — Todo homem tem direito a receber dos tribunais nacionais competentes remédio efetivo para os atos que violem os direitos fundamentais que lhe sejam reconhecidos pela Constituição ou pela lei. (...)

Art. XXII — Todo homem, como membro da sociedade, tem direito à segurança social, e à realização, ... dos direitos econômicos, sociais e culturais indispensáveis à sua dignidade e ao livre desenvolvimento da sua personalidade. (...)

Art. XXIII — 1. Todo homem tem direito ao trabalho, ..., a condições justas e favoráveis de trabalho ...

Art. XXV — 1. Todo homem tem direito a um padrão de vida capaz de assegurar a si e a sua família saúde e bem-estar, ... em caso de ..., doença, invalidez, ou outros casos de perda dos meios de subsistência em circunstâncias fora de seu controle." (...)

(Disponível em: <http://portal.mj.gov.br/sedh/ct/legis_intern/ddh_bib_inter_universal.htm> Acesso em: 30.9.2012)

Estabelecido o contexto constitucional maior, outros dispositivos no arcabouço jurídico, tratam o tema de forma mais específica, pavimentando da mesma forma nossa lógica de estudo.

Invocamos, no que se refere ao ambiente e local de trabalho, a tutela jurídica da Constituição Federal, em seu art. 225, *caput*, quando conceitua o termo meio ambiente ecologicamente equilibrado: "Todos têm direito ao meio ambiente ecologicamente equilibrado, bem de uso comum do povo e essencial à qualidade de vida, impondo-se ao Poder Público e à coletividade o dever de defendê-lo e preservá-lo para as presentes e futuras gerações".

Nesse sentido, destaca-se o § 3º do citado dispositivo constitucional, que estabelece a responsabilidade objetiva de reparar danos causados ao meio ambiente, a quem proceda em conduta lesiva ao equilíbrio deste, o que permite idêntica interpretação para os casos de danos causados ao meio ambiente de trabalho. Tal compreensão é ainda mais reforçada, na redação literal do art. 200, inc. VIII do texto constitucional, que, fixando a competência do sistema único de saúde, afirma o dever de 'proteção do meio ambiente, nele compreendido o do trabalho'.

No mesmo diapasão, destaca-se a Convenção n. 155 da OIT — acerca da Segurança e Saúde dos Trabalhadores, com vigência no Brasil desde 18.5.1993, na qual se ressalta, no art. 3º, letra "c", o conceito de local de trabalho, como todos os lugares onde os trabalhadores devem comparecer, e que estejam sob o controle direto ou indireto do empregador.

Destaca-se, igualmente, o comando constitucional do art. 7º, XXII da CRFB, que dispondo acerca dos direitos dos trabalhadores urbanos e rurais, afirma como direito social destes, a obrigação da redução dos riscos inerentes ao trabalho, por meio de normas de saúde, higiene e segurança.

Com efeito, tal prevenção e eliminação dos riscos denominada pelo Desembargador Sebastião Geraldo de Oliveira, um dos maiores especialistas na matéria, na obra *Proteção Jurídica à Saúde do Trabalhador* (5. ed. São Paulo: LTr, 2010. p. 124) de **Princípio Constitucional do Risco Mínimo Regressivo**, caracteriza:

O empregador tem o dever de reduzir os riscos inerentes ao trabalho até onde for possível, em cada época, de modo que os danos sofridos pelo trabalhador por riscos que poderiam ter sido eliminados ou controlados ensejam a caracterização da conduta culposa do empregador, pela não observância do principio do risco mínimo regressivo.

Nessa construção da lógica jurídica para a correta distribuição do ônus da prova nas ações de acidente e doença de trabalho, é importante igualmente acrescer o direito social à saúde, previsto no art. 196 da CRFB, que em sentido difuso garante o direito e esta, e, consequentemente, ao meio ambiente equilibrado. Ressaltando-se a saúde, como um direito de todos e dever do estado, mediante políticas sociais e econômicas, como também o caráter preventivo que deve informar estas ações.

Por fim, o art. 170, inciso VI da CRFB, que preconiza o funcionamento da atividade econômica, fundada na valorização do trabalho humano e na livre iniciativa, assegurando a todos existência digna, conforme os ditames da justiça social, observando, entre outros, o princípio da função social da propriedade.

Estampado então que, se nenhum valor está acima da pessoa humana, portanto, também no interior do processo trabalhista, onde se examinam tais demandas, deve ser rejeitado qualquer condução ou procedimento, que reduzindo o ser humano a condição de coisa, inviabilize a efetividade do processo para a realização do direito pretendido.

O CONTEXTO INFRACONSTITUCIONAL

Na órbita infraconstitucional, o capítulo V da Consolidação das Leis Trabalhistas, arts. 154 a 201 da CLT, e as Normas e Portarias de Segurança e Medicina do Trabalho, conduzem igualmente a interpretação apresentada. Afinal, os direitos sociais, entre estes o trabalho, materializam a dignidade da pessoa humana, tanto como direito, quanto obrigação jurídica. Neste sentido, a lógica jurídica elaborada aqui é, baseada na realização da efetividade da orientação humanista da constituição, indicar para o desenrolar do processo, também a preconização da dignidade da pessoa humana do trabalhador.

Este sentido depreende-se do regramento contido nas Normas Regulamentadoras da Portaria Ministerial n. 3.214/78 do Ministério do Trabalho — NRs, as quais, na forma do entendimento consagrado pelo STF, tem delegação expressa da CLT, como se norma legal federal fossem, e, comportam função específica de proteção da integridade e saúde do trabalhador e do meio ambiente do trabalho.

Assim, com *status* de norma infraconstitucional, tais NRs e seus anexos estabelecem parâmetros mínimos para o exercício do trabalho, em diversas atividades.

E, considerando-se o conteúdo obrigacional nelas existente, é possível concluir pela inversão do ônus da prova, a fim de que às empresas seja atribuída a incumbência de comprovar o cumprimento desta normatização, a saber:

A **NR-1**, que determina ao empregador cumprir e fazer cumprir as disposições legais e regulamentares sobre segurança e medicina do trabalho, adotando medidas para eliminar ou neutralizar as condições inseguras de trabalho.

A **NR-4**, quando dispõe que as empresas manterão obrigatoriamente, serviços especializados em engenharia de segurança e medicina do trabalho, com a finalidade de proteger a integridade do trabalhador no local de trabalho. Competindo aos profissionais integrantes dos Serviços Especializados, aplicar os conhecimentos de engenharia de segurança e de medicina do trabalho ao ambiente de trabalho e a todos os seus componentes, inclusive máquinas e equipamentos, de modo a reduzir até eliminar os riscos ali existentes.

A **NR-7 — PROGRAMA DE CONTROLE MÉDICO DE SAÚDE OCUPACIONAL — PCMSO**, que estabelece a obrigatoriedade de elaboração e implementação, por parte de todos os empregadores e instituições que admitam trabalhadores como empregados, do Programa de Controle Médico de Saúde Ocupacional — PCMSO, com o objetivo de promoção e preservação da saúde do conjunto dos seus trabalhadores.

A **NR-9 — PROGRAMA DE PREVENÇÃO DE RISCOS AMBIENTAIS — PPRA** que estabelece a obrigatoriedade da elaboração e implementação, por parte de todos os empregadores e instituições que admitam trabalhadores como empregados, do Programa de Prevenção de Riscos Ambientais — PPRA, visando à preservação da saúde e da integridade dos trabalhadores, através da antecipação, reconhecimento, avaliação e conseqüente controle da ocorrência de riscos ambientais existentes ou que venham a existir no ambiente de trabalho.

O conceituado magistrado Sebastião Geraldo de Oliveira, na obra *Indenizações por Acidente do Trabalho ou Doença Ocupacional* (6. ed. São Paulo: LTr, 2011. p. 195) destaca que o grau de diligência exigido do empregador vai além daquele esperado nos atos da vida civil comum, visto que a empresa tem o dever legal e normativo de adotar as medidas preventivas cabíveis para afastar os riscos inerentes ao trabalho, aplicando todos os conhecimentos técnicos até então disponíveis para eliminar as possibilidades de acidentes ou doenças ocupacionais.

E de outra forma entendemos que não pode ser visto, já que as relações de trabalho, não raras vezes, revelam alto grau de opressão e degradação, ocasionando condições de vida e de trabalho manifestamente indignas, o que *de per si* caracteriza a violação do direito ao trabalho.

O direito ao trabalho deve ser exercido em condições dignas, e quando praticado nestas condições, constitui um dos principais direitos fundamentais da pessoa humana. E aqui, não referimos tão somente a um mínimo vital, apenas para assegurar a existência ou garantia da vida humana, mas sim, a uma vida com dignidade, ou seja, uma vida saudável, daí a imprescindibilidade da realização dos direitos sociais para a efetiva fruição de uma vida com dignidade.

A QUEM INCUMBE O ÔNUS DA PROVA NO PROCESSO TRABALHISTA QUE EXAMINA AS CONSEQUÊNCIAS DAS LESÕES ORIGINADAS PELO ACIDENTE OU DOENÇA DO TRABALHO

Desenhado o cenário social, delineado o arcabouço jurídico, é importante ainda sublinhar as consequências sociais, de enorme relevância, da responsabilidade civil, no âmbito dos processos de acidente e doença do trabalho, onde trabalhadores que sofreram as consequências do infortúnio pretendem o ressarcimento.

Nestas hipóteses, o processo trabalhista é instrumento do qual se socorre quem foi lesado, objetivando indenização, através do patrimônio do causador do dano. Contudo, o processo além de amparar a vítima também é mais, tem efeito punitivo, onde a condenação, diante do desvio de conduta que ato ou omissão pode acarretar, desestimula novas violações. Daí a imprescindibilidade da efetividade do processo.

E, considerando-se a responsabilidade objetiva do empregador, caracterizada pelo dever de diligência na garantia do direito de seu empregado a um ambiente de trabalho saudável e a redução dos riscos inerentes à atividade por este desempenhada, quando o empregador, descuidado dos seus deveres de cumprimento das normas de higiene, segurança e saúde, concorre para o evento do acidente ou adoecimento, com dolo ou culpa, por ação ou omissão, caracteriza ilícito patronal.

Esta é a realidade em diversos diplomas legais, a saber: art. 21, XXIII, c, da CRFB referentes aos danos nucleares, o art. 225, § 3º, da CRFB aos danos causados por atividades lesivas ao meio ambiente, como dissemos entendimento extensivo aos danos causados ao meio ambiente do trabalho —, a Lei n. 6.938/81, art. 14, § 1º, fixando a responsabilidade objetiva do poluidor, onde aquele que por sua atividade, direta ou indiretamente prejudique a saúde, a segurança e o bem estar da população e a qualidade ambiental, (o art. 3º, III da citada lei, pode alcançar os casos das doenças ocupacionais geradas no meio ambiente de trabalho, compreendendo a poluição no ambiente de trabalho como a conduta que afete a sadia qualidade de vida dos trabalhadores).

Tal conduta, como é sabido, gera direito à reparação, por violação dos deveres previstos nas normas gerais de proteção ao trabalhador, de sua integridade psicobiofísica, ou do meio ambiente laborativo e da incolumidade da atividade e local de trabalho. Neste diapasão afirma-se que os riscos da atividade devem ser suportados por quem dela se beneficie. De igual modo, não pode o trabalhador, autor do processo, vítima de acidente ou adoecimento, suportar o pesado ônus da exigência da prova.

No Direito do Trabalho, a aplicação do instituto da responsabilidade civil tem como norte a dignidade da pessoa humana, o que importa na obrigação do empregador de dotar sua empresa com um meio ambiente de trabalho saudável. Dessa forma, nos processos trabalhistas que envolvam as lesões jurídicas antes apontadas, deve ser adotado a inversão do ônus da prova, a fim de que caiba ao empregador provar que agiu dentro dos limites da lei, qual seja que observou o dever geral de cautela de prevenir e precaver os riscos ofensivos à saúde.

Com efeito, quando o trabalhador celebra um contrato de trabalho não concorre com nenhum risco. E, uma vez admitido ao emprego, encontrando-se apto para desempenhar suas funções, qualquer dano que venha a sofrer em sua saúde física e mental, é de responsabilidade do empregador.

Muitas vezes as empresas não cumprem suas obrigações contratuais, no que tange a observância e cumprimento das normas de segurança e medicina do trabalho. Assim, violam o dever de conduta anexo ao contrato de trabalho, o dever do empregador de zelar por um ambiente de trabalho saudável, prevenindo, reduzindo, eliminando riscos tendentes ou aptos a gerar danos a integridade física dos trabalhadores.

E mesmo que sem desejar o resultado, se, por imprudência ou por falta de cuidado, não fornece condições e equipamentos necessários e adequados ao tipo de serviço prestado pelo trabalhador, atua de forma comissiva e temerária, podendo assim causar o infortúnio no ambiente de trabalho.

Ressalte-se que no exercício regular do poder diretivo, esta conduta deliberada, atrai a responsabilidade do empregador, uma vez que este detém capacidade e elementos suficientes para agir de acordo com a normatização referente a saúde e segurança do trabalhador, ou seja, *podia e devia ter agido de outro modo* (CAVALIERI FILHO, Sérgio. *Programa de responsabilidade civil*. 6. ed. São Paulo: Malheiros, 2005).

No mesmo sentido é a redação do Enunciado ns. 38 e 39 da 1ª Jornada de Direito Material e Processual na Justiça do Trabalho, em 23.11.2007:

> **38. RESPONSABILIDADE CIVIL. DOENÇAS OCUPACIONAIS DECORRENTES DOS DANOS AO MEIO AMBIENTE DO TRABALHO.** Nas doenças ocupacionais decorrentes dos danos ao meio ambiente do trabalho, a responsabilidade do empregador é objetiva. Interpretação sistemática dos arts. 7º, XXVIII, 200, VIII, 225, § 3º, da Constituição Federal e do art. 14, § 1º, da Lei n. 6.938/81.
>
> **39. MEIO AMBIENTE DE TRABALHO. SAÚDE MENTAL. DEVER DO EMPREGADOR.** É dever do empregador e do tomador dos serviços zelar por um ambiente de trabalho saudável também do ponto de vista da saúde mental, coibindo práticas tendentes ou aptas a gerar danos de natureza moral ou emocional aos seus trabalhadores, passíveis de indenização.

Assim, claro está a responsabilidade objetiva do empregador pela higidez do ambiente de trabalho, e deste modo não cabe a vítima fazer a prova de que houve culpa do patrão, para receber uma indenização a título de reparação do dano por doença ou acidente. Sendo suficiente que o empregador descumpra qualquer das normas técnicas de segurança estabelecidas no ordenamento jurídico, para que seja o responsável pelo dano ocorrido, logo cabe a este comprovar o contrário.

E, na hipótese do empregado desempenhar seus serviços em atividade de risco, presume-se a culpa do empregador, considerando o que ordinariamente acontece. E também aqui cabe a empresa o ônus de demonstrar a existência de fato que possa obstar a pretensão do autor.

Invocando-se neste sentido, a aplicação análoga, dos dispositivos do § 3º do art. 12 do CDC, que desonera o produtor ou fornecedor de serviços, apenas se comprovar a culpa exclusiva do consumidor ou de terceiro.

E mais, deve ainda ser relevado o nítido desequilíbrio das condições probatórias entre as partes nos autos de ações trabalhistas desta natureza, sobretudo quando demandarem a produção de prova técnica necessária. De igual modo, deve recair sobre o empregador o ônus da prova, inclusive quanto ao pagamento de honorários periciais.

A nosso ver a jurisprudência consolidada do TST tem apontado nesta direção quando:

Orientação Jurisprudencial n. 98 da SDI-2

"Mandado de segurança cabível para atacar exigência de depósito prévio de honorários periciais.

É ilegal a exigência de depósito prévio para custeio dos honorários periciais, dada a incompatibilidade com o processo do trabalho, sendo cabível o mandado de segurança visando à realização da perícia, independentemente do depósito."

Orientação Jurisprudencial n. 387 da SDI-1 HONORÁRIOS PERICIAIS. BENEFICIÁRIO DA JUSTIÇA GRATUITA.

RESPONSABILIDADE DA UNIÃO PELO PAGAMENTO. RESOLUÇÃO N. 35/2007 DO CSJT. OBSERVÂNCIA. (DEJT divulgado em 9, 10 e 11.6.2010).

A União é responsável pelo pagamento dos honorários de perito quando a parte sucumbente no objeto da perícia for beneficiária da assistência judiciária gratuita, observado o procedimento disposto nos arts. 1º, 2º e 5º da Resolução n. 35/2007 do Conselho Superior da Justiça do Trabalho — CSJT."

E, a própria Resolução n. 66, de 10 de junho de 2010 do CSJT — CONSELHO SUPERIOR DA JUSTIÇA DO TRABALHO, que regulamenta, no âmbito da Justiça do Trabalho de primeiro e segundo graus, a responsabilidade pelo pagamento e antecipação de honorários do perito, do tradutor e do intérprete, no caso de concessão à parte do benefício de justiça gratuita. Ressaltando-se que tão relevante resolução teve sua regulamentação e aplicação do citado benefício no âmbito do Tribunal Regional do Trabalho da 1ª Região, através do Ato da Presidência do TRT n. 88/2011, o qual determina que os honorários de perito sejam custeados pela rubrica assistência judiciária à pessoas carentes.

Conclusão

Os argumentos antes alinhavados levam-nos a concluir pela aplicação do princípio da aptidão para a prova ou teoria dinâmica da prova, como vem chamando a moderna doutrina, através dos quais a produção da prova não fica restrita a quem detém o ônus processual (arts. 818 da CLT ou 333 do CPC), mas sim à parte que detiver melhores condições técnicas para produzi-la no processo.

Nessa circunstância a regra tradicional do ônus da prova é ultrapassada, evidenciando os princípios constitucionais do acesso à justiça, contraditório, ampla defesa e igualdade substancial entre os litigantes, e a prova se produzirá com mais efetividade.

Segundo Mauro Schiavi, na obra *Provas no Processo do Trabalho* (2. ed. São Paulo: LTr, p. 37), o princípio da aptidão para a prova se amolda perfeitamente ao processo do trabalho, considerando-se a hipossuficiência e a dificuldade probatória de produção de determinadas provas pelo trabalhador e as melhores condições do empregador. Cabendo ao Juiz a análise do caso concreto, à luz dos princípios da razoabilidade e proporcionalidade na aplicação da nova teoria de dinâmica da prova para a repartição do ônus.

Por outro olhar, também cabível a regra da inversão do ônus da prova constante no art. 6º, VIII, do Código de Defesa do Consumidor, ante a omissão da CLT e compatibilidade com os princípios de proteção do Direito do Trabalho, nestas ações trabalhistas que tenham por objeto reparar lesões jurídicas originadas por acidentes ou adoecimento no trabalho. Nestes casos deverão ser constatados a hipossuficiência do reclamante, aqui entendida como a excessiva dificuldade de produzir a prova e a verossimilhança da alegação, ou seja, o que é apresentado aparenta ser verdade.

Foi este o entendimento consagrado nos Enunciados ns. 41e 60 da 1ª Jornada de Direito Material e Processual na Justiça do Trabalho de 2007:

41. RESPONSABILIDADE CIVIL. ACIDENTE DO TRABALHO. ÔNUS DA PROVA. Cabe a inversão do ônus da prova em favor da vítima nas ações indenizatórias por acidente do trabalho.

60. INTERDIÇÃO DE ESTABELECIMENTO E AFINS. AÇÃO DIRETA NA JUSTIÇA DO TRABALHO. REPARTIÇÃO DINÂMICA DO ÔNUS DA PROVA.

I — A interdição de estabelecimento, setor de serviço, máquina ou equipamento, assim como o embargo de obra (art. 161 da CLT), podem ser requeridos na Justiça do Trabalho (art. 114, I e VII, da CRFB), em sede principal ou cautelar, pelo Ministério Público do Trabalho, pelo sindicato profissional (art. 8º, III, da CRFB) ou por qualquer legitimado específico para a tutela judicial coletiva em matéria labor-ambiental (arts. 1º, I, 5º, e 21 da Lei n. 7.347/85), independentemente da instância administrativa.

II — Em tais hipóteses, a medida poderá ser deferida [a] *inaudita altera parte*, em havendo laudo técnico preliminar ou prova prévia igualmente convincente; [b] após audiência de justificação prévia (art. 12, *caput*, da Lei n. 7.347/85), **caso não haja laudo técnico preliminar, mas seja verossímil a alegação, invertendo--se o ônus da prova, à luz da teoria da repartição dinâmica, para incumbir à empresa a demonstração das boas condições de segurança e do controle de riscos.** (grifo nosso)

Por tal motivo, na contestação deve a reclamada, na forma do arts. 355 e 359 do CPC, ser compelida a trazer aos autos os documentos exigidos nas normas regulamentares de medicina e segurança do trabalho, tais como o Laudo Técnico de condições Ambientais do Trabalho LTCAT, o prontuário clínico individual do trabalhador mantido pelo serviço de medicina do trabalho da empresa, o Programa de Controle Médico de Saúde Ocupacional — PCMSO, o Programa de Prevenção dos Riscos Ambientais — PPRA, as notas fiscais de compra dos Equipamentos de Proteção Individual e Coletiva — EPI/EPC conforme o caso, o comprovante de entrega destes aos empregados, bem como do necessário treinamento para o uso devido etc.

Tais documentos, caso não forem trazidos, ou se a parte ré se recusar a exibi-los, em virtude da obrigação legal a estes concernentes, acarretará a presunção de verdade aos fatos alegados pelo trabalhador, cabendo ao empregador o ônus de comprovar o contrário do que embasa a pretensão autoral.

Conforme concluiu o Enunciado n. 41, da 1ª Jornada de Direito Material e Processual na Justiça do Trabalho de 2007:

> **41. RESPONSABILIDADE CIVIL. ACIDENTE DO TRABALHO. ÔNUS DA PROVA.** Cabe a inversão do ônus da prova em favor da vítima nas ações indenizatórias por acidente do trabalho.

De toda a sorte permanece o desafio da repartição do ônus nestas ações trabalhistas onde o autor/empregado vai à Justiça do Trabalho buscando reparação por acidente de trabalho e adoecimento ocupacional. Aqui procuramos enfatizar a necessidade premente de garantir a efetividade ao acesso à ordem jurídica justa e viabilizar a prestação jurisdicional e tutela do direito a quem o tem, porém não possui condições favorável a produção da prova.

E é neste sentido é o art. 262 do **Anteprojeto do Novo Código de Processo Civil,** em tramitação na Câmara dos Deputados:

> Art. 262. Considerando as circunstâncias da causa e as peculiaridades do fato a ser provado, o juiz poderá, em decisão fundamentada, observado o contraditório,

distribuir de modo diverso o ônus da prova, impondo-o à parte que estiver em melhores condições de produzi-la.

A matéria de repartição do ônus da prova nas ações analisadas ainda suscita muitas dúvidas, porém aqui preconizamos a efetividade ao acesso à ordem jurídica justa e a viabilidade à tutela para aquele que, detendo o direito, não reúne condições favoráveis para a prova deste.

Os Interditos Proibitórios e a Prática de Assédio Processual

RITA CORTEZ[(*)]

Tem sido prática judicial corriqueira na justiça do trabalho o ajuizamento de interditos proibitórios pelos empregadores como instrumento de inibição da deflagração de movimentos de greve.

Este tipo de procedimento teve início na justiça estadual e, originariamente, adotado por empresários do setor bancário.

Firmada definitivamente a competência dos tribunais do trabalho nesta matéria, através da decisão vinculante do Supremo Tribunal Federal, o uso deste expediente processual (reduzidos os custos) acabou se alastrando, gradativamente, para outros segmentos produtivos e de serviços, com claro desvirtuamento do instituto processual possessório, no nosso entendimento.

Respaldados na propositura dos interditos, inúmeros atos contrários aos direitos e garantias asseguradas aos grevistas, não endossados, portanto, pela Lei n. 7.783/89 (lei de greve no setor privado) passaram a ser articulados.

No caso da categoria bancária, em particular, as alegações dos Bancos, para justificar os interditos, são rigorosamente as mesmas. As peças iniciais são padronizadas e repetem a mesma cantilena: invocando a existência de uma pretensa ameaça de esbulho e turbação da posse e da propriedade, em razão da greve, os banqueiros buscam convencer os magistrados trabalhistas sobre a possibilidade da

---

(*) Ex-presidente da Associação Carioca dos Advogados Trabalhistas e membro da Comissão Permanente de Direito do Trabalho do Instituto dos Advogados Brasileiros.

ocorrência de uma falsa greve de ocupação dos locais de trabalho. O mais curioso é que os bancos nunca apontam, na *causa petendi*, quais bens os grevistas pretenderiam se apossar.

No Código de Processo Civil a concessão de liminares em ações de interdito proibitório, uma vez jungidas às ações possessórias, não pode ser deferida sob a simples alegação de SUSPEITA E AMEAÇA. É norma de processo especialíssima, (art. 928), e por ser medida enérgica, demanda prova cabal do chamado *ANIMUS POSSESSÓRIO*. Trata-se, pois, de requisito essencial, para que fique muito bem caracterizado o "temor de turbação e de esbulho" da posse e de bens da empresa.

Invariavelmente essa prova acaba não sendo produzida no processo e ainda assim alguns magistrados deferem a liminar, como uma medida cautelar inespecífica, por conta, exclusivamente, da análise de atos restritos à greve, que nada tem a ver com ameaça ou suspeita de esbulho ou turbação da posse ou propriedade de bens.

Daí que munidos com as decisões liminares eventualmente concedidas, os empregadores, de maneira perversa, manipulam os termos da decisão, ameaçando os grevistas com a possibilidade de rompimento do contrato, não em razão de adesão à greve, o que é defeso na lei, mas porque estaria havendo o descumprimento de uma pretensa ordem judicial de retorno ao trabalho.

É fato que as campanhas salariais desencadeadas por ocasião da negociação coletiva de data-base, com vistas à revisão das convenções e dos acordos coletivos de diferentes categorias de trabalhadores, com a fixação de novos patamares salariais e de condições de trabalho, suscitam, invariavelmente, uma forte reação por parte do empresariado.

Os conflitos gerados em razão de atitudes de frustração e a existência de impasses no processo de entendimento e composição de direitos coletivos não são esporádicos. Os trabalhadores, diante de situações de intransigência e ausência de diálogo, acabam sendo compelidos a fazer uso do direito de greve como instrumento de pressão na busca da preservação de direitos e de melhores condições de trabalho.

Fracassadas as tratativas na negociação, a greve pode se apresentar como único caminho na busca da solução dos conflitos coletivos mais acirrados, notadamente nas datas-bases. A greve, neste contexto, é ato legítimo para que haja a superação de impasses existentes no processo da autocomposição normativa dos interesses em confronto.

Decretada a paralisação do trabalho, no setor bancário, por exemplo, na estratégia de deter o movimento grevista e desmoralizar a atuação dos sindicatos, os bancos abusam do direito de se opor à paralisação do trabalho, praticando atos de nítido constrangimento dos trabalhadores. Tentam impedir a adesão pacífica ao movimento paredista, agindo com violenta pressão sobre os grevistas, usando, para isto, o ajuizamento dos interditos proibitórios e a eventual concessão de medidas liminares impeditivas de práticas que não são expressamente proibidas pela lei de greve.

A conduta é orquestrada, é continuada, e se repete ano a ano. Basta, pura e simplesmente, que haja a deflagração da greve por decisão das assembleias dos bancários para que haja a propositura dos interditos possessórios.

A concessão ou indeferimento de medidas liminares nos interditos, por sua vez, mobilizam sobremaneira a máquina judiciária, em face da necessária contraposição das partes em litígio, com adoção de outras medidas processuais defensivas, tal como a propositura de ação civil pública para garantir o direito de greve; a impetração de mandados de segurança; a instauração de dissídios coletivos de natureza jurídica para que se obtenha declaração do caráter não abusivo dos atos praticados no exercício do direito universal de decretar e fazer a greve.

Desta forma, faz muito tempo que o caminho pela via judicial dos interditos vem sendo incluída no planejamento de atos antigreve, transformando-se no principal mecanismo de intimidação e cerceio de atos dos grevistas e de justificativa de condutas antissindicais, ainda que o uso de ações cautelares possessórias seja admissível, tão somente, na hipótese de inequívoca e comprovada intenção de esbulho ou turbação da posse de bens dos empregadores, situação que beira o inimaginável, em se tratando de greve num setor de serviços, como no caso da categoria bancária.

O uso repetitivo e generalizado das ações de interdito como meio de refrear as reivindicações legítimas dos trabalhadores é de tal maneira evidente que os Tribunais Regionais, na sua grande maioria, e o próprio TST começam a identificá-las como medidas judiciais, no mínimo, inadequadas, quando inseridas no contexto do exercício do direito de greve.

O Ministro Augusto César Leite de Carvalho em trabalho doutrinário sobre dissídios de greve e interditos proibitório, elaborado na coletânea *Direitos Coletivos do Trabalho na Visão do TST*, sintetiza:

> "Faz algum tempo que os empresários usam o dissídio de greve, especialmente aquele em que buscam a declaração de abusividade do movimento grevista, e, TAMBÉM OS INTERDITOS PROIBITÓRIOS COMO FÓRMULAS ENGENHOSAS DE REFREAR A REIVINDICAÇÃO OBREIRA PORVENTURA APARELHADA PELA GREVE. E até ser editada a Emenda Constitucional n. 45/2004 e a Súmula Vinculante n. 23 do STF, os interditos proibitórios eram ajuizados na justiça comum, abrindo-se duas frentes, com enfoques distintos, junto às quais os trabalhadores defendiam, por eles, do direito fundamental de greve. /.../ Está visto que a greve não pressupõe a perturbação da posse que o empregador titulariza sobre os meios de produção /.../ Além de serem improváveis as hipóteses de cabimento do interdito proibitório em meio à greve, o aspecto de por ele se sublimar um interesse de menor estatura jurídica (o

de posse), hipostasiado pela intenção de enfraquecer um direito fundamental (o de greve), recomenda uma postura criteriosa e firme na admissibilidade da ação possessória /.../"(Direito Fundamental de Greve e Interdito proibitório).

As manobras processuais e as atitudes de coação que objetivam o retorno ao serviço diante da possibilidade de concessão ou deferimento de liminares que nada tem a ver com bloqueio de esbulho ou turbação da posse, não podem passar despercebidas ou ficar impunes, sendo a greve um direito trabalhista social, posto como direito fundamental pela Constituição Federal da República, como reconhecimento e consagração do valor social do trabalho e como afirmação de cidadania.

Entendemos que a constante utilização deste tipo de ação por certos empregadores, como demonstração do poder patronal e com vistas a deixar os trabalhadores submissos diante de atitudes de coerção, provoca a descrença de que a greve é um direito legítimo dos trabalhadores de lutarem em prol de seus interesses de classe e caracteriza, a nosso juízo, uma atitude de assédio (moral) processual.

Diante destas considerações prévias, julgamos imprescindível que o judiciário trabalhista dê aos sindicatos e aos grevistas meios de fazer a greve sem constrangimentos, sem intimidações e sem ameaças, impedindo comportamentos autoritários de reação, instrumentalizados no uso dos interditos proibitórios, isto é, SEM que haja a PRÁTICA DE ASSÉDIO PROCESSUAL.

O uso dos interditos como prática de assédio processual

Na prática do assédio processual, o principal bem jurídico violado é o próprio exercício, pela parte, do seu direito de ação, uma vez que estará sendo utilizada de maneira abusiva, ou distorcida, pelo único objetivo de tolher o direito material dos trabalhadores e do sindicato, como sujeitos assediados na hipótese dos interditos.

O direito material envolvido é o de decidir e encaminhar a greve sem ameaças, pressões ou impedimentos que só se legitimam quando efetivamente for constatado abuso por parte dos grevistas assim considerados, taxativamente, pela lei de greve.

O instituto do assédio Processual deixou de ser relegado, hodiernamente, à mera criatividade intelectual dos processualistas. Trata-se de fenômeno cada vez mais presente na vida forense, abarcando temas importantes como o da judicialização generalizada dos conflitos e o princípio constitucional da duração razoável dos processos.

Historicamente, a expressão assédio processual foi utilizada, pela primeira vez, judicialmente, avançando na doutrina sob o enfoque da teoria do dano moral.

O professor e recém-nomeado ministro do TST, Alexandre Agra Belmonte, entende que o assédio decorrente do "agir de forma reiterada e sistemática, com a finalidade de constranger alguém", é gênero, no qual, no campo das relações materiais e processuais de trabalho, são espécies: o assédio moral; sexual; e processual.

Outros doutrinadores apontam o assédio processual como uma espécie de assédio moral.

Nos poucos artigos publicados sobre o assunto, a maioria dos autores seja numa (espécie do gênero assédio) ou noutra hipótese (espécie do gênero dano moral) opina que no assédio processual: "o objetivo seria a protelação da prestação jurisdicional, ou do cumprimento das obrigações judicialmente exigíveis, impondo à outra parte a morosidade e a retração processual, de forma prejudicial, em benefício próprio".

Outros especialistas neste tema defendem que o assédio processual não se caracteriza somente pelo "conjunto de atos processuais temerários, infundados ou despropositados com o intuito de: procrastinar o andamento do feito, evitar o pronunciamento judicial, ou enganar o Juízo", mas impedir o cumprimento ou a satisfação de um direito materialmente reconhecido, impingindo constrangimentos à parte adversa.

Nesta última linha de raciocínio, muito mais ampla e abrangente, o próprio Poder Judiciário seria, também, uma vítima do agressor, por conta da prática de um dano coletivo cometido com intenção de desacreditá-lo perante a sociedade.

É agir de forma a gerar descrença a democrática ideia de acesso à Justiça que, por sua vez, não se confunde com acesso ao poder Judiciário. A garantia do acesso à justiça não se restringe ao princípio da duração razoável do processo previsto no art. 5º, inciso LXXVIII da Constituição Federal. Acesso à justiça significa acesso a uma ordem jurídica justa dando aos cidadãos meios para tal.

Para os trabalhadores e sindicatos, acesso à justiça é alimentar a crença que o Judiciário tem a obrigação de dar efetividade aos direitos sociais trabalhistas constitucionalizados pela Carta de 88, dentre eles, o direito de greve.

Desta maneira, a definição de assédio processual terá que envolver, necessariamente, o próprio conceito de DIGNIDADE DA JUSTIÇA e conduta ética.

Os empregadores, municiados com liminares eventualmente deferidas nos interditos ajuizados ao longo de vários anos, cometem reiteradamente atos de inibição e impedimento de toda e qualquer manifestação das entidades sindicais no sentido de buscar a autorizada adesão à greve, podando o exercício pleno de sua representação sindical, incutindo o medo da participação ativa e solidária entre os trabalhadores.

O real objetivo é compelir, por meio da força que emana de uma ordem judicial, o retorno ao trabalho, como dissemos no início deste trabalho.

Nilton Rangel Barretto Paim e Jaime Hillesheim não teriam dúvidas em enquadrar este tipo de conduta no conceito que traçam sobre assédio processual:

> Consiste na utilização de meios hostis e agressivos contra este, caracterizado como um comportamento que, utilizando técnicas de desestabilização, conduzem o indivíduo a um estado de desconforto psíquico, evoluindo para a irritação, estresse, causando humilhações e inferioridade moral, com o intuito de desestabilizá-lo psicologicamente para dele obter alguma vantagem de ordem comportamental, seja a iniciativa para a ruptura contratual, seja a aceitação de condições adversas para o desenvolvimento do contrato de trabalho, a descrença nos instrumentos legítimos de controle social do trabalhador, submissão a ordens ilegais, renúncias, desistências, testemunhos e toda ordem de comportamentos contrários à vontade natural do empregado.

As decisões judiciais sobre assédio processual devem nos remeter a ideia de ética e à noção de um processo justo. Devem ressaltar, ademais, que o comportamento abusivo das partes em litígio, através do uso indiscriminado de ações em proveito próprio e que encerram um comportamento indigno aos fins da Justiça, deve ser punido em benefício da sociedade.

Daí a sua diferenciação do assédio processual e a litigância de má-fé que exige tipificação do comportamento nos atos nocivos previstos nos arts. 17 e 600 do CPC, sendo que a única vítima é a parte contrária.

No assédio processual, além de mais intenso e duradouro, basta que se verifique a existência de elementos que atentem contra a dignidade judiciária, produzindo como vítimas o "Estado-Juiz" e a coletividade.

Maria Helena Diniz preleciona que: "o uso de um direito, poder ou coisa além do permitido ou extrapolando as limitações jurídicas, lesando alguém, traz como efeito o dever de indenizar".

Em razão disto parece ser unânime, entre juízes e doutrinadores, que o assédio processual é sempre praticado através do uso de meios processuais legais que nem por isso irá se constituir em obstáculo à aplicação das penalidades cabíveis.

Existe abuso, quando empregadores ingressam no Judiciário de forma contínua, com ações impertinentes e inadequadas (os interditos), aproveitando-se da possibilidade de obter sucesso em razão da natural diversidade de entendimentos, fazendo uso de eventuais liminares concedidas para desestabilizar a defesa sindical dos interesses da coletividade que representa.

Não são os meios empregados pelo assediador, mas o exagero, a extrapolação, a distorção e até mesmo a ilicitude do resultado pretendido que devem ser coibidos com rigor.

O abuso de direito é tratado no art. 187 do Código Civil como ato ilícito, pois representa conduta desviada dos fins legais e sociais da norma jurídica.

Com previsão mais específica vale assinalar a regra do art. 16 do mesmo código: "responde por perdas e danos aquele que pleitear de má-fé como autor, réu ou interveniente".

Dessa forma, compete ao julgador proporcionar aos atores sociais, no curso da greve, como movimento social e político, acima de tudo, um remédio capaz de protegê-los de ardis que se desvinculam por completo da finalidade do processo. Nos interditos ajuizados nos últimos tempos o que se discute, fundamentalmente, são as práticas cometidas na greve e não atitudes que impliquem em ânimo possessório (esbulho ou turbação da posse ou propriedade de bens).

Os magistrados têm o dever de exigir um comportamento ético "comprometido com a pacificação, a igualdade, a economia processual, assegurando o acesso à justiça", fundamentalmente, aos trabalhadores, aos sindicatos, e aos empresários que devem admitir que a greve é expressão legítima de poder e que se insere no contexto da barganha (correlação de forças) naturalmente posta nas negociações coletivas entre classes que defendem, em determinados momentos, interesses totalmente antagônicos.

O processo como instrumento da realização concreta da lei, deve proporcionar a justa composição do litígio, servindo de escudo contra comportamentos processuais abusivos e antiéticos.

No exemplo dos bancários, usar as ações de interdito por conta da "ameaça" de esbulho e turbação da posse de bens de agências bancárias, hoje, totalmente informatizadas, antes de ser decretada a greve; ajuizar este tipo de ação, aos milhares, colocando no polo passivo as inúmeras agências bancárias, de forma indiscriminada; lavrar atas notariais para registrar condutas de "exagerado" aliciamento, usando, para este fim, empregados que, afinal, não querem perder o emprego; manejar liminares para afirmar que a justiça estaria determinando o retorno ao serviço e que o descumprimento, implicará na rescisão do contrato por justa causa; exigir a realização de inúmeras inspeções judiciais infundadas, a cata da identificação de descumprimento de ordens judiciais, para aplicação de multas altíssimas aos sindicatos ou a convocação da autoridade policial nos locais de trabalho; requerer o prosseguimento dos litígios após a celebração do acordo coletivo de trabalho; merecem e devem ser tipificadas como assédio processual.

Forçar uma posição mais favorável aos seus interesses na negociação coletiva, semeando o medo, a discórdia entre os trabalhadores, enfraquecendo a atividade sindical e a participação na greve como direito universal de resistência dos trabalhadores, não pode ser considerado um comportamento ético ou não abusivo.

Estamos conscientes que a caracterização do assédio processual não é simples, até porque a conduta antiética nem sempre representa atitude antijurídica. Daí que a perda da dimensão ética é que irá caracterizar o assédio processual, ou seja, pela prática atentatória à dignidade dos trabalhadores envolvidos no conflito.

Na greve dos bancários em setembro de 2011, uma simples ação de interdito foi o bastante para que se acionasse a máquina judiciária em todo o território nacional, com outras incontáveis medidas para garantir o exercício do direito material, qual seja o direito de paralisar o trabalho com a decretação do estado de greve.

Esta é a maior prova do dano e das sequelas da conduta de assédio, posto que este conjunto de atos e medidas permitidas judicialmente acaba privando a coletividade e indiretamente a sociedade, gradativamente, do senso de justiça.

Pode-se concluir que o assédio processual, cometido em razão do movimento social de greve, é uma violência em dose dupla, pois atinge à dignidade do assediado enquanto trabalhador e enquanto cidadão.

A jurisprudência dos Tribunais Regionais, como a que emana da 3ª Região repudia a prática de assédio processual:

> A prática do assédio processual deve ser rechaçada com toda a energia pelo Judiciário. Os Tribunais brasileiros, sobretudo os Tribunais Superiores, estão abarrotados de demandas retóricas, sem a menor perspectiva científica de sucesso. Essa prática é perversa, pois além de onerar sobremaneira o erário público torna todo o sistema brasileiro de justiça mais lento e por isso injusto. Não foi por outro motivo que a duração razoável do processo teve de ser guindado ao nível constitucional. (...) O processo é um instrumento dialógico por excelência, o que não significa que possa admitir toda ordem de argumentação. (TRT, 3ª R., 4ª T., Processo: 00760-2008-112-03-00-4 RO, Rel. Jose Eduardo de R. C. Junior, DJMG 21.2.2009)

Não só o uso de interditos proibitórios nas greves conflagradas pelos trabalhadores, mas outras medidas processuais como instrumento de inviabilização da prática de direitos sociais fundamentais, merecem exame sob a ótica do assédio processual, gerando para os assediados, seja individual, seja coletivamente, indenizações pelos danos morais coletivos que deles decorrem.

Não sendo possível a reparação (art. 927 do C. Civil), tais indenizações passam a pesar nos bolsos dos empresários, para que se atinjam as consciências, buscando-se comportamentos mais éticos que merecem e devem ser exigidos numa Justiça democrática e acessível a todos, indiscriminadamente.

ALTERNATIVOS DE RESOLUÇÃO DOS DISSÍDIOS INDIVIDUAIS DO TRABALHO

Arion Sayão Romita[*]

1. Introdução

O objeto deste estudo consiste na análise dos meios alternativos de resolução dos dissídios *individuais*, não dos coletivos, o que não obsta a que, incidentalmente, seja feita alusão aos últimos, quando indispensável à sequência lógica do raciocínio.

Entendem-se por dissídios individuais do trabalho aqueles em que estão em jogo interesses concretos de um trabalhador ou de uma pluralidade deles, considerados isoladamente (litisconsórcio), tratando-se sempre de pessoas determinadas. Pressupõem a aplicação da norma a uma controvérsia gerada pela ameaça ou lesão de direito do autor (ou autores). Já os dissídios coletivos encontram fundamento nos interesses abstratos de uma categoria, dita profissional, integrada por um número indeterminado de pessoas. Tem por objeto não a aplicação de uma norma preexistente, porém, a criação da norma destinada a reger uma relação coletiva de trabalho.

Os dissídios individuais podem ser singulares ou plúrimos, segundo participe apenas um autor, dito reclamante, ou vários autores, perfeitamente individualizados.

E por que se emprega no título do estudo a expressão "meios alternativos"? Alternativos em relação a que outro meio de resolução dos dissídios do trabalho? É claro que estamos tratando de meios *alternativos* em relação ao método clássico, que é o judicial.

---

[*] Presidente do Instituto Brasileiro de Direito Social Cesarino Jr.

O monopólio do exercício da jurisdição constitui apanágio do Estado contemporâneo. E não só do Estado contemporâneo, porque, desde a Antiguidade, sempre que uma entidade se apresentava como estrutura de poder organizado, chamava a si a tarefa de solucionar os conflitos de interesses surgidos no seio da coletividade, envolvendo indivíduos ou grupos nela integrados. Procurava-se impedir a vingança privada, fermento de desajustes sociais que cumpre à autoridade prevenir.

Anteriormente à fase de institucionalização dos meios de resolução das disputas interindividuais, encontram-se manifestações de atuação do particular na defesa de seus interesses. É o que se verifica, por exemplo, na Lei das Doze Tábuas, cuja *tabula tertia*, § 6º, reza: *tertiis nundinis partis secanto*, vale dizer, se houvesse mais de um credor, o corpo de condenado seria retalhado, cortado em partes — *partis secanto*, na terceira ida ao mercado público (que se realizava de nove em nove dias, portanto, ao cabo de 27 dias) — *tertiis nundinis*.

Esta fase, porém, pertence ao passado remoto, porque, desde a Idade Antiga, passando pela Idade Média, pela Idade Moderna até chegarmos à Idade Contemporânea, o particular foi proibido pelo poder central de fazer justiça pelas próprias mãos. Esta tarefa — fazer justiça — incumbe exclusivamente ao Estado, desde o aparecimento do chamado Estado moderno (séculos XV e XVI). O Estado detém o monopólio do exercício legítimo da força (ou violência). Cabe lembrar, a propósito, que o exercício arbitrário das próprias razões constitui crime contra a administração da justiça, tipificado no art. 345 do Código Penal brasileiro.

É certo que subsistem, no direito da contemporaneidade, hipóteses de atuação individual *ex propria auctoritate* para defesa do interesse do particular, consideradas legítimas pelo poder público, ante a excepcionalidade da situação concreta. Basta pensar, no campo do Direito Penal, na legítima defesa, tida por causa de exclusão do crime, que ocorre quando alguém, usando moderadamente dos meios necessários, repele injusta agressão, atual ou iminente, a direito seu ou de outrem. No plano do Direito Civil, registra-se a chamada retorsão imediata para a proteção da posse, prevista pelo Código Civil, no art. 1.210, § 1º: o possuidor turbado, ou esbulhado, poderá manter-se ou restituir-se por sua própria força, contanto que o faça logo. Trata-se, porém, como se disse, de casos excepcionais, já que, em regra, o particular é obrigado a valer-se da jurisdição estatal para prevenir ou restaurar ameaça ou lesão a direito seu.

Entende-se que a jurisdição constitui manifestação da soberania do Estado, porque o Estado soberano não pode tolerar usurpação de seu poder pelo particular, sob pena de dissolução da estabilidade do tecido social, situação na qual não haveria nem mesmo justificativa para sua própria existência. O Estado soberano ou detém o monopólio do exercício legítimo da força ou não pode apresentar-se como tal perante a sociedade civil.

O que foi dito acima não exclui, no entanto, a possibilidade de, em certas situações, existirem meios outros de resolução de conflitos interindividuais, que não mediante apelo à jurisdição estatal. São os chamados *meios alternativos* que, sem substituírem ou afastarem a atuação do Poder Judiciário, a ele se somam, colaborando com o Estado na tarefa de administração da justiça. São exercidos *a latere* da jurisdição estatal.

A utilização dos chamados *meios alternativos* justifica-se por várias razões: a) redução do número de processos a cargo dos juízes do Estado; b) redução dos custos com que os interessados devem arcar, porque, em geral, os meios alternativos saem mais em conta para o particular do que o processo oficial; c) a celeridade na obtenção do resultado final, porquanto os meios alternativos se desincumbem da tarefa de administrar a justiça em tempo inferior ao despendido pelo Poder Judiciário, respeitando-se, em consequência, o direito à *duração razoável do processo*, de que trata o inciso LXXVIII do art. 5º da Constituição de 1988, introduzido pela Emenda Constitucional n. 45, de 8.12.2004; d) outras razões que não cabe, nesta oportunidade, explicitar.

Os chamados *meios alternativos de resolução dos conflitos de interesses* são os seguintes: a conciliação, a mediação e a arbitragem. Com exceção da arbitragem, que é costumeiramente adotada para a resolução das controvérsias surgidas na prática do comércio exterior e nas controvérsias internacionais entre Estados, os demais meios (e mesmo a arbitragem, nas demais hipóteses) são pouco utilizados no Brasil, país onde viceja a cultura da *jurisdição oficial*, entendendo a quase totalidade dos envolvidos em conflitos de interesses que só vale a palavra do juiz do Estado. Não obstante, a despeito dessas vicissitudes, é lícito esperar que, com o decurso do tempo e com o agravamento da crise do Poder Judiciário (dada a pletora de feitos, cujo número não cessa de crescer, entra ano sai ano, mesmo com o aumento do contingente de juízes), possam os interessados compenetrar-se de que é para eles mais vantajoso valer-se dos chamados meios alternativos do que provocar a atuação da jurisdição estatal.

Fixadas essas premissas, cabe examinar cada um dos citados meios alternativos, a começar pela conciliação.

2. A conciliação

Define-se conciliação como o meio de harmonizar os interesses conflitantes das partes, mediante a ação de um terceiro, neutro, que as aproxima e as ajuda a celebrar um acordo. A atuação do conciliador varia segundo as circunstâncias, podendo consistir em apoio a uma ou outra proposta formulada por qualquer das partes, em sugestões, em conselhos que demonstrem a conveniência de compor o litígio, evitando a perpetuação da controvérsia e a necessidade de submetê-la a julgamento pelo juiz estatal. O conciliador nada decide, apenas estimula (concita) as partes a chegarem a uma composição amigável. Ao contrário da decisão judicial, que representa uma conciliação imposta aos litigantes, a conciliação é uma decisão encontrada e aceita por eles. Ao cabo dos entendimentos, formalizado o acordo, as partes devem experimentar a sensação de que não foi cometida qualquer injustiça, e de que o acordo apresenta vantagem para ambas, nem que seja pela rapidez com que o litígio foi solucionado e pela convicção de que elas não ficam sujeitas à álea de uma decisão judicial.

Desde priscas eras, a conciliação é conhecida no ordenamento jurídico pátrio, como meio de prevenir ou compor amigavelmente o litígio, tal como se vê nas Ordenações Filipinas (Livro III, tít. XX, § 1º); na Constituição do Império, de 1824 (cujo art. 161 rezava: "sem se fazer constar que se tem intentado o meio de reconciliação, não se começará processo algum"); no Regulamento n. 737, de 25.11.1850 (art. 23); na Consolidação das Leis do Processo Civil, do Conselheiro Antonio Joaquim Ribas (art. 185). É certo que o Decreto n. 359, de 26.4.1890, aboliu a conciliação como formalidade preliminar ou essencial para serem intentadas ou prosseguirem as ações civis e comerciais e que o Código de Processo Civil nacional, de 1939, seguiu a mesma orientação, porque se entendia que as partes podem conciliar-se a qualquer tempo, independentemente da interferência do juiz.

O restabelecimento da tentativa de conciliação obrigatória no processo comum verificou-se em determinadas ações especiais, como a ação de alimentos (Lei n. 5.478, de 1968). O vigente Código de Processo Civil, de 1973, estabeleceu a obrigatoriedade da fase conciliatória no procedimento sumário (art. 277), na audiência preliminar (art. 331) e no procedimento ordinário (arts. 447 a 449).

No Direito Processual do Trabalho, a conciliação é incluída entre os princípios deste ramo do direito pela quase unanimidade da doutrina, porque, embora não seja exclusivo deste, é aqui que ele ganha especial relevo, sendo despicienda a citação de autores (por todos, LEITE, Carlos Henrique Bezerra. *Curso de direito processual do trabalho*. 3. ed. São Paulo: LTr, 2005. p. 75).

Embora a Emenda Constitucional n. 45, de 2004, não mencione mais a conciliação no teor do art. 114 da Constituição, ela não deixou de ser obrigatória, imposta pelos arts. 764, 846, 850 e 825-E da CLT, quanto aos dissídios individuais. Para os dissídios coletivos, ela assume a forma de negociação coletiva (Constituição, art. 114, § 1º), mas, no plano da legislação ordinária, ela é imposta, como conciliação mesmo, pelo art. 860 da CLT.

Em certos ordenamentos jurídicos estrangeiros (por exemplo: o de Portugal, Código do Trabalho, de 2003, art. 583), a conciliação é privilegiada como meio de composição dos conflitos coletivos de trabalho, porquanto neles não existe a possibilidade de solução judicial para o conflito. Já no direito brasileiro, a tentativa de conciliação, nos dissídios coletivos, constitui mera fase do procedimento, porque é nele que a Justiça do Trabalho exerce o poder normativo, existente apenas no Brasil. A ênfase recai no julgamento do dissídio. A decisão judicial, que produz a chamada sentença normativa, inibe o contato direto entre as partes, de sorte que só aos poucos vai ganhando terreno entre nós a negociação coletiva das condições de trabalho, posto que ela seja mencionada em primeiro lugar pela Constituição (art. 114, § 1º).

A conciliação, no Brasil, encontra amplo espaço de afirmação nos dissídios individuais, exercendo papel muito mais de meio de solução do litígio do que de prevenção. Na verdade, há dois tipos de conciliação: a judicial e a extrajudicial, sendo, entre nós, preferida a primeira modalidade, de forma amplamente majoritária. Segundo estatísticas oficiais, mais da metade do número de reclamações trabalhistas anualmente ajuizadas no Brasil finda, na fase inicial do processo, por acordo entre as partes, celebrado no primeiro grau de jurisdição. Concilia-se não para prevenir o litígio (hipótese em que a conciliação pode ser considerada, de fato, meio de composição do dissídio individual) e sim porque as partes desavindas só encontram segurança jurídica no acordo celebrado sob os auspícios e com o estímulo do juiz do trabalho (menos um processo para proferir sentença, que dá trabalho).

Eis aí um claro exemplo de vigoroso estímulo ao incremento da litigiosidade entre empregado e empregadores, no Brasil, além da justificativa para realçar a valia social da magistratura trabalhista, traduzida no incessante e anódino aumento do número de juizados de primeiro grau (Varas do Trabalho) e de turmas nos tribunais (órgãos de segundo grau de jurisdição), além das vantagens asseguradas à magistratura (assessores, veículos, sedes suntuosas para os organismos judicantes etc.). Não obstante a instigação ao crescimento do número de reclamações trabalhistas, de modo paradoxal, são frequentes as lamentações de muitos magistrados, que se queixam do excesso de trabalho. Realmente, há excesso de trabalho, mas cabe indagar: de quem é a culpa?...

Trata-se de uma questão cultural, que encontra explicação na história do processo do trabalho.

Desejável seria que a modalidade extrajudicial tivesse a primazia, mas este pensamento traduz mero sonho de uma noite de verão...

À luz da política social, no Brasil, a conciliação desempenha papel fundamental.

A política social, no Brasil, desde os tempos do Estado Novo, tem sido executada com base na suposição de que as relações de trabalho constituem manifestação da luta de classes que urge coibir, pelo temor de que as repercussões dessa luta possam afetar o conjunto da sociedade. A atividade intervencionista do Estado é concebida como meio, por um lado, de desenvolver a regulação minuciosa das condições de trabalho, a fim de tornar desnecessária a ação sindical e, por outro lado, de condicionar os atores sociais a buscar no Estado a solução de seus conflitos, com ênfase na realização da "paz social".

Essas características podem ser facilmente identificadas no pensamento político de Getúlio Vargas, que, no largo período de 1930 a 1945, dispôs de tempo para implementá-las, com as facilidades decorrentes do regime ditatorial imposto pelo

Estado Novo (1937-1945). Note-se a referência explícita à luta de classes: "O Estado não quer, não reconhece luta de classes. As leis trabalhistas são leis de harmonia social". Observe-se a ênfase conferida ao papel do Estado (o "Governo", com o qual ele se identifica), como árbitro e fator de harmonia entre as classes: "Quando o Governo se erige árbitro dos conflitos da vida social e harmoniza os direitos e obrigações do trabalho e do capital, quando vem em auxílio das forças econômicas e as impulsiona de forma adequada, está realizando, sem dúvida, as exigências do próprio organismo nacional, que precisa manter-se em equilíbrio, para progredir segura e rapidamente". Parte-se do pressuposto do insolidarismo dos trabalhadores e da função assistencial assinalada aos sindicatos: "No Brasil, onde as classes trabalhadoras não possuem a poderosa estrutura associativa nem a combatividade do proletariado dos países industriais e onde as desinteligência entre o capital e o trabalho não apresentam, felizmente, aspecto de beligerância, a falta, até bem pouco, de organizações e métodos sindicalistas determinou a falsa impressão de serem os sindicatos órgãos de luta, quando, realmente, o são de defesa e colaboração dos fatores capital e trabalho com o poder público". Daí a necessidade da proteção a ser dispensada às classes trabalhadoras pela atividade legiferante do Estado: "As leis de amparo às classes trabalhadoras e de satisfação das suas justas reivindicações refletem o sentido superior de harmonia social, em que o Estado se coloca como supremo regulador e em que, sob sua égide são, mutuamente, assegurados os direitos e impostos os deveres, nas relações entre as classes".

Nesse contexto, o papel desempenhado pelo Estado-legislador não pode deixar de ser paternalista, ao tempo em que "protege" os trabalhadores contra a "ação dissolvente de elementos perturbadores, destituídos dos sentimentos de Pátria e de Família", como se verifica pelo seguinte sugestivo trecho: "A disciplina política tem de ser baseada na justiça social, amparando o trabalho e o trabalhador, para que este não se considere um valor negativo, um pária à margem da vida pública, hostil ou indiferente à sociedade em que vive. Só assim se poderá constituir um núcleo racional coeso, capaz de resistir aos agentes da desordem e aos fermentos de desagregação".

Mas não é só o Estado-legislador que desempenha esse papel. O Estado-juiz apresenta-se com a mesma característica. A Justiça do Trabalho foi instituída, no Brasil, com a finalidade de anular o conflito entre as classes, evitando o contato direto entre elas e refletindo, em consequência, a mesma feição paternalista.

A absorção do indivíduo pelo Estado, a eliminação da consciência das classes, a subordinação dos corpos sociais intermediários à autoridade central, a incorporação da ordem econômica à esfera de intervenção do Estado, a supressão da autodefesa dos interesses profissionais (proibição da greve), o fracasso prático da implementação das convenções coletivas de trabalho e a presença arbitral do Estado no campo dos conflitos coletivos de trabalho modelaram o texto da Consolidação das Leis do Trabalho em obediência ao postulado básico do corporativismo, qual seja, a superação da luta de classes pela colaboração entre as forças do trabalho e o capital, "no esforço espontâneo de realizar a grandeza nacional" (Getúlio Vargas).

A conciliação desempenha importante papel como peça fundamental na vasta engrenagem forjada pela política social praticada no Brasil.

Ora, todos os que militam no Foro Trabalhista sabem, por experiência própria, que a celebração de "acordo" nos dissídios individuais faz-se, sempre, em detrimento da integral satisfação dos direitos do autor. O reclamante "faz acordo" premido pela necessidade, pressionado pelo temor da inflação (que a atualização monetária apenas atenua) e impelido pelo desejo de rápida solução da controvérsia (sabe que o cumprimento efetivo da condenação demandará 6 ou 7 anos) ...

Manter um aparelho caro — como é a Justiça do Trabalho — para conciliar dissídios individuais e julgar dissídios coletivos representa evidente desperdício de esforço humano e gasto desnecessário de verbas públicas.

A tarefa de conciliar os dissídios individuais pode — e deve — ser confiada a órgãos extrajudiciais, por exemplo, comissões paritárias que funcionariam na empresa, no sindicato de trabalhadores, no sindicato patronal ou em algum outro órgão que a negociação coletiva, fruto do entendimento direto entre os interessados, indicasse.

Neste particular, a instituição das Comissões de Conciliação Prévia, mercê do disposto na Lei n. 9.958, de 12.1.2000, representa um avanço. Irrecusável é a conexão entre a atividade de conciliar e a de decidir. Sob certo aspecto, a decisão é uma conciliação imposta às partes e a conciliação é uma decisão aceita por elas. Inviável será a conciliação cujo conteúdo, pela injustiça ou pela injuridicidade, não possa, por seu turno, ser veiculado mediante pronunciamento decisório. A proposta conciliatória deve, idealmente, ser a mais próxima possível da solução jurisdicional.

A Justiça do Trabalho deve reservar seu esforço para a tarefa de julgar. Mera tentativa de conciliar as partes constitui trabalho subalterno para juízes de primeiro grau, que se prepararam para uma bela carreira, prestaram um concurso dificílimo e jamais terão oportunidade de demonstrar sua cultura jurídica se o esforço conciliatório vingar em 100% das demandas. Não é necessário ser juiz para atuar como conciliador; talvez, até, seja melhor não ser. O representante do trabalhador ou o delegado sindical na empresa terão, seguramente, melhores condições para essa tarefa do que o juiz do trabalho.

No rigor da técnica processual, o juiz que promoveu a tentativa de conciliação está impedido de apreciar o mérito do litígio, já que, mesmo a contragosto, formulou juízo prévio quanto ao desfecho da demanda, antes da dilação probatória e das razões finais dos litigantes.

Nos dissídios individuais, só iriam desemborcar na Justiça do Trabalho as causas que efetivamente exigissem o pronunciamento do Poder Judiciário (jurisdição significa, como se sabe, o ato de dizer o direito, isto é, julgar). Para conciliar, não é necessário manter um órgão do Poder Judiciário!

Quanto aos dissídios coletivos, a direção do raciocínio se inverte. Estes, sim, devem constituir objeto de conciliação entre os interessados, ou seja, não devem ser submetidos a julgamento, mercê do poder normativo da Justiça do Trabalho. Os conflitos coletivos de interesses só são dirimidos pela via jurisdicional no Brasil. Convém não confundir método jurisdicional com arbitragem obrigatória. No Brasil, é errôneo ver no exercício do poder normativo modalidade de arbitragem obrigatória. Não: sentença normativa não é laudo arbitral. O poder normativo, no Brasil, é exercido por magistrados, pela via processual. Isto não existe em parte alguma do mundo. E este método não se identifica com a arbitragem que — esta sim — existe ainda em alguns países com características compulsórias, e que se acha em declínio. O método por excelência de composição das controvérsias coletivas de interesses é a negociação coletiva e, se esta não chegar a um bom termo, surgirão a mediação e a arbitragem, esta de preferência facultativa.

Em suma: em regime autoritário e corporativo, conciliação para os dissídios individuais e julgamento para os dissídios coletivos; em regime democrático, julgamento para os dissídios individuais e conciliação (ou arbitragem voluntária) para os dissídios coletivos de interesses.

A conciliação, no direito processual do trabalho brasileiro, nasceu sob a égide da ideologia corporativista.

A ideologia corporativista privilegiava a conciliação, como projeção da ideia de superação da luta de classes (preconizada pelo marxismo). O Estado chamava a si função de conciliar e equilibrar os interesses dos indivíduos. A corporação teria por finalidade última aglutinar todos os agentes econômicos em torno de um ideal comum. Excluía-se, por princípio, o antagonismo entre os atores sociais. O conflito industrial era negado ou ocultado.

A filosofia da luta de classes seria banida, em contexto político dessa natureza. Dois são os princípios fundamentais do regime corporativo: a intervenção do Estado na questão social e a necessidade de organizar o país em seu aspecto econômico. A intervenção estatal visa à organização da sociedade sobre as bases de autoridade, hierarquia e colaboração. A colaboração entre as duas classes é estendida da ordem do trabalho à ordem econômica e desta à disciplina constitucional.

A formulação corporativista da necessária colaboração dos agentes econômicos em busca da realização dos superiores interesses da produção nacional pressupunha a superação do regime capitalista. Este, contudo, prevaleceu. O que soçobrou foi o corporativismo.

Introduzir elementos estruturais próprios de um regime na organização de outro produz maus resultados. No Brasil, mantém-se a estrutura corporativista, intrometida em regime capitalista, com os maus resultados que se encontram à vista de todos.

Em tese, o método do entendimento é preferível, uma vez que poupa a sociedade dos transtornos provocados pela quebra da normalidade inerente à rotina da produção e dos serviços. Entretanto, o conflito não pode ser ignorado nem reprimido *a priori*. Cabe lembrar a lição de Heráclito, filósofo pré-socrático, para quem "o conflito é o pai de todas as coisas". A justiça não significa de modo algum apaziguamento. Pelo contrário, as tentativas de suprimir as linhas de conflito, por força de pré-fabricadas ideologias de harmonia e unidade social, só têm servido, até hoje, para aumentar as manifestações de violência, em vez de diminuí-las. Mas, ver a realidade como fundamentalmente constituída por uma tensão de opostos, não significa necessariamente optar pela guerra, pela luta armada. Não se trata disso. Não se cuida da eliminação de um dos contendores pela imposição do outro. A tensão que constitui a verdadeira harmonia necessita, para perdurar, de ambos os opostos, e este é o cimento que realiza a solidificação das relações sociais. O que temos no Brasil: uma sociedade de consenso ou uma sociedade conflitiva? Há uma distinção entre dois tipos de sociedade. Na sociedade conflitiva, as relações sociais estão estruturadas de modo a estabelecer um clima de contenção e equilíbrio entre os grupos de interesses. Ao passo que, no outro tipo (a sociedade de consenso), as relações mútuas se baseiam na convicção de que os objetivos comuns podem ser alcançados por meio de uma ação de cooperação. A sociedade que, no mundo contemporâneo, mais se caracteriza como de consenso, é a da República Federativa da Alemanha, e as sociedades conflitivas são basicamente as sociedades latinas, especialmente as latino-americanas. O Brasil se inclui no rol das sociedades conflitivas.

Sem embargo dessa conclusão, que parece evidente, o Brasil baseava seu direito processual do trabalho sobre o "princípio" da conciliação, fazendo da Justiça do Trabalho instrumento da "paz social".

A função básica dos órgãos incumbidos de resolver as controvérsias de trabalho era, portanto, de natureza conciliatória. Por este motivo, a instituição da Justiça do Trabalho no Brasil se deu sob o signo da conciliação. Não se quer dizer com isto que a conciliação seja invenção ou privilégio do direito processual do trabalho: as Ordenações do Reino já a consagravam como formalidade processual. Em síntese feliz, Waldemar Ferreira explica: "A rebeldia operária, acarretando a suspensão dos trabalhos das fábricas e das indústrias de toda espécie, repercute, sensivelmente, na vida e na ordem nacional e, também, na internacional. O país, em que ela por tal maneira se manifeste, sofre, sem dúvida, prejuízos consideráveis no seu poderio econômico e financeiro, quiçá, no militar". E adiante: "Para evitar esses e outros inconvenientes facilmente imagináveis chamou o Estado a si a incumbência de intervir diretamente, servindo de intermediário para a solução das crises desse gênero, a fim de manter a ordem, garantir o exercício dos direitos individuais e assegurar o de propriedade. Isso, a princípio. Mostrou-se, depois, necessário aparelhá-

-lo convenientemente para enfrentar casos semelhantes, tornados mais frequentes. Buscaram-se meios legislativos, que tornassem impossíveis as disputas entre patrões e operários ou que permitissem solucioná-los rapidamente, tanto que exteriorizados. Iniciou-se, então, na esfera legislativa, o regime do princípio da conciliação e da arbitragem como norteador dos meios de solução dos dissídios entre os dois fatores da produção".

Parece evidente o caráter mistificador da conciliação, em contexto de política social caracterizada pelo autoritarismo e pelo corporativismo. Apregoa-se a finalidade tuitiva do direito material do trabalho, que se estenderia ao instrumento de sua efetivação prática, o direito processual do trabalho. Ocorre, porém, que, como salienta a melhor doutrina corporativista, se o Estado "edita normas que substancialmente são protecionistas do trabalhador, não as edita com a intenção de protegê-lo, mas unicamente porque deve proteger a tranquilidade pública, pois é agnóstico em face da luta de classes e nela intervém apenas nos casos em que a ordem pública é ameaçada".

O caráter mistificador da conciliação se acentua quando ela é examinada no contexto global da política, é concebida como "um acordo entre atores — grupos ou indivíduos — de um peso mais ou menos igual", como ensina Michel Debrun. Mostra este autor que a conciliação no Brasil, contudo, "sempre pressupôs o desequilíbrio, a dissimetria dos parceiros, e não seu equilíbrio". O citado autor explicita seu pensamento: "Tanto ao nível micropolítico do engenho, da fazenda, da empresa, da repartição pública etc., como ao nível macropolítico da constituição e manutenção do poder central, a *conciliação* não se desenvolveu para evitar brigas incertas entre contendores de força comparável. Mas, ao contrário, para formalizar e regular a relação entre atores desiguais, uns já dominantes e os outros já dominados. E para permitir que os primeiros explorassem em seu proveito a transformação dos segundos em sócios caudatários".

A conciliação, no processo do trabalho, sempre se prestou a desempenhar o papel descrito pelos politólogos: o de regular a relação entre atores desiguais, dos quais uns dominantes e outros, já dominados, sob as vistas complacentes do juiz do trabalho.

3. Mediação

Mediação é o procedimento extrajudicial que consiste na intervenção de um terceiro agente independente, escolhido pelas partes, que tenta conduzi-las à composição amigável do dissídio, mediante transação resultante de proposta ou recomendação que ele formula, sem, contudo, impor a solução.

Como se vê, praticamente não há diferença entre a conciliação e a mediação, salientando os autores que a única diferença reside no fato de que o mediador formula proposta de solução, o que ao conciliador é vedado. Importa aduzir que, sendo a mediação um procedimento voluntário, as partes são livres para aceitar, ou não, a proposta do mediador, e que o teor do acordo resultará, sempre da livre decisão das partes.

A mediação, no direito processual do trabalho brasileiro, não tem encontrado oportunidade de aplicação no campo dos dissídios individuais. Não consta que alguma disputa individual trabalhista tenha encontrado solução por obra de mediação.

Já o mesmo não sucede, entretanto, quando se trata de dissídios coletivos. Vale acentuar que ela é imposta por lei apenas como tentativa para prevenir o ajuizamento de dissídio coletivo (Lei n. 10.192, de 14.2.2001, art. 11): se frustrada a negociação entre as partes, promovida diretamente ou por intermédio de mediador, poderá ser ajuizada a ação coletiva. Nada obsta, porém, a que ela seja utilizada também no âmbito do dissídio individual, quando se revelaria de grande utilidade na tramitação das ações plúrimas, que envolvem grande número de trabalhadores interessados. No dissídio coletivo de interesses, ela já fora institucionalizada pelo Decreto n. 1.572, de 28.7.1995, cabendo ao Ministério do Trabalho a tarefa de indicar mediador previamente cadastrado ou valer-se de servidor do quadro do próprio Ministério. Cabe salientar, ainda, a profícua atuação do Ministério Público do Trabalho, cujos representantes exercem, quando solicitado pelos interessados, funções de mediação em lides trabalhistas, principalmente dissídios coletivos de interesses.

No particular, o direito brasileiro não segue a trilha traçada por outros ordenamentos jurídicos, que reservam a mediação para a tentativa de composição unicamente dos dissídios coletivos, como é o caso de Portugal, cujo Código do Trabalho (art. 587) prevê a mediação, à qual podem ser submetidos os conflitos coletivos, nomeadamente os que resultem da celebração ou revisão de uma convenção coletiva.

Cabe ainda salientar que a conciliação é praticada usualmente em juízo (o juiz do trabalho tenta conciliar as partes nos dissídios individuais, e o presidente do Tribunal procede da mesma forma, quanto aos dissídios coletivos); ao revés, a mediação constitui, sempre, meio extrajudicial, não sendo da alçada da autoridade judiciária o uso da mediação.

Ambos os meios até aqui examinados — conciliação e mediação — consistem, portanto, em uma negociação entre as partes, com a assistência de um terceiro imparcial, sendo esta característica ausente na arbitragem, que é um procedimento decisório: nele, as partes não influenciam a decisão, pois o árbitro (ou árbitros) tem legitimidade para decidir.

Quanto aos dissídios individuais, vale salientar que as Comissões de Conciliação Prévia, reguladas pela Consolidação das Leis do Trabalho (arts. 652-A e segs.) a despeito do nome (comissões de *conciliação*) exercem por vezes funções de mediação.

4. Arbitragem

A arbitragem é o meio extrajudicial de composição dos dissídios trabalhistas, quer individuais quer coletivos, consistente na atuação de um árbitro (ou mais de um), que *decide* a controvérsia, dotado que é de legitimidade para emitir a sentença (ou laudo) arbitral.

O árbitro não busca a conciliação nem procede a mediação entre as partes: decide ele próprio (*ex auctoritate propria*) o litígio. No ânimo do árbitro (ou árbitros), as partes não exercem influência (caso contrário, a sentença arbitral terá sido viciada). O poder de decidir o litígio, nesta modalidade, já não pertence às partes, pois este poder se transfere, por iniciativa conjunta delas (arbitragem voluntária) ou *ope legis*, para o árbitro (ou árbitros).

Ao contrário do que sucede em ordenamentos estrangeiros (ex.: Portugal, cujo Código do Trabalho regula a arbitragem voluntária nos arts. 564 a 566 e a obrigatória, nos arts. 567 a 572), nos quais a arbitragem constitui método de decisão exclusivamente destinada aos dissídios coletivos, no direito processual do trabalho brasileiro ela pode ser utilizada tanto para compor dissídios individuais quanto coletivos. Interessa-nos aqui, somente, a arbitragem empregada nos primeiros.

Indesmentível é sua natureza jurisdicional, qualquer que seja o aspecto processual pelo qual ela venha ser considerada: forma, conteúdo e função. Forma: requisito preenchido pela presença das partes, do juiz e do procedimento previsto em lei. Conteúdo: identifica-se o conflito juridicamente relevante, dirimido por sentença (laudo arbitral) apta a revestir a autoridade de coisa julgada, provida da força de título executivo. Função: decorre da atividade de solução de conflitos, mercê da atuação daquele a que a lei confere autoridade para o mister. Portanto, arbitragem é função pública, de feição jurisdicional: jurisdição arbitral *a latere* da jurisdição estatal.

É fora de dúvida que a opção pela via arbitral constitui faculdade assegurada às partes pela própria Constituição. Inexiste ofensa ao preceituado pelo art. 5º, inciso XXXV, da Lei Maior: a lei não excluirá da apreciação do Poder Judiciário lesão ou ameaça a direito. A arbitragem não exclui o acesso à justiça estatal: a norma constitucional não obriga as partes a se socorrerem da justiça oficial, apenas assegura--lhes essa possibilidade. Quando manifestam preferência pela arbitragem, os interessados buscam a solução do litígio por via privada, mediante ato consensual.

Quem por iniciativa própria afasta a justiça do Estado, preferindo utilizar meios extrajudiciais, vale-se da autonomia privada, que o ordenamento jurídico reconhece aos particulares.

Por inexistir lei que preveja o apelo à arbitragem como meio de composição dos dissídios trabalhistas, cabe aplicar, com as necessárias adaptações impostas pelas peculiaridades do processo do trabalho, a Lei n. 9.037. Não há que cogitar de remissão subsidiária ao Código de Processo Civil, porque os arts. 1.072 a 1.102 deste diploma legal, que regulavam o instituto, foram expressamente revogados pela Lei n. 9.037 (art. 44).

Dúvida pertinente é levantada quanto à admissibilidade da arbitragem para a composição de dissídios do trabalho. No que diz respeito aos dissídios coletivos, a dúvida é dirimida pela própria Constituição, que, no art. 114, § 1º, concede primazia à arbitragem sobre a decisão emanada do poder normativo dos tribunais do trabalho. Abre-se controvérsia, apenas, quanto ao cabimento da arbitragem como método de composição de conflitos individuais. A dúvida finca raízes no enunciado do art. 1º da Lei n. 9.037, de 23.9.1996, em cujos termos a arbitragem só é admitida para dirimir litígios relativos a "direitos patrimoniais disponíveis". Supõe-se que os direitos individuais do trabalhador sejam indisponíveis, o que bastaria para inviabilizar o apelo à arbitragem, quando se cuida de solucionar dissídios individuais do trabalho.

Não é correta, contudo, a assertiva de que os direitos trabalhistas — do trabalhador individualmente considerado — sejam indisponíveis. O que a Consolidação das Leis do Trabalho, no art. 9º, declara é que são nulos os atos tendentes a desvirtuar, fraudar ou impedir a aplicação das normas de proteção ao trabalho. Nenhum preceito legal estabelece, de antemão, a indisponibilidade dos direitos do trabalhador. Caso contrário, seriam automaticamente fulminados de nulidade todos os acordos celebrados perante a Justiça do Trabalho nas reclamações trabalhistas. É fato notório — e amplamente celebrado pelos relatórios oficiais — que mais da metade das ações individuais findam mediante conciliação celebrada pelas Varas do Trabalho. É que os direitos do trabalhador admitem uma divisão: direitos absolutamente indisponíveis e direitos relativamente indisponíveis. O art. 9º da CLT não declara indisponíveis os direitos do trabalhador: apenas priva de eficácia o ato do empregador tendente a inviabilizar o gozo dos direitos assegurados por lei ao trabalhador. Se o empregado decide dispor de um direito não coberto pela proteção da indisponibilidade absoluta, a lei não veda o acesso à via arbitral.

Não há dúvida de que cabe arbitragem para dirimir dissídios individuais trabalhistas. Não se trata de "verificação prática da tendência mundial no sentido de flexibilização das normas trabalhistas, o que faz ensejar que se admita a aplicação da Lei n. 9.307 à arbitragem trabalhista". Com a devida vênia, flexibilização entra nesse debate como Júpiter no catecismo cristão. Flexibilização nada tem a ver com a admissibilidade de arbitragem.

Insta considerar a natureza dos institutos: arbitragem é meio privado de exercício da jurisdição e, por isso, constitui instituto de natureza processual. Como o processo apresenta característica instrumental (meio de que se vale o ordenamento jurídico para realização do direito material), inexiste óbice legal a que os interessados apelem para a via arbitral, desde que não entrem em jogo direitos trabalhistas revestidos da característica de indisponibilidade absoluta.

Só são absolutamente indisponíveis os direitos de personalidade do trabalhador: honra, intimidade, segurança, vida privada, imagem. Os direitos patrimoniais são plenamente disponíveis, após o término da relação de emprego e apenas relativamente indisponíveis durante a vigência do contrato de trabalho.

Direitos patrimoniais são aqueles suscetíveis de avaliação pecuniária. São disponíveis, porque sobre eles os titulares detêm o poder que não invade a esfera dos direitos de personalidade. Direitos patrimoniais são disponíveis: melhor dizendo, são disponíveis os efeitos do exercício de direitos patrimoniais. O direito a alimentos, por exemplo, é indisponível, mas as prestações decorrentes do direito a alimentos podem ser objeto de transação.

Se os direitos individuais trabalhistas sobre os quais paira controvérsia forem relativamente indisponíveis, vale dizer, se puderem converter-se em objeto de transação, nada obsta a que possam ser postos em tela de arbitragem, porquanto sobre eles não incidirá a vedação legal: sendo patrimoniais, ou seja, passíveis de avaliação monetária, são disponíveis e, em consequência, seu titular deles pode livremente dispor, submetendo-os, em caso de litígio, ao crivo da arbitragem.

A controvérsia em torno do cabimento, ou não, da arbitragem na solução dos dissídios trabalhistas repercute na jurisprudência dos tribunais do trabalho. Predomina, nos Tribunais Regionais, o entendimento contrário à admissibilidade da arbitragem, embora se registrem, aqui e ali, decisões favoráveis. Quanto ao Tribunal Superior do Trabalho, em algumas vezes em que foi provocado a manifestar-se, decidiu favoravelmente à compatibilidade entre a arbitragem e os princípios que regem o direito processual do trabalho.

A transcrição da ementa de alguns acórdãos ilustra as afirmações acima.

Como é amplamente majoritária, nos Tribunais Regionais, a tese da rejeição da arbitragem, torna-se desnecessária a citação de uma multiplicidade de acórdãos, bastando lembrar dois proferidos pelo TRT de São Paulo (2ª Região):

Arbitragem. Direitos Individuais do Trabalho. Renúncia — A solução dos conflitos através de arbitragem, nesta Justiça Especializada, limita-se às demandas coletivas (CF, art. 114, § 1º). Logo, não abrange os direitos individuais trabalhistas que são tutelados por normas de ordem pública, imperativas e cogentes; portanto, inderrogáveis e irrenunciáveis. Nenhum efeito pode advir da renúncia exarada no termo de arbitragem, por atingir direito indisponível. O acordo celebrado em tais condições não traduz ato jurídico perfeito e, tampouco, acarreta em coisa julgada no âmbito trabalhista. Recurso provido para afastar a coisa julgada do acordo celebrado perante a Câmara Paulista de Mediação e Arbitragem. (TRT/SP — 01515200738302002 — RS — Ac. 11ª T. 20080245794 — Rel. Maria Aparecida Duenhas — DOE 8.4.2008).

TRIBUNAL DE ARBITRAGEM. TRANSAÇÃO DE VERBAS TRABALHISTAS — A Lei n. 9.307/96 instituiu a arbitragem como meio de solução de conflitos relativos a direitos patrimoniais disponíveis, conforme termos do art. 1º. Logo, constituindo-se o Direito do Trabalho, na sua maioria, de preceitos de ordem pública, de natureza cogente e, portanto, indisponíveis, tem-se por incabível a submissão das demandas trabalhistas a tribunais de arbitragem. Para validade da negociação no âmbito do Direito do Trabalho, as demandas trabalhistas devem ser submetidas à Comissão de Conciliação Prévia (art. 625-A e ss da CLT), composta de membros indicados tanto pelo empregador, quanto pelos empregados, de forma a garantir a paridade na representação, requisito não presente nos Tribunais de Arbitragem. (TRT/SP — 00235200505502001-RO-AC. 4ª T. 20080312688 — Rel. Odette Silveira Moraes — DOE 29.4.2008).

A tese favorável à possibilidade de se adotar a arbitragem como meio de solução dos conflitos individuais foi acolhida por alguns poucos julgados de Tribunais Regionais, como se vê pela transcrição da seguinte ementa (acórdão proferido pelo TRT de São Paulo — 2ª Região):

RECURSO ORDINÁRIO. ARBITRAGEM DE DISSÍDIOS INDIVIDUAIS TRABALHISTAS POSSIBILIDADE. A atual redação dos §§ 1º e 2º do art. 114 da CF com a alteração promovida pela Emenda Constitucional n. 45/2004 prevê expressamente a possibilidade de submissão dos conflitos coletivos entre sindicatos dos empregadores e de empregados, ou entre sindicatos de empregados e empresas à arbitragem, nada dispondo acerca dos conflitos individuais. No entanto, o silêncio do legislador leva a crer que é possível submeter os dissídios individuais trabalhistas à arbitragem em relação aos direitos patrimoniais disponíveis. Mesmo porque a mediação que se faz através das Comissões de Conciliação Prévia, muito embora não tenha previsão constitucional, é aceita. Idêntico raciocínio deve ser empregado em relação à arbitragem. Ademais, o escopo da Lei n. 9.307/1996 de pacificação social harmoniza-se à finalidade do Direito do Trabalho. 2. (...). (TRT/SP — 0041720060 4802005-RO-Ac. 12ª T. 20080203412 — Rel. Marcelo Freire Gonçalves — DOE 28.3.2008).

Na jurisprudência do Tribunal Regional do Trabalho da Bahia (5ª Região) encontram-se alguns pronunciamentos também pela aceitação da arbitragem:

JUÍZO ARBITRAL. DISSÍDIOS INDIVIDUAIS TRABALHISTAS. POSSIBILIDADE.

É cabível o instituto da arbitragem nos dissídios individuais trabalhistas, desde que sejam obedecidas as exigências previstas na Lei n. 9.307/96 e que o empregado a ele tenha se submetido de livre e espontânea vontade, sem qualquer espécie de coação.

(Acórdão n. 30.156/01, Recurso Ordinário n. 01.02.01.0328-50, 2ª Turma, Rel.: Juíza Dalila Andrade).

TRANSAÇÃO. CELEBRAÇÃO PERANTE JUÍZO ARBITRAL. EFEITOS. APLICAÇÃO DA LEI N. 9.307/96.

A irresignação do recorrente não prospera. Os autos comprovam que, em sede de Juízo arbitral, as partes celebraram uma transação, por meio da qual o reclamante deu quitação plena, geral e irrevogável do pedido e demais direitos decorrentes do contrato extinto, para nada mais reclamar a qualquer título (fls. 28). Ora, na forma do art. 31 da Lei n. 9.307/96, a sentença arbitral produz, entre as partes e seus sucessores, os mesmos efeitos de decisão judicial, valendo, inclusive, como título executivo. (Acórdão n. 523/02, Recurso Ordinário n. 61.01.01.0926-50, 4ª Turma, Rel.: Juiz Gustavo Lanat).

"JUIZO ARBITRAL. DISSÍDIOS INDIVIDUAIS TRABALHISTAS.

O instituto da arbitragem nos dissídios individuais trabalhistas é plenamente cabível, desde que atendidas as exigências previstas na Lei n. 9.307/96 e que o empregado tenha a ele aderido de livre e espontânea vontade, sem qualquer vício de consentimento." (Acórdão n. 815/02, Recurso Ordinário n. 61.01.01.0939-50, 4ª T., Rel.: Juíza Graça Boness).

Merece transcrição à parte um acórdão proferido pelo TRT de São Paulo, pela oportunidade que oferece de comentar os argumentos em que se esteia:

JUÍZO ARBITRAL. CARÊNCIA DE AÇÃO. Nenhuma lesão ou ameaça a direito pode ser excluída da apreciação do Poder Judiciário, sendo certo, ainda, que todos os direitos trabalhistas têm caráter patrimonial indisponível, tendo em vista que sua natureza é de ordem pública, pois abrange direitos fundamentais da coletividade dos trabalhadores, privilegiados pelo Estado. A Constituição Federal, em seu art. 114, § 2º, dispõe que a arbitragem é admitida somente no Direito Coletivo de Trabalho. Para validade da negociação no âmbito do Direito Individual do Trabalho, as demandas trabalhistas devem ser submetidas à Comissão de Conciliação Prévia, composta de membros indicados tanto pelo empregador, quanto pelos empregados, de forma a garantir a paridade na representação, requisito não presente nos Tribunais de Arbitragem. A Câmara Arbitral não possui competência legal para homologar a rescisão contratual, até porque as verbas rescisórias decorrem de lei, cujo pagamento é compulsório e, portanto, não podem se submeter a qualquer tipo de lide. No caso, nenhum valor legal pode ser empreendido ao termo de decisão arbitral, que serve apenas como comprovante de pagamento da importância neste consignada, para fins de eventual compensação, evitando-se assim o enriquecimento sem causa da empregada. Sentença que se mantém. (TRT/SP — 01340-2007-016-02-00-7 — RS — Ac. 4ª T. 20071021927 — Rel.: Odette Silveira Moraes — DOE 7.12.2007).

Examinando os argumentos:

a) "nenhuma lesão ou ameaça a direito pode ser excluída da apreciação do Poder Judiciário". A escolha da arbitragem como meio de solucionar um dissídio individual do trabalho não ofende o disposto no art. 5º, inciso XXXV, da Constituição, porque a arbitragem, por si, não exclui da apreciação do Poder Judiciário a lesão a direito sofrida pelo empregado. Este, no exercício da autonomia privada, que lhe é garantida pelo ordenamento jurídico, prefere valer-se de uma via alternativa a invocar a jurisdição estatal. Ninguém pode ser obrigado a recorrer ao Poder Judiciário. Se existe a possibilidade de submeter a solução do conflito a um árbitro, insustentável se torna o envio compulsório do interessado à jurisdição estatal, sob pena de ofensa à liberdade individual, bem jurídico também garantido pelo ordenamento. Ninguém será obrigado a fazer ou deixar de fazer alguma coisa senão em virtude de lei (Constituição, art. 5º, II). Não há lei que obrigue o particular a se socorrer exclusivamente da jurisdição estatal;

b) "todos os direitos trabalhistas têm caráter patrimonial indisponível, tendo em vista que sua natureza é de ordem pública". Só são absolutamente indisponíveis os direitos da personalidade. Os direitos patrimoniais trabalhistas são apenas relativamente indisponíveis durante a vigência do contrato de trabalho (Constituição, art. 7º, incisos VI, XIII, XIV) e plenamente disponíveis após a extinção do contrato de trabalho, pois só por esta ótica se pode aceitar a validade dos acordos celebrados em juízo, nas reclamações trabalhistas. A invocação da "ordem pública" não socorre o argumento, pois a noção de ordem pública diz respeito tão somente ao atributo de intensidade da coerção que caracteriza as normas jurídicas: o grau de coercibilidade ostentado pela norma determina a característica de inderrogabilidade e esta, por seu turno, a indisponibilidade dos direitos por ela assegurados. Se a norma jurídica trabalhista, em certas ocasiões, pode ser derrogada, os direitos por ela concedidos deixam de ser indisponíveis, podendo assim constituir objeto de renúncia ou de transação. A norma trabalhista, em princípio imperativa ou coercitiva, torna-se, nos casos previstos pela Constituição, derrogável e, em consequência, os direitos por ela previstos transmudam-se em disponíveis, o que destrói o argumento lastreado na ordem pública para negar o cabimento da arbitragem nos dissídios individuais do trabalho;

c) "a Constituição, em seu art. 114, § 2º, dispõe que a arbitragem é admitida *somente* no Direito Coletivo do Trabalho" — o grifo não é do original. Não é correta a assertiva: a Constituição não emprega o advérbio *somente*. Declara apenas que a arbitragem é admitida para resolver os dissídios coletivos, mas daí não se infere que proíba seu emprego no caso dos dissídios individuais. Se a Constituição não veda a utilização da arbitragem nos dissídios individuais, a Lei n. 9.307/96 encontra plena acolhida no direito processual do trabalho, pela via da subsidiariedade (já que silente a norma trabalhista).

No Tribunal Superior do Trabalho, há divergência entre as Turmas. A Sétima Turma já se manifestou favoravelmente à validade da arbitragem, como se vê pela leitura das seguintes ementas:

> O juízo arbitral..., tem plena aplicabilidade na esfera trabalhista, porque há direitos patrimoniais disponíveis no âmbito do direito do trabalho... É que, ao se afirmar, genericamente que os direitos trabalhistas constituem direitos patrimoniais indisponíveis, não se leva em conta que o princípio da irrenunciabilidade de tais direitos foi, em diversas situações, mitigado pelo legislador... Isso porque, apenas no ato da contratação ou na vigência de um contrato de trabalho considera-se perfeitamente válida a tese da indisponibilidade dos direitos trabalhistas, posto que é de se reconhecer que a desvantagem em que uma das partes se encontra, pode impedi-lo de manifestar livremente vontade. Após a dissolução do pacto, no entanto, não há se falar em vulnerabilidade, hipossuficiência, irrenunciabilidade ou indisponibilidade, na medida em que o empregado não mais está dependente do empregador. RR — 1650/1999-003-15-00 — Juíza convocada Maria Doralice Novaes — Relatora.

A arbitragem (Lei n. 9.307/96) é passível de utilização para solução dos conflitos trabalhistas, constituindo, com as comissões de conciliação prévia (CLT, arts. 625-A a 625-H), meios alternativos de composição de conflitos, que desafogam o Judiciário e podem proporcionar soluções mais satisfatórias do que as impostas pelo Estado-juiz — Ac. TST-AIRR 2547/2002 — 077-02-40-7ª T., 18.12.2007, Rel. Min. Ives Gandra Martins Filho, in *Revista LTr* 72-12/1531 (dez. 2008).

Há notícia de outro julgado de Turma do TST, no mesmo sentido: RR 1640/2003 — 051-01-40.0, 7ª T., Rel. Min. Pedro Paulo Manus.

Já na Terceira Turma, prevalece entendimento contrário. A Turma não admitiu a utilização da arbitragem para solução de dissídios individuais do trabalho, restringindo sua aplicação aos dissídios coletivos, em que os trabalhadores são representados por sindicatos. A decisão, tomada por maioria de votos, considerou que, nos litígios trabalhistas individuais, os empregados não têm, em regra, condições de igualdade com os patrões para manifestar vontade. O debate sobre a utilização da arbitragem em litígio individual de trabalho passa pela discussão dos princípios protetivos que orientam o Direito do Trabalho brasileiro, entre eles a indisponibilidade que alcança a maioria dos direitos trabalhista, inscritos, quase sempre, em norma de ordem pública. A decisão ora comentada foi proferida no processo RR 795/2006-028-05-00.8.

Conclusão

O ideal da consagração, por lei, de meios alternativos para a resolução dos dissídios individuais do trabalho só encontra realização prática na instituição das Comissões de Conciliação Prévia (que procedem à conciliação extrajudicial e à mediação), criadas pela Lei n. 9.958, de 12.1.2000, mercê da inserção dos arts. 625-A a 625-H no corpo da Consolidação das Leis do Trabalho.

Discute-se, em doutrina e jurisprudência, o cabimento, ou não, da arbitragem nesses casos. A aplicação subsidiária da Lei n. 9.307, de 23.9.1996, ao processo do trabalho tem sido admitida, em julgados esparsos, pelos Tribunais Regionais. No Tribunal Superior do Trabalho, registra-se divergência entre as Turmas.

Nota-se incompreensível resistência por parte de membros da magistratura trabalhista, que veem no estímulo à utilização de meios alternativos privados para a solução dos dissídios trabalhistas sinal de intenções "tendentes ao desmantelamento da Justiça do Trabalho". Preferem essas vozes creditar a intenções malévolas (jamais verificadas na prática) — fruto de injustificável preconceito — o fomento desses meios alternativos, em vez de buscar a reparação do desprestígio a que se expõe a Justiça do Trabalho, notoriamente lenta e assoberbada de serviço, emperrada e muitas vezes ineficiente.

Justiça do Trabalho e
Demandas Coletivas: Fragmentos

SAYONARA GRILLO COUTINHO LEONARDO DA SILVA[*]

1. Apresentação

A atuação dos tribunais é um campo muito profícuo de estudo e importante para a definição do conteúdo dos direitos. Crescem as pesquisas que procuram compreender a atuação dos Tribunais sob a perspectiva da judicialização da política e das relações sociais, bem como no que se refere às conexões entre sindicatos e trabalhadores com o judiciário trabalhista. No âmbito de uma sociologia do direito, estudos sobre as ideologias que estruturam a magistratura e o comportamento dos juízes remontam à década de 1960[1] e se ampliaram substancialmente nos últimos anos, com enfoque voltado à compreensão do funcionamento institucional do Judiciário. Agregando elementos da filosofia e da teoria do Direito, bem como da ciência política, a compreensão dos tribunais como lócus de poder político e de

---

(*) Desembargadora do TRT, 1ª Região; Doutora e Mestra em Ciências Jurídicas, é professora do Programa de Pós-graduação da Faculdade Nacional de Direito da Universidade Federal do Rio de Janeiro, UFRJ, no qual integra a linha de pesquisa "Teorias da decisão e desenhos institucionais" no âmbito do Mestrado em Teorias Jurídicas Contemporâneas. Bolsista Produtividade em Pesquisa (PQ-2), a autora agradece o financiamento pelo CNPq — Conselho Nacional de Desenvolvimento Científico e Tecnológico ao projeto de pesquisa, do qual resulta este artigo, enviado para publicação em abril de 2012.

(1) Uma boa indicação das pesquisas relevantes sobre o tema do judiciário encontra-se em Renato Treves (1993), ele próprio autor de um clássico estudo sobre as tendências ideológicas internas à magistratura italiana. Treves distinguiu três grandes tendências ideológicas que designou como estrutural-funcionalista, conflitivismo-pluralista e conflitivismo dicotômico de tipo marxista, importantes para rever o mito do apoliticismo da função judicial (TREVES, 1993, p. 254).

definição normativa redimensionou as análises sobre o papel do poder judiciário nas democracias contemporâneas.[2]

O Judiciário também não permanece ao largo dos estudos na área da economia, seja sob as perspectivas mais liberais, com análises que privilegiam o exame dos impactos do sistema judiciário no funcionamento do mercado (PINHEIRO, 2005),[3] seja sob uma ótica que prioriza o estudo das relações de trabalho como campo multidisciplinar por excelência (HORN; COTANDA, 2011).

No Brasil, ampliam-se as investigações interdisciplinares sobre a magistratura trabalhista e a Justiça do Trabalho.[4] Nos últimos 10 anos, no campo da sociologia do trabalho destacam-se as relevantes contribuições oriundas de importantes centros universitários, dentre os quais destacamos, no Rio de Janeiro, o antigo IUPERJ, com Werneck Vianna (2010) e a equipe do CEDES — Centro de Estudos de Direito e Sociedade sob o enfoque da judicialização (Carelli, 2011; Casagrande; Perissé, 2007; Casagrande, 2008) e com Adalberto Moreira Cardoso (2002) sobre relações de classe e a judicialização dos conflitos individuais de trabalho;[5] na UFRJ, no PPGSA e AMORJ, com as pesquisas de Elina Pessanha e Regina Morel (2005, 2010) sobre perfil e posicionamentos da magistratura trabalhista brasileira, de Ângela Castro

---

(2) No Brasil, tais análises ganharam relevância no período de consolidação democrática e constitucional, e buscam examinar o processo que tem sido denominado de judicialização da política (VIANNA *et al.*, 1999; VIANNA *et al.*, 2010), além da função política do Judiciário e os desafios que se lhe apresentam (FARIA, 1989, 1994, 1995; LOPES, 1989).

(3) Como, por exemplo, pesquisa de Armando Castelar Pinheiro (2005) que, partindo da percepção de que assegurar o cumprimento dos contratos é importante para atribuir previsibilidade às transações econômicas, procura observar a possibilidade de o Judiciário brasileiro garantir condições mais favoráveis ao funcionamento dos mercados. Castelar Pinheiro observou em seu levantamento que os magistrados não percebem como frequente o fenômeno que vem sendo designado de judicialização da política e menos ainda a politização das decisões judiciais, muito embora no que diz respeito à área trabalhista tal percepção seja maior. Para o autor, a "falta de neutralidade" dos julgadores traria consequências negativas para o funcionamento dos mercados, tendo em vista que as incertezas sobre o cumprimento dos contratos tornariam as transações mais arriscadas. O autor, que trabalha com uma perspectiva que pressupõe que a atividade jurisdicional pode ser neutra, não estabelece relações entre o que denomina politização da decisão e decisões em favor do funcionamento do mercado ou do capital, mas apenas com decisões que potencialmente favoreçam grupos sociais mais fracos, como os trabalhadores. Castelar observa, entretanto, que na magistratura pesquisada, além de predominar uma visão favorável às reformas econômicas dos anos 1990 e pró-redução da presença do Estado na economia, há um apoio majoritário dos juízes à flexibilização da legislação trabalhista: 19,2% concordariam inteiramente e 36,6% tenderiam a concordar com as reformas que estavam sendo implementadas no país (PINHEIRO, 2005, p. 275).

(4) Na década de 1990, sublinhamos os trabalhos pioneiros de José Eduardo Faria (1992, 1995), que discutiu os dilemas da Justiça do Trabalho; de Maria Célia Paoli (1994), que refletiu sobre a relação entre trabalhadores e o Judiciário diante dos desafios democráticos; e de Eliane Botelho Junqueira (1999), que efetuou um diagnóstico da Justiça do Trabalho a partir do exame de conflitos individuais no TRT da 1ª Região.

(5) Ver ensaio de Adalberto Moreira Cardoso (2003) sobre a explosão das demandas individuais no qual afirma que a nova configuração destas relações no Brasil conferiu à Justiça do Trabalho um lugar central como palco privilegiado de disputas em torno do Direito do Trabalho e das relações entre capital e trabalho, na década de 1990.

Gomes e Elina Fonte Pessanha sobre a trajetória de juízes (2010); na UFF, no Programa de Pós-Graduação em Direito e Sociologia, com os trabalhos de Joaquim Leonel Alvim e Roberto Fragale Filho (1999).

No campo da ciência política, aos estudos realizados no Programa de Pós-Graduação da UFSCAR, de enfoque institucionalista, sobre o processo de construção das normas e definição dos direitos pela atuação no âmbito de um sistema legislado (NORONHA, 2000) e por força dos atores judiciais e profissionais do direito (ARTUR, 2007, 2010, FREITAS, 2011), somam-se trabalhos recentes no campo da judicialização da política e também de uma sociologia do campo jurídico, como a realizada por Fabiano Engelmann (2006).[6] No campo da economia do trabalho, destacam-se as pesquisas realizadas no CESIT/Unicamp e por Carlos Henrique Horn (2006) na UFRGS sobre negociação coletiva e justiça do trabalho.

Apesar do esforço desenvolvido nas últimas décadas para compreender analiticamente a Justiça do Trabalho, sua atuação, tendências ideológicas e jurisprudenciais, tais pesquisas apenas se iniciam no país, trazendo dificuldades adicionais. Neste ensaio, buscamos apresentar elementos que agreguem às reflexões em torno da temática Justiça do Trabalho e Ações Coletivas. Exclusivamente para os fins deste artigo utilizaremos a locução "ações coletivas" como um conceito amplo, gênero que envolve diversas espécies, e que compreende tanto os dissídios coletivos — de natureza econômica e de natureza jurídica — quanto as reclamações trabalhistas movidas por Sindicados e Associações Profissionais, ações de cumprimento e Ações Civis Públicas, interpostas pelo Ministério Público do Trabalho e por entidades sindicais e associativas.[7]

Optando pelo gênero,[8] será possível trazer fragmentos das relações entre sindicatos e Judiciário trabalhista nos primeiros quarenta anos de institucionalização

---

(6) Em capítulo sobre o Associativismo e a definição do "papel político da magistratura e do Ministério Público", Engelmann examina especificamente a atuação das associações de magistrados do trabalho e a "defesa dos trabalhadores" e as "teses coletivas". Para o autor, "contrariamente às instituições da magistratura estadual, que operam um efeito de 'neutralização' após o recrutamento dos juízes, a magistratura do trabalho, pela concepção doutrinária predominante e pela sua posição marginal na divisão do trabalho judicial, permite maior abertura para o engajamento político de seus integrantes" (2006, p. 185). Tal engajamento político diminui no final dos anos 1990 e cederia lugar a uma proposta de politização de questões corporativas e de engajamento na carreira acadêmica: "no caso da magistratura do trabalho houve uma política institucional deliberada de incentivo a este aprimoramento intelectual" (2006, p. 190).

(7) O mandado de segurança coletivo é também modalidade, por excelência, de ação coletiva largamente utilizada por entidades sindicais. Com previsão constitucional específica (CRFB, art. 5º, inciso LXX, alínea *b*), representa garantia fundamental dos cidadãos brasileiros e de suas entidades representativas constituídas há mais de um ano. No entanto, diante das especificidades relacionadas ao seu objeto, autoridades coatoras e a competência jurisdicional para anular os atos abusivos de autoridades públicas, são mecanismos utilizados por sindicatos representativos de servidores públicos municipais, estaduais e federais, e, portanto, tramitam prioritariamente perante o Judiciário estadual e federal. Constituem campo ainda inexplorado pelas pesquisas acadêmicas.

(8) Para os fins deste artigo, por ação coletiva estamos designando todas as ações compatíveis com o processo do trabalho movidas em nome da entidade sindical representando seus associados

deste ramo especializado, com o exame da conformação do poder normativo nas décadas de 1940, 1950, 1960 e 1970. Nesta seção (*2.1.*), o debate se concentrará nos dissídios coletivos, embora já existissem as chamadas *ações de cumprimento* das sentenças normativas. Na segunda parte do item 2, aos clássicos dissídios, se agregarão notícias sobre outras modalidades de ações coletivas. Na seção 2.2, apresentaremos elementos que permitam visualizar as ações coletivas e plúrimas que versavam sobre insalubridade, periculosidade e reajustes salariais, e produziram novos desafios à Justiça do Trabalho no bojo da redemocratização política e renovação do sindicalismo. Na década perdida para a concretização da Constituição, serão examinadas as restrições judiciais à atuação coletiva dos sindicatos por meio da limitação à substituição processual das categorias pelas entidades, ou por força da restrição aos dissídios coletivos (seção 2.3). Encerrando o percurso histórico, analisam-se os anos de reconstrução e de reforma (do judiciário), com uma abertura de parte da Justiça do Trabalho às demandas coletivas. E, por fim, nestes fragmentos sobre Justiça do Trabalho e Demandas Coletivas, citaremos casos ilustrativos das demandas coletivas contemporaneamente propostas.

2. Escorço nos 70 anos

O debate em torno da coletivização dos interesses na Justiça do Trabalho seguia tradicionalmente a grande dicotomia estabelecida na Consolidação das Leis do Trabalho entre dissídios individuais e dissídios coletivos, estes voltados para a criação de regras e condições laborais ou interpretação e aplicação *erga omnes* de norma jurídica preexistente. A singularidade da Justiça do Trabalho, por sua vez, se afirmava com a existência da prerrogativa normativa, exercitada por meio dos dissídios coletivos. Daí porque não causa espanto a singela afirmação de D'Araújo (2003, p. 232), de que há uma polarização em torno da Justiça do Trabalho.[(9)] De um lado, seus críticos enfatizaram que a atuação normativa teria impedido a negociação direta sob o argumento de que a delegação ao Judiciário das funções de fixação normativa esvaziara a possibilidade de crescimento da negociação coletiva no país. Cardoso minimiza a discussão e afirma que o recurso à Justiça do Trabalho

---

ou a categoria, seja como representante ou substituto processual, bem como os dissídios coletivos nos quais há um interesse abstrato em discussão, sejam eles dissídios de natureza econômica (de interesse) ou de natureza jurídica (de direito).

(9) "O papel do tribunal como mediador ou conciliador nos conflitos teria impedido a formação de uma classe trabalhadora mais enérgica no enfrentamento das pressões e das imposições patronais" (D'ARAÚJO, 2003, p. 232). Enquanto para os "defensores dessa justiça, os argumentos se centram no fato de que o trabalhador brasileiro tem sido historicamente desprotegido e precisaria de um reforço especial na área da Justiça para manter seus direitos" (D'ARAÚJO, 2003, p. 233). Embora as avaliações registradas se apoiem em funções e tarefas distintas atribuídas à Justiça do Trabalho, correlacionando atuação normativa *stricto sensu* com atuação jurisdicional, de fato este é um debate presente na literatura ainda hoje, que mobiliza inúmeras interpretações.

não é um exante da negociação, apenas um recurso ou meio disponível às partes, não havendo que se falar em uma centralidade na utilização dos dissídios coletivos como mecanismo de definição ou inibição das negociações coletivas (2003).

Os poucos trabalhos que examinam o conteúdo das decisões em dissídios coletivos ao longo dos últimos 70 anos sinalizam para uma ausência de uniformidade na atuação do poder normativo. Se continuidade houver será exatamente aquela de adequar-se e adaptar-se às conjunturas econômicas e políticas com a flexibilidade almejada pelos seus criadores e anunciada por Oliveira Viana (1938), desde os anos 1930, ainda que tal comportamento possa decorrer de influências internas e intrínsecas ao campo do Direito.[10]

Atribuir significado aos significantes textuais da lei, compondo a norma jurídica no processo de decisão, contribui para a estruturação do mercado de trabalho, campo em que se desenvolvem as relações laborais. Assim, o poder normatizador, denominado por Karen Artur (2010) de *o novo poder normativo* da Justiça do Trabalho, está presente em todo processo cognitivo e decisório. Afinal, "Justiça do Trabalho não se reduz a poder normativo, nem mesmo quando se trata de Relações Coletivas de Trabalho, pois sua atuação estritamente jurisdicional também pode contribuir para ampliar ou diminuir os recursos de poder à disposição dos atores coletivos" (SILVA, 2008). Observava-se certa tendência de limitar as ações coletivas e o recurso ao judiciário aos mecanismos clássicos e corporativos de solução de conflitos coletivos de interesse, como o dissídio coletivo. Em certos momentos, opera-se certa confusão conceitual, que embaralha de maneira inadequada a atuação jurisdicional da Justiça do Trabalho com o exercício do poder normativo e que, por vezes, leva a identificar de modo inadequado a atuação da Justiça do Trabalho com corporativismo.

2.1. AS PRIMEIRAS DÉCADAS DE DISSÍDIOS COLETIVOS

No início do século passado, a Justiça do Trabalho se singularizava como um dos mecanismos criados para conter os conflitos coletivos de trabalho, canalizando-os para "soluções" controladas, mediadas ou decididas pelo Estado, inicialmente identificado com o Poder Executivo brasileiro, diante da natureza originalmente administrativa da instituição. A coletivização de interesses e a submissão dos conflitos do trabalho às regras e formalidades de um direito processual em construção por meio dos dissídios coletivos e da atuação normativa da Justiça do Trabalho, em

---

(10) Reduzir o debate à oposição existente entre se o Judiciário trabalhista no julgamento dos dissídios está atrelado aos ditames do Executivo ou se age com autonomia a partir de argumentos jurídicos, parece-nos insuficiente, pois despreza que na formação positivista dos juristas há espaço para argumentos de que o Direito deve "acompanhar a realidade", adequar-se aos tempos do presente, legitimando-se internamente os votos e a adaptação das sentenças normativas às conjunturas político-econômicas.

suas origens inscrevem as ações judiciais coletivas no ideário de um corporativismo em consolidação nos anos 1930. Em 1943, mantida a estrutura da Justiça do Trabalho na órbita administrativa, a Consolidação das Leis do Trabalho — CLT reservava individualmente a cada trabalhador a prerrogativa de requerer judicialmente o cumprimento das sentenças normativas. Os sindicatos não tinham legitimidade para propor as ações de cumprimento, demandas judiciais típicas. A coletivização dos interesses e dos conflitos de direito se circunscrevia à seara administrativa por meio dos dissídios coletivos.

A Constituição de 1946 incorporou a Justiça do Trabalho à estrutura do Poder Judiciário e criou o Tribunal Superior do Trabalho e os Tribunais Regionais do Trabalho, em substituição às instâncias precedentes. Atribuiu a possibilidade de estabelecimento de normas nos julgamentos de dissídio coletivos. Reservou, no entanto, à lei ordinária a possibilidade de especificar os casos em que as decisões poderiam estabelecer condições de trabalho. Tal constitucionalização da Justiça do Trabalho e de seu poder normativo foi inserida na Constituição de 1946, e não se viu um debate como aquele que opusera liberais e corporativos na década de 1930.[11] A adaptação da CLT — promovida pelo Decreto-Lei n. 9.797/46 — aos preceitos constitucionais não chegou ao ponto de regulamentar o § 2º do art. 123 da Constituição, para determinar os casos em que o poder normativo da Justiça do Trabalho poderia ser utilizado. Desse modo, embora durante os trabalhos constituintes a inclusão do poder normativo da Justiça do Trabalho não tenha despertado maiores polêmicas, a partir da segunda metade da década de 1940 se travaria um amplo debate jurisprudencial em torno do tema.

Em um ambiente de afirmação institucional da Justiça do Trabalho enquanto ramo do poder Judiciário, no final dos anos 1940 houve uma interpretação expansiva do poder normativo, com o exercício da prerrogativa determinando reajustamentos salariais,[12] mesmo na ausência de lei ordinária regulamentadora (SILVA, 2008, p.

---

(11) Sobre a redemocratização, Francisco Weffort registra que estavam "os liberais desarmados de argumentos em face do espírito ao mesmo tempo conservador e antiliberal que estabelecia a Justiça do Trabalho no quadro da Constituição de 1946". Registre-se o seguinte discurso do constituinte Agamenon Magalhães: "Ou ela (a Justiça do Trabalho) se especializa dentro de sua jurisdição, dentro de sua própria natureza, dentro de suas funções, ou então veremos no Brasil verdadeira revolução social. Se esses conflitos sociais existem, ou damos um remédio pronto para concíliá-los com a função normativa da Justiça, ou então os defensores da ordem jurídica privada despem-se da ordem, da paz e da felicidade brasileira." (*Anais da Comissão da Constituição*, v. II, p. 249 *apud* WEFFORT, 1970, p. II-53). Agamenon foi Ministro do Trabalho no Governo Vargas e constituinte em 1946.

(12) A primeira questão enfrentada pela Justiça do Trabalho sobre o tema foi a interpretação cabível ao dispositivo constitucional, que subordinou explicitamente o poder normativo à lei. Previsto na Constituição, o legislador ordinário deveria especificar os casos em que as decisões poderiam estabelecer normas e condições de trabalho, ou seja, que fossem decisões normativas *stricto sensu*. Mas a Justiça do Trabalho não aguardou uma regulamentação futura que especificasse os casos em que as normas poderiam ser estabelecidas, e começou a julgar e deferir reajustamentos salariais às categorias profissionais, o que representou valores superiores ao mínimo legal. E o Tribunal Superior do Trabalho, presidido à época pelo Ministro Bezerra de Menezes,

185/188). Os reajustes salariais deferidos seriam mitigados com o acolhimento de argumentos empresariais relacionados ao absenteísmo. Recebido pela doutrina do Direito do Trabalho como um momento de afirmação do poder normativo, o debate girava em torno da inclusão, nas sentenças normativas,[13] de cláusulas de assiduidade, bem como da exclusão dos efeitos subjetivos da sentença dos trabalhadores admitidos após o ajuizamento do processo de dissídio coletivo.[14]

Nesse contexto, a resistência empresarial em reajustar os salários determinados pela Justiça do Trabalho e o acolhimento de cláusulas de assiduidade, pelo Tribunal Superior do Trabalho, para limitar os aumentos salariais concedidos pelos Tribunais Regionais, são alguns dos aspectos explicativos a serem considerados na análise dos movimentos paredistas ocorridos no Brasil em 1953 (OLIVEIRA, 2002, p.130). Os efeitos perversos das sentenças normativas que condicionavam o pagamento do reajuste salarial à assiduidade do empregado não foram recebidas com passividade entre os trabalhadores. A resistência dos trabalhadores e as críticas à jurisprudência majoritária desaguaram no Legislativo e dois anos depois foi promulgada a Lei n. 2.510, de 26 de junho de 1955, que estabeleceu "ser defeso à Justiça do Trabalho, no julgamento dos dissídios coletivos, incluir, entre as condições para que o empregado perceba o aumento de salário, cláusula relativa à assiduidade ou frequência ao serviço" (art. 1º).

Recebida pela Justiça do Trabalho como uma limitação indevida de seu poder normativo,[15] a Lei n. 2.510 foi realmente a primeira norma infraconstitucional de

---

passou a referendar as decisões normativas: manteve os reajustamentos deferidos e negou seguimento ao Supremo Tribunal Federal dos Recursos Extraordinários propostos pelas empresas. Contra a tese da ampla normatividade dos Tribunais do Trabalho e, em especial, na defesa do argumento de inconstitucionalidade da fixação de salários em valores superiores ao mínimo, segmentos empresariais recorreriam ao Supremo Tribunal Federal em agravos impugnando as decisões do Ministro Geraldo Bezerra. No entanto, nos finais da década de 1940, o Supremo chancelaria tal posição: "elemento marcante de seu poder jurisdicional [a razão de ser da Justiça do Trabalho] a competência normativa, que lhe permite agir com eficiência e presteza na solução dos dissídios coletivos de natureza econômica (...), a finalidade normativa é implícita nos dissídios coletivos." (BRASIL, STF, AI 13.697, DJ 28.8.1950, p. 2843 *apud* ACKER, *1986*, p. 95-96).

(13) Sentença normativa é aquela proferida em processos de dissídios coletivos. Segundo definição de Saad *et al.*, "é um ato-regra por conter normas gerais, impessoais e abstratas. Na dicção de Carnelutti, tem ela espírito de lei e corpo de sentença, e, em nosso ordenamento jurídico, vinculados à idêntica atividade econômica, tem a sentença normativa força de lei. Essa sentença é: a) modificativa, porque altera relações jurídicas preexistentes, notadamente as que tiverem natureza salarial; b) constitutiva, porque cria novas condições de trabalho; e c) declaratória de direitos e obrigações, como, aliás, ocorre com as demais sentenças. Não é um título executivo judicial, uma vez que se cinge a estabelecer normas gerais e abstratas como se fora uma lei." (2004, p. 632) Retomaremos esta definição a seguir.

(14) Ao fixar reajustes salariais e valores de pisos salariais, o TST passou a acolher os argumentos empresariais de que os empregados com "salários ampliados" faltavam ao trabalho. Com a tese de que os reajustes estimulariam o "ócio" do trabalhador, o Tribunal passou a limitar nas sentenças normativas o reajuste deferido, que só seria devido pela empresa se houvesse assiduidade integral ao trabalho (ACKER, 1986, p. 42).

(15) Por maioria, o Pleno do Tribunal Superior do Trabalho declarou a inconstitucionalidade da regra, posteriormente rechaçada pelo Supremo Tribunal Federal (ACKER, 1986, p. 43). Assim,

regulamentação do poder normativo. Indica, sem sombra de dúvidas, um dos principais temas na pauta das ações coletivas e demandas dos trabalhadores perante a Justiça do Trabalho nos anos 1950. Isso sem contar, é claro, com as demandas pelo cumprimento das decisões proferidas em dissídio coletivo por efetivação imediata dos reajustes deferidos pelos Regionais e pela "perversidade de alguns julgamentos dos tribunais do trabalho" (FRENCH, 2001, p. 21).

Digno de registro o comportamento dos Tribunais diante da eclosão da conhecida "greve dos 400 mil", em 1957.[16] Em uma época em que ao descumprimento das determinações de reajuste salarial disseminado entre o empresariado nacional e ao longo tempo de tramitação dos recursos interpostos em dissídios coletivos, cujas decisões regionais não eram exigíveis, deve-se acrescentar a postura do Tribunal Superior do Trabalho de acolher os pleitos das empresas, suprimindo ou reduzindo reajustes deferidos pelos Tribunais Regionais.

Para melhor compreensão dos percalços vivenciados pelos trabalhadores em suas demandas coletivas, abrem-se parênteses para explicitar que pela natureza jurídica da sentença normativa (*vide* nota 15 supra) os processos de dissídios coletivos criam normas jurídicas (como, por exemplo, a determinação de um reajuste salarial), mas tais processos de dissídios não se prestam a exigir do empregador o cumprimento da decisão. Assim, apesar da coletivização dos interesses presente na sentença normativa por meio dos dissídios coletivos, as sentenças normativas não eram objeto de cumprimento/execução coletiva. Assim como o contemporâneo debate sobre a legitimação dos sindicatos para executar as decisões em ações coletivas e civis públicas, também nos primórdios do processo de coletivização de interesses havia uma individualização da execução. Como a sentença normativa, apesar de oriunda de uma "ação coletiva" se cinge a estabelecer normas abstratas e genéricas, e como a lei, voltada em sua maioria à regulação do setor econômico e não à empresa particular, após seu término, deveriam os trabalhadores

---

em uma Constituição cujo texto limitava o poder normativo aos termos da lei ordinária, a Justiça do Trabalho atribuiu a si ampla competência normativa, inclusive para declarar a inconstitucionalidade das leis que restringiam seu poder de ação.

(16) Segundo John French: "Ainda mais importante, entretanto, era a propensão do TST de anular decisões tomadas pelo TRT, quando estas eram favoráveis aos trabalhadores. O caso mais infame ocorreu após a forte greve geral de outubro de 1957, a famosa 'Greve dos 400 mil', que havia se encerrado com a sentença do Tribunal Regional concedendo 25% de aumento salarial sem teto aos trabalhadores. Quando o TST reduziu o reajuste para 18% com tetos, a resposta dos sindicalistas foi violenta, embora tenham sido incapazes de levar adiante a ameaça de uma nova greve geral de protesto. Neste caso, a ação do TST não foi apenas ultrajante, mas também gratuita, já que muitos empregadores continuaram a pagar os 25% de aumento salarial originalmente acordados. Para além de rebaixar os salários de alguns infelizes trabalhadores, a reversão de um acordo cuidadosamente negociado teve a intenção de humilhar a liderança sindical militante, mesmo ao custo de desacreditar o sistema da Justiça do Trabalho como um todo. Como o manifesto dos sindicatos apontou, 'os trabalhadores sentiram-se enganados e desprovidos de seus direitos pela decisão do TST. Eles foram vítimas de manobras, incluindo a do procurador geral da Justiça do Trabalho, que já havia assegurado ser favorável à decisão original de 25%" (FRENCH, 2001, p. 21-22).

individualmente postular em juízo o cumprimento da decisão normativa por seu empregador.

Apesar da lacuna em torno do tema, foi no ambiente dos conflitos coletivos da década de 1950 que as ações coletivas, em sentido estrito, ingressam no Direito brasileiro. Em um contexto de descumprimento disseminado de decisões proferidas em dissídios coletivos, foi necessário reformar a lei para atribuir aos sindicatos a legitimidade ativa para postular em juízo o cumprimento das sentenças normativas. Como já vimos, em sua origem, a CLT estabelecia a distinção entre dissídios individuais e coletivos, mas reservava aos trabalhadores a legitimidade para demandar contra seu empregador as diferenças salariais e o cumprimento das decisões coletivas obtidas pelos sindicatos nos dissídios coletivos. Somente em 1954, com a Lei n. 2.275, de 30 de julho, seria atribuído aos sindicatos a propositura das ações de cumprimento. Inaugura-se, no Direito brasileiro, a ação coletiva em sentido estrito com a reforma do parágrafo único do art. 872 da CLT.[17] À redação original do art. 872 da CLT ("Celebrado o acordo, ou transitada em julgado a decisão, seguir-se-á o seu cumprimento, sob as penas estabelecidas neste Título." Parágrafo único. "Quando os empregadores deixarem de satisfazer o pagamento de salários na conformidade da decisão proferida, poderão os empregados, juntando certidão de tal decisão, apresentar reclamação à Junta ou Juízo competente, observado o processo previsto no capítulo III deste título, sendo vedado, porém, questionar sobre a matéria de fato e de direito já apresentada na decisão") foi acrescida, pela Lei n. 2.275 de 1954, a locução "poderão os empregados *ou seus sindicatos, independentes de outorga de poderes de seus associados*", redação vigente até os dias atuais.[18]

---

(17) A Lei n. 2.275 deu nova redação ao parágrafo único do art. 872 da CLT. A tramitação legislativa inicia-se com a proposição do deputado federal Nelson Omegna, eleito pelo PTN de São Paulo (ver PLC n. 58, de 1954 e PL n. 3.637B, de 1953). Omenga sucederia Napoleão Guimarães no Ministério do Trabalho, Indústria e Comércio, após fim do breve governo Café Filho (agosto de 1954 a novembro de 1955. Enunciado n. 180. AÇÃO DE CUMPRIMENTO. SUBSTITUIÇÃO PROCESSUAL. DESISTÊNCIA. Nas ações de cumprimento, o substituído processualmente pode, a qualquer tempo, desistir da ação, desde que, comprovadamente, tenha havido transação. (Res. n. 1, DJ 19.10.1983) Revista pela Súmula n. 255 — Res. n. 3, DJ 2.7.1986, cancelado em 2003, por ocasião da edição do Enunciado n. 310. Enunciado n. 255. SUBSTITUIÇÃO PROCESSUAL. DESISTÊNCIA. O substituído processualmente pode, antes da sentença de primeiro grau, desistir da ação.(Res. n. 3, DJ 2.7.1986)

(18) Sobre as dificuldades na execução das sentenças (fase processual na qual se determina a apuração dos valores devidos e são promovidos atos que podem levar à expropriação dos bens da empresa devedora) e a imbricação dos obstáculos institucionais ao acesso à justiça com aqueles decorrentes de especificidades regionais, coronelismo e violência política, ver o eloquente relato de Francisco Fausto Paula de Medeiros, ex-Presidente do TST, sobre sua passagem, como juiz substituto, por Junta de Conciliação e Julgamento nas adjacências da grande Recife em abril de 1964: "O episódio não se esgota aí...À tardinha, recebi a visita de vários presidentes de sindicatos. 'Dr. Juiz, soubemos que o senhor está julgando os processos mesmo sem a presença do empregador, e queríamos um apoio do senhor para mandar executar as sentenças favoráveis'. — 'Mas que sentenças?' — 'São várias'. 'E onde é que estão esses processos?' Chamei o Diretor: 'O que está havendo? Que processos são esses? — Ah, estão

Pela nova regra, além do empregado, o Sindicato representaria em juízo seus associados, independentemente de autorização expressa, passando a deter legitimidade ativa para postular em seu nome o direito dos associados, visando a obter o cumprimento das cláusulas fixadas em dissídios coletivos descumpridos pelas empresas. Inicia-se no Direito brasileiro a legitimação ativa e as ações coletivas em sentido estrito, mecanismo por excelência para obter o cumprimento das normas coletivas.[19]

No âmbito dos dissídios coletivos, nas décadas de 1960 e 1970 muito se discutiu sobre a introdução da política salarial, com as novas regras de contenção remuneratória impostas pela ditadura militar.[20] Segundo Acker, além das dramáticas restrições à greve, o regime militar "investiu decididamente contra o poder normativo e as negociações coletivas, subordinando-os a um "disciplinamento econômico" garantidor de um pretenso desenvolvimento que teve sua exacerbação ufanista no 'milagre brasileiro'" (ACKER, 1986, p.48-49). Como uma das consequências, desloca-se a postulação dos sindicatos nos dissídios coletivos até então voltada para a efetivação dos direitos existentes e para a manutenção e melhoria do nível salarial dos trabalhadores. Segundo Ana Acker (1986), a violência institucionalizada e o

---

todos na gaveta do juiz'. 'Arromba a gaveta e me dá os processos. Só então me dei conta do significado das palavras que ouvira do presidente do TRT, ao receber a designação: "O Senhor tem carta branca." Na hora, fiquei assombrado. Carta branca para quê? ... Eis que arrombada a gaveta, lá estavam várias petições dos sindicatos solicitando execução. Quis saber do presidente do sindicato mais forte da região: 'Como o Senhor esperou tanto para reclamar? Nunca tomou uma atitude, não fez nada? Ele me olhou nos olhos e disse: "Dr. Juiz, escute o que eu vou lhe contar....meu antecessor na presidência do sindicato, segundo o laudo da polícia, matou-se com 25 facadas". Aí eu entendi a situação toda." Prossegue o Ministro Fausto: "Nos primeiros meses após a deposição de Jango, a situação, aqui no Nordeste, tornou-se muito difícil; alguns juízes de Pernambuco foram presos, acusados de julgarem sistematicamente a favor dos empregados" (GOMES; PESSANHA, 2010, p. 33)

(19) Em entrevista concedida à *Revista da Ordem dos Advogados do Brasil* — Rio de Janeiro, o advogado Celso Soares relata que em seu trabalho como advogado de sindicatos cariocas entre os anos 1960 e 1980, estava o de propor ações de cumprimento para cobrança de direitos descumpridos pelos empregadores.

(20) *Vide* Lei n. 4.725, de 1965, com a qual o Executivo pretendeu tornar mais rígido o controle salarial, estabelecendo fórmulas para execução da política de estabilização econômica do regime. Tal regra foi reformada em dezembro de 1965 (Lei n. 4.903/65), para obrigar o Judiciário a cumprir o mecanismo de reajuste salarial determinado previamente com um deslocamento, do Ministério da Fazenda para a Justiça do Trabalho, da aplicação de parte da política salarial, pois ao resgatar ao Judiciário o seu poder normativo caberia a ele próprio limitar "os aumentos exagerados". Em 1966 foram introduzidas fórmulas mais rígidas de reajustamento, com a aprovação do Decreto-lei n. 15, posteriormente substituído pelo Decreto-lei n. 17, com a participação ativa de integrantes do TST (SILVA, 2008). A Justiça do Trabalho, segundo Oliveira, "que primeiro passou a consultar o Conselho Nacional de Política Salarial para obter informações relativas aos índices de reajustes, acabou se transformando em instância que apenas aplicava os índices determinados pelo Poder Executiv." (OLIVEIRA, 2002, p. 174) E o estabelecimento desta política salarial e a utilização daqueles reajustes levariam a reduções ainda maiores nos reajustamentos salariais, bem como a um fortalecimento da posição empresarial nas negociações coletivas, que a partir daquele momento se amparavam nas regras legais, nos índices oficiais e nas decisões judiciais, para esquivarem-se das pressões nas campanhas salariais.

agravamento das condições de vida dos trabalhadores teriam levado "os sindicatos de empregados a se voltarem para a via jurisdicional" e ampliado o escopo temático das demandas submetidas ao Tribunal.[21] Segundo pesquisa realizada por Paola Cappellin (2012), foi exatamente na década de 1960, por exemplo, que as telefonistas da Embratel conquistaram a redução da penosa jornada de trabalho por meio de julgamento de processo de dissídio coletivo.

Além das ações de cumprimento dos direitos obtidos nos dissídios coletivos, em 1977 a reforma integral do Capítulo V do Titulo II da Consolidação das Leis do Trabalho, relativo à segurança e medicina do trabalho, acabou por reconhecer nova modalidade de ação coletiva ao atribuir aos sindicatos legitimidade para postular o reconhecimento da insalubridade ou da periculosidade existente no local de trabalho, com a cobrança dos valores correspondentes.[22] As ações coletivas em sentido estrito, reclamações trabalhistas interpostas por sindicatos na qualidade de substituto processual da categoria ou dos associados sem a necessidade de outorga de procuração ou autorização individual, passam a ser admitidas no direito processual do trabalho, para a obtenção dos efeitos pecuniários decorrentes do trabalho perigoso ou insalubre. Contudo, é importante observar que muitos anos se passaram para que o Judiciário admitisse tratar-se de substituição processual, e não representação sindical com necessidade de autorização individual. Muitos juristas, apegados a uma visão tradicional de processo,[23] exigiam autorização individual

---

(21) Já que os tribunais do trabalho não podiam conceder mais que o ínfimo aumento que os índices oficiais autorizavam, tratava-se de obter a inclusão, nas sentenças normativas, de novas cláusulas que redundassem em melhores condições de trabalho, em garantia de emprego ainda que provisória, e, em certas circunstâncias, até em elevação indireta de ganhos (ACKER, 1986, p. 50). De toda sorte, nem sempre as novas demandas (por meio de reivindicações levadas à apreciação em dissídios coletivos) encontravam eco no Judiciário. Alguns Tribunais Regionais acolheram várias dessas cláusulas e algumas sentenças deferiam novos direitos, mas em raros casos chegaram a vigorar. Para Ana Acker (1986), apenas parcela dessas cláusulas era mantida pelo Tribunal Superior do Trabalho, que as excluía sistematicamente, e a tese até então superada de inconstitucionalidade do exercício do poder normativo sem lei expressa que determinasse os limites precisos de sua atuação, foi acolhida de forma relativa, sob a designação de tese da competência mitigada. Na opinião da autora, a atuação do Tribunal Superior, "transformava em ilusória a obtenção, pelos empregados, de condições de trabalho mais vantajosas, mercê de dissídios coletivos" (ACKER, 1986, p. 51).

(22) A Lei n. 6.514, de 22 de dezembro de 1977, reformulou todo o capítulo sobre medicina do trabalho e deu nova redação ao art. 195. Estabeleceu que "a caracterização e a classificação da insalubridade e da periculosidade, segundo as normas do Ministério do Trabalho, far-se-ão através de perícia a cargo de Médico do Trabalho ou Engenheiro do Trabalho, registrados no Ministério do Trabalho", bem como trouxe a importante inovação: "§ 2º- Arguida em juízo insalubridade ou periculosidade, seja por empregado, *seja por Sindicato em favor de grupo de associado,* o juiz designará perito habilitado na forma deste artigo, e, onde não houver, requisitará perícia ao órgão competente do Ministério do Trabalho".

(23) Cf. Saad *et. al.* "Ainda o § 2º, do art. 195, informa que o sindicato poderá arguir em juízo a insalubridade ou periculosidade de um local de trabalho em favor de grupo de associados. Não diz que, para tanto, prescinde do mandato procuratório dos empregados interessados na percepção do adicional. O texto sob comento não esclarece se, no caso, o sindicato atua como representante ou como substituto processual" (2004, p. 186). Presidente da Comissão que redigiu

dos associados para que o sindicato pudesse demandar coletivamente. Dez anos foram necessários até que a matéria fosse sumulada pelo Tribunal Superior do Trabalho, que em 1988 reconheceu ser legítima a substituição processual dos empregados associados, ainda que de forma limitada, e em 1997 suprimiu a limitação aos associados.[24]

2.2. REDEMOCRATIZAÇÃO E CONSTITUIÇÃO

O dinamismo político e o protagonismo dos movimentos de trabalhadores no Brasil dos anos 1980, embalados pelas lutas por democracia, autonomia e liberdade sindical também repercutiram nas postulações coletivas perante o Judiciário. Os sindicatos combinavam os instrumentos de autotutela (como greves e manifestações) com os recursos judiciais.

Em paralelo ao aumento do número de greves, na segunda metade dos anos 1980, houve um crescimento absoluto do número de dissídios coletivos interpostos no Brasil. Mas além do crescimento destes tradicionais processos de solução de conflitos de interesse, o sindicalismo tentava inovar em suas práticas judiciais. Embalado pela possibilidade de ampliação da legitimidade ativa, utilizaria a arena judicial (não estamos nos referindo à atuação através da instância normativa dos tribunais trabalhistas) em uma perspectiva de politização de demandas.

Novas modalidades de utilização de mecanismos processuais existentes (como a representação e a substituição processual dos interesses da categoria) passaram a ser colocadas em prática simultaneamente à mobilização direta, canalizando para o Judiciário demandas inéditas que pleiteavam reparações e indenizações em decorrência dos prejuízos causados com os expurgos dos planos econômicos (prejuízos passados e futuros).

---

o anteprojeto que originou a Lei n. 6.51, de 1977, Arnaldo Süssekind assim se manifesta: "O art. 195 da CLT, no seu § 2º, autoriza o sindicato a ajuizar ação 'em favor de grupo de associados', para pleitear os adicionais de insalubridade ou de periculosidade. Enfatize-se, como tem decidido o TST: *em nome de associados* e não em favor dos integrantes da categoria profissional ou de todos os empregados, associados ou não, da respectiva empresa. Não se trata de substituição processual, como equivocadamente tem sido afirmado, mas de representação legal de interesses individuais de associados" (SÜSSEKIND *et al.*, 2004, p. 928).

(24) Sobre o tema, consultar o Enunciado n. 271 do Tribunal Superior do Trabalho: "SUBSTITUIÇÃO PROCESSUAL. ADICIONAIS DE INSALUBRIDADE E DE PERICULOSIDADE. Legítima é a substituição processual dos empregados associados, pelo sindicato que congrega a categoria profissional, na demanda trabalhista cujo objeto seja adicional de insalubridade ou periculosidade. (Res. n. 4, DJ 1º.3.1988). Redação original dada pela Resolução n. 4 (DJ 1º.3.1988). Tal Enunciado foi cancelado pela Res. n. 121, DJ 21.11.2003, ao mesmo tempo em que o TST suprimiria o Enunciado n. 310, reabrindo a discussão sobre o tema da substituição processual dos sindicatos (como será examinado mais adiante). O tema permanece, ainda, em Orientação Jurisprudencial n. 121 da SDI do TST, cuja redação original era a seguinte: "Substituição processual. Diferença do adicional de insalubridade. Legitimidade (Inserida em 20.11.1997), com nova redação dada em 2005 (DJ 20.4.2005).

A legislação de política salarial (à época introduzida pela Lei n. 6.708, de 30 de outubro de 1979) previu a possibilidade de o sindicato postular as diferenças salariais devidas a seus associados, *independentemente da necessidade de autorização*. A regra foi mantida integralmente na revisão da política salarial ocorrida com a Lei n. 7.238, de 29 de outubro de 1984. Após a admissão da legitimidade da própria entidade sindical estar em juízo para obter o ressarcimento de vantagens legalmente estabelecidas no que concerne a diferenças salariais apenas para os associados, no final da década seguinte o mecanismo seria ampliado, pois além da Constituição, outras regras infraconstitucionais especificavam tal legitimidade, sem restrições temáticas. As ações coletivas se alargariam — seja pelo conteúdo das postulações, seja pelo instrumento procedimental utilizado — e trariam novos desafios à Justiça do Trabalho.

Para além dos clássicos dissídios coletivos (de interesse e de direito), o Judiciário (em particular o conjunto da Justiça do Trabalho e não mais somente os grupos restritos de Juízes e Ministros que apreciavam os dissídios) seria chamado a participar do controle das políticas públicas em ações judiciais interpostas por sindicatos e associações. Assim como a judicialização não é um tema novo no mundo do trabalho, demandas coletivas visando ao controle das políticas públicas pelo Judiciário também têm suas origens no movimento de trabalhadores. Afinal, as políticas de estabilização econômica são objeto de inéditas contestações coletivas no Judiciário trabalhista, e se tornaram prática corrente entre os Planos Cruzado (1986) e Real (1985).

Assim, durante a década de 1980 a Justiça do Trabalho já recebia inúmeras ações coletivas movidas por sindicatos, denominadas reclamações trabalhistas, na qual postulavam pagamentos de reajustes salariais, adicionais de periculosidade e de insalubridade e também a preservação do valor do salário pelo pagamento dos percentuais de reajustamento salarial suprimidos por leis com novos planos econômicos.

Ações coletivas requerendo o reajustamento dos salários em 26,06% no caso do Plano Bresser, e em 26,05%, no caso do Plano Verão — além de serem representativas dos desafios com os quais a Justiça do Trabalho iria se defrontar e assumir ao longo da década de 1990 — indicavam uma combinação inédita de estratégias sindicais.

A capacidade de estar em juízo para a defesa dos interesses de sua categoria é um elemento importante e fundamental para a ação sindical e para a efetividade do próprio Direito do Trabalho, mormente em um sistema legislado. Dessa forma, é relevante o fato de que em paralelo ao ressurgimento das manifestações de conflito coletivo, as ações coletivas tenham sido paulatinamente ampliadas, não sem intensa polêmica judicial e restrições jurisprudenciais.[25]

---

(25) Nos anos 1980, além do Enunciado sobre periculosidade e insalubridade, dois outros Enunciados do Tribunal Superior do Trabalho versavam sobre ações coletivas: o n. 180, que admitiu que o substituído (o indivíduo) desistisse da ação de cumprimento proposta pelo sindicato em

No contexto de ressurgimento do movimento sindical foram ampliadas as hipóteses de coletivização no processo do trabalho, com as Leis ns. 6.708, de 30 de outubro de 1979; 7.238; de 29 de outubro de 1984; 7.788, de 1989, culminando com a Lei n. 8.073, em 30.7.1990.[26] Tais regras, em suas origens, versavam sobre reajustamento salarial.

Todavia, eram múltiplas as questões coletivas levadas ao Judiciário. Além das clássicas ações coletivas presentes na CLT (para postular insalubridade e periculosidade, por exemplo), em determinados setores econômicos ou empresas estatais nas quais a perspectiva de rescisão unilateral por parte do empregador era pequena, as controvérsias seriam encaminhadas pelos sindicatos ao Judiciário, através de ações individuais plúrimas.[27] Tais modalidades de "demandas coletivas" que, do ponto de vista do processo, correspondem a uma ação individual (pois o litigante é o indivíduo, titular do direito material), foram utilizadas no período anterior à Constituição em segmentos econômicos nos quais a perspectiva de dispensa era reduzida.

Em seus estudos sobre a atuação do novo sindicalismo em Volta Redonda, Wilma Mangabeira (1993) registra a modificação na forma de utilização do poder Judiciário na prática concreta dos sindicalistas renovadores durante a década de 1980. Ao contrário do que se poderia supor, Mangabeira conclui que a "maneira como os sindicatos do 'novo sindicalismo' fizeram uso da Justiça do Trabalho não só expandiu os direitos concedidos pela CLT, como criou procedimentos politicamente significativos — o reconhecimento da lei como importante canal de ampliação dos direitos de cidadania e a tentativa de legalizar (normalizar) essa inovação política".[28] Apesar do descrédito e da cautela que a autora percebeu nos sindicalistas em relação ao Judiciário, observou um processo de rediscussão das funções do Departamento Jurídico da entidade sindical pesquisada, através da análise do

---

qualquer fase processual, desde que tenha comprovadamente havido transação, e o de n. 255, que reviu parcialmente aquele entendimento para admitir a possibilidade de desistência do substituído antes da sentença de primeiro grau, mesmo sem a existência de acordo. Em ambos os Enunciados se observa a hegemonia de uma visão que privilegia a manifestação formal de vontade do indivíduo, indicando o cerne do debate entre indivíduo e coletividade presente. Com a admissão das exclusões de substituídos, os trabalhadores empregados ficavam muitas vezes à mercê de pressões empresariais para que desistissem do processo, desautorizando a ação coletiva do sindicato e requerendo sua exclusão dos benefícios das ações.

(26) Na década de 1980, o processo civil iniciava sua abertura à coletivização dos procedimentos. Mas embora a Ação Civil Pública tenha sido criada em 1985 (Lei n. 7.347), apenas em 1990, com o Código de Defesa do Consumidor (Lei n. 8.078/90), teve seu escopo temático ampliado para admitir a propositura de ação civil pública em casos de responsabilidade por danos morais e patrimoniais causados a qualquer outro interesse difuso ou coletivo além daqueles expressamente admitidos na redação originária. No entanto, a utilização deste dispositivo só se disseminaria perante a Justiça do Trabalho no final dos anos 1990.

(27) As entidades sindicais obtinham procurações individuais de um grande conjunto de trabalhadores que ingressavam em juízo em nome próprio, mas tendo em vista a uniformidade das causas de pedir e dos pedidos integravam um único processo com 100, 200, 500 litigantes no polo ativo, ou buscavam tais autorizações para as ações de insalubridade e periculosidade.

(28) MANGABEIRA, 1993, p. 175.

crescimento das demandas trabalhistas individuais e plúrimas movidas contra a Companhia Siderúrgica Nacional no ano de 1987. Cominava-se o recurso ao sistema Judiciário com a mobilização dos trabalhadores, contrariando práticas usuais na antiga liderança, considerada burocrática. Por essa nova estratégia, o recurso à Justiça não é usado como meio de amortecer as queixas dos operários e desviar o conflito para um foro distante. Ao contrário, o sistema Judiciário torna-se um dos vários canais através dos quais busca-se melhorar e modificar as condições de trabalho, ao mesmo tempo em que se transforma em mecanismo de mobilização e organização (MANGABEIRA, 1993, p. 186). Em contraposição a algumas práticas mais tradicionais no sindicalismo, a expansão do novo sindicalismo, naquele contexto de democratização, segundo Mangabeira, teria possibilitado não somente a revelação dos paradoxos entre o legal e o legítimo, bem como a expansão dos direitos e criação de novos direitos (MANGABEIRA, 1993, p. 75).

A Justiça do Trabalho, paulatinamente, se transformava em uma das arenas para as lutas de um sindicalismo renovado, não com o objetivo de substituir a luta política pela ação judicial, mas de conquista e redefinição dos direitos, e de mobilização adicional dos trabalhadores. Na década de 1980, a vivacidade do movimento sindical, que se reorganizara em um contexto de redemocratização política e forte instabilidade econômica, não seria sentida apenas através da explosão do número de greves, de grevistas e de jornadas perdidas de trabalho. Podemos verificar um aumento no número de processos de dissídios coletivos ajuizados no país (principalmente durante o governo Sarney), assim como um crescimento das negociações coletivas de trabalho (SILVA, 2008). Apesar desse aumento, em março de 1988 o Tribunal Superior do Trabalho afirmaria seu posicionamento de que as convenções e acordos descumpridos pelos empregadores não poderiam ser objeto de cobrança coletiva pelos sindicatos por via de ações de cumprimento.[29]

O movimento de alargamento dos instrumentos processuais para a garantia dos direitos não se restringia ao mundo do trabalho, tendo desaguado no congresso constituinte aspirações em torno de mecanismos coletivos para a concretização dos direitos constitucionalmente previstos e de proteção da cidadania como um todo. O *Ethos* de participação e ampliação dos direitos estava presente no processo de redemocratização do país e no congresso constituinte.

A Constituição de 1988, apesar da atuação do bloco conservador que se traduziu em fortes restrições às demandas dos setores populares, trouxe consigo um *ethos* de participação, democracia e ampliação dos direitos. Além dos mecanismos de participação popular no processo legislativo, a Constituição estabeleceu como princípio fundamental o acesso à Justiça e buscou atribuir aos

---

(29) Com o Enunciado de Súmula n. 286, de março de 1988, estabeleceu-se que a legitimidade processual do sindicato para propositura de ação com o objetivo de obter cumprimento da norma coletiva se restringia aos casos de descumprimento de sentença normativa. O TST não admitia que as ações de cumprimento fossem propostas pelos sindicatos para requerer judicialmente contra o descumprimento de acordos e convenções coletivas negociadas diretamente.

cidadãos e às coletividades um amplo conjunto de garantias constitucionais e mecanismos processuais que permitissem o real acesso à jurisdição. Dentre os instrumentos procedimentais estabelecidos pelo constituinte com o objetivo de dar efetividade aos direitos dos trabalhadores, e para a defesa ampla de seus interesses, devemos citar o reconhecimento da legitimidade ativa dos sindicatos para impetrar o mandado de segurança coletivo contra omissão ou ato ilegal ou abusivo praticado por autoridade (CRFB, art. 5º, inciso LXX, b); a legitimidade ativa reconhecida para toda e qualquer associação, inclusive as profissionais, criada há mais de um ano e com a autorização de seus integrantes para representá-los em juízo (CRFB, inciso XXI do art. 5º); e a substituição processual reconhecida aos sindicatos pelo inciso III do art. 8º da Constituição ao estabelecer que cabe às entidades sindicais a "defesa dos direitos e interesses coletivos ou individuais da categoria, inclusive em questões judiciais ou administrativas".

E no âmbito específico dos dissídios coletivos houve uma ampliação (no plano constitucional) do poder normativo da Justiça do Trabalho.[30]

2.3. A DÉCADA PERDIDA

Os anos 1990, do ponto de vista dos direitos e da concretização da Constituição, foram anos perdidos. Enquanto em outros setores do Judiciário a coletivização dos interesses gerou uma inédita corrida à Justiça, em fenômeno designado como de judicialização da política e das relações sociais, no âmbito da Justiça do Trabalho houve uma interpretação extremamente limitadora das possibilidades de ajuizamento de ações coletivas, que cerceavam a defesa pelos sindicatos, dos direitos dos trabalhadores. Em trabalho anterior, examinamos como a jurisprudência trabalhista nos anos 1990 diminuiu os recursos de ação sindical, seja com a restrição dos dissídios coletivos, seja com o não reconhecimento de que a Constituição de 1988 introduzira uma ampla substituição processual para os integrantes das categorias profissionais (SILVA, 2008). De início, é importante sublinhar que, embora

---

(30) "Nas constituições anteriores, o poder normativo da Justiça do Trabalho estava subordinado à lei, que especificaria as hipóteses em que as decisões nos dissídios coletivos poderiam estabelecer normas e condições. Na nova ordem, seria a Constituição mesma, e não a lei, que fixaria a prerrogativa normativa e estabeleceria os patamares mínimos a serem observados pela Justiça, que não poderia jamais flexibilizar direitos, devendo respeitar as disposições legais e convencionais mínimas de proteção ao trabalho. Nas décadas anteriores, um dos debates existentes entre os juristas sobre a amplitude da prerrogativa normativa da Justiça do Trabalho dizia respeito a que tipo de vantagens poderiam ou não ser fixadas pelos julgadores. Foi preservada e ampliada, pela via do Poder Judiciário, nos conflitos coletivos de trabalho, apesar de serem crescentes as críticas dirigidas por segmentos expressivos do movimento sindical. (...) É importante lembrar que ainda durante os trabalhos da Constituinte segmentos sindicais ligados à Central Única dos Trabalhadores postulavam maior afastamento da intervenção da Justiça do Trabalho nos conflitos coletivos, pugnando pelo fim da possibilidade de autuação do poder normativo através de solicitação unilateral de uma das partes envolvidas no conflito ou de entes estatais" (SILVA, 2008).

inicialmente tenha o Judiciário acolhido em parte os pleitos das milhares de ações coletivas ajuizadas pelos sindicatos no final dos anos 1980 e início dos 1990 versando sobre planos econômicos, posteriormente os Enunciados que os asseguravam foram revogados, criando frustração em inúmeras categorias.[31]

Em paralelo ao debate em torno do mérito das ações coletivas visando à reparação dos relevantes prejuízos salariais sofridos pelos trabalhadores, a Justiça do Trabalho enfrentava a polêmica em torno do alcance do art. 8º, inciso III, da Constituição Federal de 1988,[32] bem como das leis ordinárias que consolidavam as prerrogativas processuais dos sindicatos.

Nos primeiros cinco anos de Constituição, advogados de empresas e de sindicatos dos trabalhadores esgrimiram argumentos, petições, sustentações e artigos doutrinários em torno da exegese do inciso III, do art. 8º da CRFB. Em 1993, tal polêmica foi resolvida em desfavor dos sindicatos, na batalha que culminou com a edição do Enunciado n. 310 do Tribunal Superior do Trabalho.[33]

---

(31) Trata-se das reclamações trabalhistas envolvendo a supressão dos reajustes determinados pelos planos Bresser (que impediu que o gatilho salarial reajustasse os salários em 26,06% em julho de 1987), Verão (que suprimiu o pagamento da URP de fevereiro de 1989, no montante de 26,05%) e Collor (primeira tentativa de desindexação, que revogou a regra salarial precedente, pela qual os salários de abril de 1990 seriam corrigidos pelo IPC de março de 1990 — 84,32%). Tais ações foram objeto de pacificação de jurisprudência, através da edição de três Enunciados sobre planos econômicos, que concediam as diferenças pleiteadas nos dois primeiros casos e as negavam no terceiro, com base na avaliação fática sob a moldura do instituto do direito adquirido, em setembro de 1993, apesar da existência à época de decisões do Supremo sobre a matéria. Aprovados através da Resolução n. 7, de 15 de setembro de 1993, os Enunciados eram assim redigidos: a) Enunciado n. 315: "IPC de mar. 1990. Lei n. 8.030/90 (Plano Collor) — Inexistência de Direito Adquirido. A partir da vigência da Medida Provisória n. 154/90, convertida na Lei n. 8.030/90, de 84,32% (oitenta e quatro vírgula trinta e dois por cento), para a correção dos salários, porque o direito ainda não se havia incorporado ao patrimônio jurídico dos trabalhadores, inexistindo ofensa ao inciso XXXVI do art. 5º da Constituição da República"; b) Enunciado n. 316: "É devido o reajuste salarial decorrente da incidência do IPC de junho de 1987, correspondente a 26,06% (vinte e seis vírgula seis por cento), porque este direito já se havia incorporado ao patrimônio jurídico dos trabalhadores quando do advento do Decreto-lei n. 2.335/87"; c) Enunciado 317: "A correção salarial da URP de fevereiro de 1989, de 26,05% (vinte e seis vírgula cinco por cento), já constituía direito adquirido do trabalhador, quando do advento da Medida Provisória n. 32/89, convertida na Lei n. 7.730/89, sendo devido o reajuste respectivo. Em 25 de novembro de 1994, no contexto de implantação do Plano Real e de mobilização de várias categorias profissionais pelo cumprimento de decisões judiciais que determinavam a correção dos salários em 26,05% e/ou 26,06%, o Tribunal Superior do Trabalho revogou seus recém-editados Enunciados ns. 316 e 317, através da Resolução n. 37/94, sem que fosse fundamentada com reiteradas decisões anteriores, como seria de se esperar em uma mudança jurisprudencial.

(32) Art. 8º É livre a associação profissional ou sindical, observado o seguinte: III — ao sindicato cabe a defesa dos direitos e interesses coletivos ou individuais da categoria, inclusive em questões judiciais ou administrativas.

(33) Levantamento das justificativas dadas pelos ministros em defesa do Enunciado n. 310 do TST pode ser encontrado na seção 5.4.3 do nosso "Relações Coletivas...", inclusive o contundente depoimento de um ex-ministro: "a partir de determinado momento, o TST começou a forçar a barra, a tirar a substituição processual. São coisas que nos levaram a criar o Enunciado n. 310. O Tribunal teve que inventar uma maneira de restringir o poder da substituição processual" (SILVA, 2008, p. 475).

Do ponto de vista da atuação coletiva dos Sindicatos, a edição do Enunciado n. 310 é um marco tão expressivo quanto as condenações dos petroleiros na greve de 1995. Praticamente bloqueou o acesso à Justiça do Trabalho para a defesa dos direitos coletivos por parte das entidades sindicais, afirmando que "o art. 8º, inciso III, da Constituição da República não assegura a substituição processual pelo sindicato".[34] Tal orientação se espraiou pelo Judiciário Trabalhista, sendo acolhida pela amplíssima maioria dos juízes, obstando a legitimidade ativa dos sindicatos para atuarem como substitutos processuais dos integrantes de sua categoria em reclamações trabalhistas. Como observa Rodrigo Carelli, "o interesse em restringir o acesso à Justiça fica mais ainda evidente com a previsão de inexistência de hono-

---

(34) É a seguinte a redação integral dada pela Resolução n. 1, de 1993, publicada no Diário de Justiça em 6 de maio de 1993 ao Enunciado n. 310 "Substituição Processual. Sindicato. I — O art. 8º, inciso III, da Constituição da República não assegura a substituição processual pelo sindicato. II — A substituição processual autorizada ao sindicato pelas Leis ns. 6.708, de 30.10.1979, e 7.238, de 29.10.1984, limitada aos associados, restringe-se às demandas que visem aos reajustes salariais previstos em lei, ajuizadas até 3.7.1989, data em que entrou em vigor a Lei n. 7.788. III — A Lei n. 7.788/1989, em seu art. 8º, assegurou, durante sua vigência, a legitimidade do sindicato como substituto processual da categoria. IV — A substituição processual autorizada pela Lei n. 8.073, de 30.7.1990, ao sindicato alcança todos os integrantes da categoria e é restrita às demandas que visem à satisfação de reajustes salariais específicos resultantes de disposição prevista em lei de política salarial. V — Em qualquer ação proposta pelo sindicato como substituto processual, todos os substituídos serão individualizados na petição inicial e, para o início da execução, devidamente identificados pelo número da Carteira de Trabalho e Previdência Social ou de qualquer documento de identidade. VI — É lícito aos substituídos integrar a lide como assistente litisconsorcial, acordar, transigir e renunciar, independentemente de autorização ou anuência do substituto. VII — Na liquidação da sentença exequenda, promovida pelo substituto, serão individualizados os valores devidos a cada substituído, cujos depósitos para quitação serão levantados através de guias expedidas em seu nome ou de procurador com poderes especiais para esse fim, inclusive nas ações de cumprimento. VIII — Quando o sindicato for o autor da ação na condição de substituto processual não serão devidos honorários advocatícios." Além deste Enunciado, os honorários advocatícios que deveriam ser pagos pelas empresas aos sindicatos em virtude da condenação nas ações coletivas, na esteira do que reconhecia o Enunciado n. 220, editado em 1985 ("Honorários advocatícios. Substituição Processual. Atendidos os requisitos da Lei n. 5.584/1970, são devidos os honorários advocatícios, ainda que o sindicato figure como substituto processual. Res. n. 14, DJ 19.9.1985") também foram suprimidos na década de 1990, com o cancelamento do E. n. 220, pela Resolução n. 55/1996, publicada no DJ 19.4.1996. Naquela década, outro Enunciado restringiria ainda mais a defesa coletiva dos direitos pelas entidades sindicais dos trabalhadores ao recusar legitimidade às federações sindicais para atuar em juízo "Enunciado n. 359. Substituição processual. Ação de cumprimento. Art. 872, parágrafo único, da CLT. Federação. Legitimidade. A federação não tem legitimidade para ajuizar a ação de cumprimento prevista no art. 872, parágrafo único da CLT, na qualidade de substituto processual da categoria profissional inorganizada. (Res. n. 78, DJ 19.12.1997)". Tal Enunciado restritivo também seria cancelado em 2003 com a Resolução n. 121, DJ 21.11.2003. O Enunciado permaneceu em vigor, embora o Supremo Tribunal Federal sinalizasse no sentido oposto, favorável aos sindicatos. Ver STF, Mandado de Injunção n. 3.475/400, publicado no Diário de Justiça de 8 de abril de 1994, STF- RE n. 202.063-0-PR (DJ 10.10.1997), STF- RE 182543-0-SP. Posteriormente, a 2ª Turma do STF, diante de recursos extraordinários interpostos contra decisões do Tribunal Superior do Trabalho fundamentadas no Enunciado n. 310, decidiu afetar ao pleno o julgamento do tema (RE n. 210.029-RS, Min. Carlos Velloso, 16.9.1997).

rários advocatícios nas poucas causas em que admite a substituição processual pelos sindicatos, enfraquecendo a defesa jurídica dos sindicatos" (2011, p. 116).

A postulação dos sindicatos perante a Justiça do Trabalho permaneceria extremamente limitada durante toda a década de 1990, tendo praticamente sido fechadas as possibilidades de pleitos coletivos em reclamações trabalhistas. Todavia, pouco a pouco, outro ator institucional de relevância entraria em cena para a defesa dos interesses e direitos coletivos dos trabalhadores no mundo do trabalho: o Ministério Público do Trabalho — MPT. A reconfiguração do Ministério Público do Trabalho e o manejo da ação civil pública pelos sindicatos[35] desafiam a fragmentação dos interesses e a individualização pulverizada dos litígios em juízo. Cássio Casagrande (2008) afirma que as ações civis públicas ajuizadas pelo Ministério Público têm grande importância para os "indivíduos dominados" pois evidencia a afirmação dos seus direitos e a inclusão no sistema político. Casagrande não desconhece os argumentos contrários à atuação do Ministério Público do Trabalho e busca refutá-los ao afirmar que

> é preciso ter em mente que no atual regime constitucional o Ministério Público é apenas *um dos caminhos* que se abrem na luta política dos indivíduos e grupamentos sociais. Este caminho não obstrui outras vias de acesso à jurisdição e ao sistema representativo. Além disso, a atuação do Ministério Público não importa em "formas de controle", nem da vida associativa, nem das reivindicações.[36] (CASAGRANDE, 2008, p. 282)

3. Reforma e reconstrução

Quanto às ações coletivas e no que concerne às relações entre sindicatos e Justiça do Trabalho, é possível afirmar que os últimos 10 anos foram de reconstrução da jurisprudência em torno das ações coletivas, em paralelo com as modificações na competência e atribuições da Justiça do Trabalho.

---

(35) A respeito, ver a observação do Ministro Ives Gandra: "Na prática, após a edição, pelo TST, do Enunciado n. 310, que reduziu substancialmente as hipóteses de substituição processual no âmbito da Justiça do Trabalho, os sindicatos se voltaram para a utilização da ação civil pública como sucedâneo da defesa coletiva dos direitos que a substituição ampla lhes permitia" (MARTINS FILHO, 2003, p. 64-65). Mas mesmo a utilização da ação civil pública pelos sindicatos demoraria a ser disseminada no âmbito da Justiça do Trabalho.

(36) A locução indivíduos dominados é de Garapon. Concordamos com o autor quando afirma que a atuação do Ministério Público do Trabalho não implica por si só o estabelecimento de formas de controle. Entretanto, não se pode desconhecer que toda atuação do Estado nas relações laborais se constitui em tese em mecanismos de publicização dos conflitos, o que por si só não se constitui em uma intervenção negativa, nem desconhecer a complexidade da instituição e das ações que move, muitas delas que sem sombra de dúvidas se constituem em modalidades de controle da vida sindical e associativa.

Tal processo, ainda em curso, foi de lenta dissensão nas ultrapassadas concepções sobre o processo coletivo. Em 2000, o Tribunal Superior do Trabalho acabaria reconhecendo a legitimidade dos sindicatos para interpor ações de cumprimento postulando a observância das normas e convenções negociadas coletivamente, com a reforma do Enunciado da Súmula n. 286.[37]

Em 2003, o Tribunal Superior do Trabalho iniciou a revisão de sua jurisprudência em matéria de direitos coletivos, no bojo da mudança presidencial e da assunção de Francisco Fausto à Presidência da Corte.[38] A Instrução Normativa n.4, com restrições ao ajuizamento dos dissídios, foi revogada[39] e o Enunciado n. 310 cancelado.[40] A modificação do Enunciado foi fruto de uma combinação de fatores políticos, institucionais e também legais e jurisprudenciais. No voto do Relator, o Tribunal Superior do Trabalho afirma que: "21. O Poder Judiciário do Trabalho vem resistindo a acolher a figura da substituição processual porque está inseguro quanto ao procedimento e quanto às consequências decorrentes de tal acolhimento. A ausência de procedimento atemorizou toda uma geração de juristas, que se ocuparam do tema, e com razão. (...) 22. A Justiça do Trabalho não pode voltar as costas ao que há de mais adequado e moderno para a solução de problemas sociais, entre os quais avulta o caráter individualista de suas demandas em cotejo com a

---

(37) "Enunciado n. 286. Sindicato. Substituição processual. Convenção e Acordo Coletivos. O sindicato não é parte legítima para propor, como substituto processual, demanda que vise à observância de convenção coletiva" (Res. n. 19, DJ 18.3.1988).

(38) Confirmando tal relação, depoimento de ex-ministro do TST: "A essa altura, o TST estava sob a presidência do ministro Fausto, que tinha posição muito liberal, uma posição bastante favorável à substituição ampla, geral e irrestrita, para usar os termos da época da anistia. O Enunciado n. 310 era realmente um obstáculo. E o TST cancelou-o para abrir o debate das instâncias inferiores. Senão, não se poderia chegar a uma modificação daquilo. O Enunciado era muito rígido, foi feito exatamente com essa intenção de restringir a substituição. Mas o objetivo foi proteger. Agora, passado o tempo, nos últimos dois anos, as coisas mudaram no Brasil. O pessoal da CUT, o Luís Marinho, que hoje é ministro do Trabalho, criticavam muito o Enunciado n. 310. Na verdade, estava na hora de o Tribunal mudar, porque ficou aquele caldo de cultura no sindicalismo brasileiro de que a substituição processual só poderia ser feita dentro daqueles limites restritos. E, com isso, aquela outra situação que se estava formando naquela primeira interpretação ficou represada..." (*Apud* SILVA, 2008, p. 477).

(39) Cf. Resolução n. 116/2003 do Tribunal Superior do Trabalho.

(40) Resolução n. 119, de 25 de setembro de 2003, TST. Ao apreciar o Incidente de Uniformização de Jurisprudência, foi argumentado no Tribunal Pleno que o 310 estaria superado diante do posicionamento do STF sobre a matéria. Apreciava-se, em 2003, reclamação trabalhista interposta em 19 de setembro de 1989 por sindicato e que postulava o pagamento da URP de fevereiro de 1989 (diferenças salariais do Plano Verão). "Revisão do Enunciado n. 310 do TST. Considerando que o cerne da discussão é a abrangência do art. 8º, inciso III, da Constituição Federal, e ainda que o STF já decidiu contra a jurisprudência do Tribunal Superior do Trabalho, consubstanciada no Enunciado n. 310/TST, deve o Enunciado n. 310 ser cancelado". É a Ementa relatada pelo Ministro Ronaldo Leal, no acórdão proferido nos autos do Incidente de Uniformização de Jurisprudência em Embargos em Recurso de Revista n. TST-E-RR n. 175.894/95.9, no qual litigavam os Sindicatos dos Trabalhadores nas Indústrias Químicas, Petroquímicas, Farmacêuticas, Tintas e Vernizes, Plásticos, Resinas Sintéticas, Explosivos e Similares do ABCD e Mauá, Ribeirão Pires e Rio Grande da Serra e a Sanko Indústria Química LTDA (E-RR 175894/1995, publicado no DJ em 10 de outubro de 2003).

massificação das lesões, estimulando a conflitualidade individualizada que, absurdamente, já chegou a dois milhões de ações anuais" (BRASIL, TST-E-RR n. 175.894/95.9).

O reconhecimento da legitimidade ativa dos sindicatos foi uma modificação substancial no comportamento de um Tribunal preocupado em se apresentar afinado a uma nova conjuntura. A revogação do Enunciado da Súmula n. 310 abriu o Judiciário às reclamações coletivas propostas pelas entidades sindicais, que voltaram a poder manejar, agora com maior segurança jurídica, reclamações trabalhistas para a defesa dos interesses individuais homogêneos e coletivos das suas categorias.

É importante sublinhar que a abertura do Tribunal às demandas coletivas (não sem disputas internas, restrições e dificuldades específicas) se deu em um contexto de expansão das ações perante a Justiça do Trabalho, em um ambiente de flexibilização dos direitos, de expansão da terceirização e precarização das condições laborais.[41] Em dezembro de 2004, a reforma do Judiciário — promovida pela Emenda Constitucional n. 45 — reconfigurou a Justiça do Trabalho, com a ampliação da competência para apreciar questões até então submetidas a outros ramos, tais como disputas em torno da representação sindical, lides sindicais, reparação de danos por acidentes de trabalho, ao mesmo tempo em que limitava os dissídios coletivos de natureza econômica às hipóteses de comum acordo.[42]

Nos primeiros cinco anos de vigência da Reforma do Judiciário, 12.014 Ações Civis Públicas — ACPu — foram recebidas na Justiça do Trabalho, sendo que em termos absolutos as Varas do Trabalho que mais receberam ações civis públicas foram as vinculadas aos Tribunais do Rio de Janeiro, São Paulo, Minas Gerais, Rio Grande do Sul, Bahia, Pará e Amapá, Paraná, Distrito Federal e Tocantins, Campinhas e Goiás.

---

(41) Segundo Horn e Tedesco, o crescimento das demandas trabalhistas é facilmente observado pelo salto no número de processos — de 748.985 (em 1980) para 2.740.952 (em 2008) —, representando um "crescimento médio de 4,74% a.a., o que contrasta fortemente com o crescimento populacional, cuja média não passou de 1,57% a.a. no mesmo período" (2010, p. 14), embora sem linearidade.

(42) Tal aspecto da reforma do Judiciário foi negativamente avaliado pelos magistrados trabalhistas, apesar das restrições jurisprudenciais promovidas pelos Tribunais. Segundo Pessanha e Morel, a exigência de concordância das duas partes envolvidas no conflito para a instauração de dissídios "foi apreciada predominantemente de forma negativa pelos magistrados", que defendem amplamente (mais de 60% das respostas obtidas em Survey) a manutenção do poder normativo da Justiça do Trabalho (2007).

Ações Civis Públicas Recebidas na 1ª e 2ª Instâncias por Ano.
Justiça do Trabalho
2005 a 2010

1ª Instância	2005	2006	2007	2008	2009	2010
1ª RJ	78	180	155	153	219	192
2ª SP	124	217	171	204	164	210
3ª MG	48	104	127	170	145	192
4ª RS	36	71	116	238	282	212
5ª BA	46	54	78	136	141	140
8ª PA e AP	44	109	86	81	85	88
9ª PR	46	94	162	168	319	309
10ª DF e TO	178	56	42	81	81	9
15ª Campinas	49	121	113	381	246	259
18ª GO	35	64	61	73	62	620
TOTAL GERAL	1.005	1.534	1.549	2.427	2.426	3.073

Fonte: Elaboração da autora com base em dados fornecidos pela Coordenadoria de Estatística e Pesquisa do TST — em 12.4.2011.

A coletivização das demandas, entretanto, pode ser ainda maior, na medida em que os sindicatos podem propor outras modalidades de ações (Reclamações Trabalhistas, Ações de Cumprimento etc.), não havendo registros estatísticos do número de casos interpostos por entidades sindicais na Justiça do Trabalho.[43]

Em relação a questões sindicais submetidas à Justiça do Trabalho após a reforma do Judiciário, observe-se que quanto às ações de cobrança de contribuição sindical, foram recebidas 73.689 ações na primeira instância da Justiça do Trabalho (e classificadas como tal, para efeitos de mensuração). Todavia, em vez de uma tendência de crescimento, a partir de 2007 houve uma substancial queda no número de ajuizamentos deste tipo de ação (somente 1.978 em 2010). Foram 842 as ações classificadas como disputa de representação sindical recebidas entre 2005 e 2010 na primeira instância da Justiça do Trabalho, número significativo considerando-se o total de sindicatos registrados no país.[44]

O número de dissídios coletivos, por sua vez, representa praticamente um terço das ações civis públicas, pois no mesmo período foram recebidos 4.413 dissídios

---

(43) Conforme informações prestadas pela Coordenadoria de Estatística e Pesquisa do TST, em abril de 2011.

(44) Após 2008, tal número foi reduzindo (125 ações em 2005, 244, em 2006, 176 em 2007, 183, em 2008, 59 em 2009 e 55 em 2010). Não estão inseridos em tais registros os mandados de segurança propostos em face de atos praticados pela Secretaria de Relações de Trabalho do Ministério do Trabalho discutindo registro sindical.

nos Tribunais Regionais. Um pouco mais de 1/5 envolvem dissídios coletivos de greve, que totalizaram 951, segundo classificação e registros existentes na Coordenadoria de Estatística e Pesquisa do TST.

Dissídios Coletivos Recebidos na 2ª Instância por Ano.
Justiça do Trabalho
2005 a 2010

1ª Instância	2005	2006	2007	2008	2009	2010
Total de Dissídios Coletivos recebidos nos Tribunais Regionais do Trabalho	578	606	872	849	764	744
Total de Dissídios Coletivos de Greve	134	131	96	139	231	200

Fonte: Elaboração da autora com base em dados fornecidos pela Coordenadoria de Estatística e Pesquisa do TST em 12.4.2011.

Conflitos em torno do relevante tema da dispensa coletiva foram apreciados pela Justiça do Trabalho pela via dos dissídios coletivos. Segundo estudo de Pessanha, Alemão e Soares (2009), no contexto da crise econômica de 2008/2009 e de despedidas coletivas promovidas por determinados grupos econômicos, tais como a Embraer e a Companhia Siderúrgica Nacional, entidades sindicais diversas lançaram mão de estratégias para a defesa do emprego, que envolveram o recurso a dissídios coletivos de natureza jurídica,[45] "utilizados como via estratégica de procedimentalização do direito". Se nos últimos anos, o Judiciário teve sua clássica prerrogativa normativa limitada, por outro lado, para Pessanha, Alemão, Soares, a Justiça do

---

(45) No contexto da crise econômica mundial, empresas brasileiras promovem despedidas em massa. Vale do Rio Doce, Companhia Siderúrgica Nacional e Embraer foram algumas das empresas que, sob o argumento da necessidade de readequação de custos, reduziram unilateralmente seus quadros funcionais. No caso específico da Embraer, aproximadamente 20% dos empregados foram despedidos sem justa causa e sem prévio aviso às representações coletivas dos trabalhadores. Dentre as múltiplas estratégias sindicais de resistência às despedidas coletivas, encontramos o recurso ao Poder Judiciário trabalhista. Sindicatos envolvidos optaram pela interposição de dissídios coletivos, objetivando a declaração da nulidade das despedidas promovidas sem prévia negociação. Em um contexto normativo de restrição dos dissídios coletivos de natureza econômica promovidos pela Emenda Constitucional n. 45 e apesar da tendência de redução da taxa de judicialização dos conflitos coletivos (SILVA, 2008), os sindicatos optaram pela atuação institucional via dissídios coletivos, com resultados singulares. Ver Processo 0039-2009-000-15-00-4 Dissídio Coletivo.

Trabalho se abriria novamente para apreciar demandas coletivas, não somente as oriundas do Ministério Público do Trabalho, como também as originárias dos entes sindicais na defesa de interesses e direitos coletivos (PESSANHA; ALEMÃO; SOARES, 2009, p. 87).

Para melhor compreensão das lides coletivas que têm sido apreciadas nos últimos anos, apresentaremos algumas decisões proferidas em Ações Civis Públicas e relatos de casos selecionados.

Em sua tese sobre os direitos fundamentais no mundo do trabalho, Rodrigo Carelli apresenta seis exemplos de atuação do Ministério Público do Trabalho — MPT em casos envolvendo: a) adicional de periculosidade, b) banco de horas e assédio moral, c) prática de atos antissindicais,[46] d) degustadores de cigarro, e) demissão em massa f) intermediação de mão de obra no corte de cana-de-açúcar, g) descontos salariais dos trabalhadores (2011, p. 162-216). Ilustrativos da multiplicidade das controvérsias submetidas ao Judiciário Trabalhista merecem ser apresentados, realçando como chegaram ao conhecimento do MPT.

No caso do banco de horas, o MPT agiu após denúncia do Sindicato dos Trabalhadores e de investigação realizada na empresa Big Foods. Trata-se da utilização do banco de horas sem participação do sindicato dos trabalhadores, pressão para realização de horas extras, com ameaças, xingamentos e ofensas morais, pressão por produtividade e acidentes de trabalho, temas levados ao Judiciário por meio de ACPU (CARELLI, 2011, p. 166).[47] Em outro episódio, o MPT também agiu em consonância com os interesses dos trabalhadores reconhecidos nas negociações coletivas, ao firmar Termo de Compromisso impedindo à empresa de segurança de promover descontos salariais dos empregados devido à subtração criminosa de objetos por terceiros nos postos de serviços, consoante previsão anterior em convenção coletiva. Como observa Carelli, foram protegidos os direitos fundamentais e "mais interessante ainda, realizou-se a defesa de um dispositivo constante em norma coletiva autônoma criada pelos sindicatos. Assim, além de se defender a aplicação (e legitimidade) da lei, buscou-se justificar a própria norma criada pelos atores sociais e descumprida pela empresa" (2011, p. 180).

A despedida coletiva de 500 trabalhadores promovida pela Companhia Siderúrgica Nacional em 2008 também foi objeto de ação civil pública proposta pelo MPT após denúncia do Sindicato dos Metalúrgicos. O Sindicato recorreu ao MPT depois de tentativa de negociação direta com a empresa e intervenção da prefeitura municipal, atos infrutíferos (CARELLI, 2011, p. 202-208).[48] Nas ocorrências

---

(46) Como o escopo do presente artigo é examinar as ações coletivas propostas perante a Justiça do Trabalho não apresentaremos o caso classificado por Carelli como de prática de ato antissindical, já que opõe dois sindicatos de trabalhadores e envolve denúncias de atos de violação da liberdade sindical (2011, p. 181-190).

(47) ACPu n. 0000202-29-2010-5-15-00116.

(48) ACPu n. 00107-2009-343-01-00-1

em que o Ministério Público age instado pelo Sindicato profissional ou defendendo a atuação sindical, protegendo direitos fundamentais, estaria a demonstrar uma releitura. Para o professor, o Direito do Trabalho, que "sempre dependeu da relação de forças do capital e do trabalho, passa a encontrar suas forças externamente a essa luta, mas internamente no próprio Direito e nos princípios ético-morais previstos nos tratados e na Lei Fundamental" (2011, p. 208-209).

Ações oriundas de investigações instauradas de ofício pelos próprios integrantes do Ministério Público também são comuns. Nos casos referência selecionados por Carelli, a Ação Civil Pública que postula a reparação dos danos causados aos trabalhadores teve início quando jornalistas entrevistaram a Procuradora-Chefe para reportagem sobre danos causados à saúde pela indústria do tabaco. Os empregados que labutavam no "Laboratório de Avaliações Sensoriais" de companhia brasileira eram usados como dispositivos de medida em experimentações sensoriais com provas de cigarro. Uma paralisação coletiva de 150 trabalhadores no corte de cana, ocorrida em São Paulo, motivou a fiscalização nas plantações de uma usina por parte de auditores-fiscais e procuradores do trabalho. Foi apurada a ocorrência de terceirização ilícita, precariedade nas condições sanitárias e de moradia, desconformidade nos equipamentos de proteção individual e de valores pagos aos trabalhadores. Diante da frustração do termo de ajuste de conduta, o MPT ingressou com a ação civil pública (CARELLI, 2011, p. 209-216).

A tese de que o Ministério Público do Trabalho age como um representante funcional dos trabalhadores,[49] sem substituir as outras entidades de representação e convivendo em parceria com as instituições de representação para a sociedade, encontra eco nos relatos acima. Entretanto, outras hipóteses de intervenção, também estudadas pelo autor, demonstram como pode ser mais complexa a relação entre MPT e Sindicatos, mormente quando o Ministério Público age por provocação de integrantes do próprio Judiciário e em sua atuação se opõe a outras instituições de defesa dos trabalhadores, como os sindicatos.

Na Ação Civil Pública 01399-2000-028-01-00-4, o Ministério Público requer seja declarado ilícito o pagamento de adicional de periculosidade, ainda que de forma indireta, aos empregados da Petrobrás que não estivessem exercendo atividades junto a substâncias inflamáveis, explosivas ou com energia elétrica, bem como para impedir que a empresa estendesse tal adicional a trabalhadores que não se encontrassem nas hipóteses legais de recebimento. Carelli informa que a investigação do Ministério Público teve início com representação do Juiz do Trabalho que presidia a 42ª Vara do Rio de Janeiro, a partir de julgamento em reclamação individual na qual arquivistas e escriturários da estatal pleiteavam recebimento

---

(49) Cf. Rodrigo Carelli (2011). Remonta à Rosanvallon a diferenciação entre representatividade funcional e procedimental. Enquanto nesta há um processo eleitoral, aquela constitui e deriva das normas de estruturação democrática, como leis e Constituição (*apud* CARELLI, 2011, p. 144).

isonômico.[50] Na ação, a defesa da Petrobras alegava que a extensão do direito ao pagamento do adicional a todos os trabalhadores decorrera da "pressão exercida pelos sindicatos representativos da categoria dos petroleiros que, nos idos de 1961/1962, possuíam considerável poder de reivindicação, tendo em vista o momento político que atravessava o país. Assim, sucessivos acordos coletivos foram celebrados com cláusula específica dispondo sobre este benefício" (*Apud* CARELLI, 2011, p. 163). Os argumentos do MPT sobre o patrimônio público e a probidade administrativa são características da atuação mais tradicional do Ministério Público, para demonstrar a complexidade da sua atuação no mundo do trabalho.

O cumprimento de direitos relacionados à limitação da jornada de trabalho também vem sendo objeto de inúmeras ações coletivas. Consoante recente notícia divulgada pelo Tribunal Regional do Trabalho da 1ª Região, liminar determina que a Cooperativa dos Motoristas de Táxi do Horto Florestal se abstenha de prorrogar a jornada de trabalho de seus empregados além das duas horas diárias. O Ministério Público constatou, em inquérito civil, que a cooperativa impõe uma jornada de trabalho excessiva: empregados, "como as telefonistas, chegavam a trabalhar 18 horas por dia, além de serem vigiados por câmeras de segurança ininterruptamente, o que limitava sua liberdade de expressão". Registre-se que a categoria diferenciada das telefonistas detém jornada especial reduzida.

A utilização de ações civis públicas para exigir o cumprimento da jornada de trabalho tem propiciado um alargamento do próprio direito material em discussão, com o reconhecimento de que velhas práticas ilícitas presentes em segmentos do mercado de trabalho brasileiro, como por exemplo, a de impedir o registro da real jornada laborada para frustrar o regular pagamento das horas extraordinárias, geram danos morais coletivos. É o que se deduz de casos em que empresas dos setores bancário[51] e comerciário foram condenadas pelo Tribunal Superior do Trabalho.

E o que nos parece mais singular é a possibilidade de adequada contextualização de práticas empresariais de violação de bens extrapatrimoniais e abuso moral contra trabalhadores. Enquanto nas lides individuais a delimitação acaba

---

(50) "Conforme a representação (fl. 3 da petição inicial), 'a julgar pelas declarações da Reclamada, contidas em ata de audiência, tudo está a indicar que todos os burocratas e respectivos assistentes (engenheiros, advogados, atendentes, secretárias, contadores, escriturários) lotados no prédio da Av. Chile, *servidos por cafezinho e ar-condicionado*, trabalhando com todo o conforto que todo o órgão da administração direta e indireta deveria possuir e afastado de qualquer perigo ensejador de risco à integridade física ou à vida desses cidadãos, estão a perceber a indigitada parcela'. Assim, encaminhou o caso ao Ministério Público, pois não poderia 'compactuar com a *pouca vergonha de permitir enriquecimento sem causa* — senão ilícito, às custas, em última análise, do erário público'" (CARELLI, 2011, p. 163, grifo nosso). A transcrição é necessária, para que se observe a complexidade das ações coletivas em tramitação, o papel do Ministério Público e as percepções advindas de parte da magistratura trabalhista sobre condições de trabalho em empresas públicas.

(51) Conforme TST-RR-173800-19.1998.5.15.0092, BANCO SANTANDER (BRASIL) S.A. e Recorrido MINISTÉRIO PÚBLICO DO TRABALHO DA 15ª REGIÃO. Dora Maria da Costa. Ministra Relatora. Julgado em março de 2012.

resvalando para uma compreensão das ocorrências como fenômenos patológicos ou intersubjetivos (danos morais por assédio de chefes perseguidores ou maus administradores), a postulação por meio de ações civis públicas permite concluir que práticas vexatórias, humilhantes e abusivas podem ser características do próprio modo de gestão empresarial no capitalismo contemporâneo.[52]

Há fortes elementos, pois, que nos permitem concluir que a renovação jurisprudencial do Direito do Trabalho brasileiro no último quinquênio se relaciona com o redesenho institucional promovido com a ampliação da competência da Justiça do Trabalho, a uma abertura maior do Judiciário às demandas coletivas, à atuação dos Sindicatos e do Ministério Público do Trabalho. Com a coletivização dos interesses e a reabertura do processo à atuação das representações dos trabalhadores, o Direito e a Justiça do Trabalho podem se renovar. Todavia, fica o alerta de que "obstáculos, internos e externos, existem para que a Justiça do Trabalho seja local pleno de fruição de direitos" (CARELLI, 2011, p. 117).

REFERÊNCIAS BIBLIOGRÁFICAS

ACKER, Ana. *Poder normativo e regime democrático*. São Paulo: LTr, 1986.

ALVIM, Joaquim Leonel. A memória da justiça do trabalho: história do percurso de uma pesquisa. *Revista de Direito Mackenzie*, São Paulo, ano 4, n. 1, 2003.

---

(52) Conforme: BRASIL. Tribunal Regional do Trabalho da 3ª Região. Terceira Turma. Relatora Juíza Cristina Diniz Caixeta. 01490-2003-002-03-00-9-RO. 28.6.2004. Minas Gerais: 2004. Disponível em: <http://as1.trt3.jus.br/consulta/detalheProcesso1—0.htm?conversationId=1578967> Acesso em: 25.6.2011. A respeito, ver os seguintes trechos da ementa "CASTIGO IMPOSTO EM RAZÃO DO NÃO CUMPRIMENTO DE METAS DE VENDAS. SITUAÇÃO DEGRADANTE E VEXATÓRIA. (...) No caso em exame, torna-se irrelevante o fato de as situações descritas (fazer flexões e vestir-se de mulher, usando saia e batom), serem ou não determinadas pelos superiores hierárquicos da ré (o que restou afirmado por duas testemunhas), mas o foco da questão é que a empresa permitia que ocorressem, e *deu a entender que o fazia porque lhe eram lucrativas, já que estimulavam o cumprimento das metas de vendas.*" E também EMENTA: GESTÃO POR INJÚRIA — INDENIZAÇÃO POR DANOS MORAIS — AMBIENTE DE TRABALHO — CASTIGOS — HUMILHAÇÕES (...) No caso dos autos, comprovada a conduta reprovável da empregadora, empresa de grande porte, que exigiu de seus vendedores, entre eles o Reclamante, que se submetessem a castigos humilhantes, como, por exemplo, xingamentos, uso de roupas femininas, perucas, devida é a indenização por danos morais ao empregado vítima de tais atos, que não traduzem a implantação de um clima de descontração favorável à produção, mas, sim, em verdadeiro constrangimento." BRASIL. Tribunal Superior do Trabalho. Quinta Turma. Relator Desembargador Luiz Otávio Linhares Renault. TRT n. 00177-2007-105-03-00-4 RO. 12.6.2007. Minas Gerais: 2007. E outro: Assédio Moral. Ocorrência. Indenização. Cabimento. Comprovado o cometimento, pelo empregador, de atos de constrangimento a seus empregados, consistentes na submissão destes a situação vexatória, com utilização de camisetas, pelos vendedores, com apelidos jocosos, além de "brincadeiras" humilhantes, está patente o assédio moral autorizador do deferimento de indenização por danos morais" BRASIL. Tribunal Regional do Trabalho da 21ª Região. Recurso Ordinário n. 01034-2005-001-21-00-6 — TRT 21ª Região — Origem: 1ª Vara do Trabalho de Natal/RN. Disponível em: <http://www.assediomoral.org/spip.php?article316> Acesso em 25.6.2011.

_____. *O paradigma procedural do direito*: traduções da teoria para o direito do trabalho e jurisprudência trabalhista. São Paulo: LTr, 2006. v. 1.

_____; FRAGALE FILHO, Roberto. Justiça do trabalho: um paradigma em crise? *Trabalho & Doutrina*, São Paulo, v. 21, p. 113-126, 1999.

_____; JEAMMAUD, Antoine; FRAGALE FILHO, Roberto. *Trabalho, cidadania & magistratura*. Rio de Janeiro: Edições Trabalhistas, 2000. v. 1.

ARTUR, Karen. *O TST frente à tercerização*. São Carlos: EDUFSCar/FAPESP, 2007.

_____. *O novo poder normativo do TST*: dissídios individuais e atores coletivos. Tese de Doutorado. São Carlos: UFSCar, 2010. Disponível em <http://www.bdtd.ufscar.br/htdocs/tedeSimplificado//tde_busca/arquivo.php?codArquivo=3709> Acesso em: 9.3.2011.

BAHIA. Tribunal Regional do Trabalho da 5ª região, 4ª Turma. Proibição ao uso de barba no trabalho. Inexistência de dano moral coletivo. Recurso Ordinário n. 0073200-78.2008.5.05.0007. Recorrente: Ministério Público do Trabalho e Banco Bradesco S.A. Recorridos: Banco Bradesco S.A. e Ministério Público do Trabalho. Relatora: Desembargadora Graça Boness. Salvador, Bahia, 6 jul. 2011. Disponível em: <http://www.trt5.jus.br/consultaprocessos/modelo/consulta_documento_blob.asp?v_id=AAAb0CA DDAACOYm AAU&fb_source=message>> Acesso em: 18.3.2012.

BRASIL. Tribunal Superior do Trabalho. *Enunciado n. 180*. Ação de Cumprimento. Substituição Processual. Desistência (cancelada) — Res. n. 121/2003, DJ 19, 20 e 21.11.2003. Disponível em: <http://www3.tst.jus.br/jurisprudencia/Sumulas_com_indice/Sumulas_Ind_151_200.html#SUM-180> Acesso em: 25.3.2012.

_____. Tribunal Superior do Trabalho. *Enunciado n. 255*. Substituição Processual. Desistência. Disponível em: <http://www3.tst.jus.br/jurisprudencia/Sumulas_com_indice/Sumulas_Ind_251_300.html#SUM-255>Acesso em: 19.3.2012.

_____. Tribunal Superior do Trabalho. *Enunciado n. 271*. Substituição Processual. Adicionais de insalubridade e de periculosidade. Cancelado pela Res. n. 121/2003, DJ 21.11.2003. Disponível em: <http://www3.tst.jus.br/jurisprudencia/Sumulas_com_indice/Sumulas_Ind_251_300.html#SUM-271> Acesso em: 19.3.2012.

_____. Tribunal Superior do Trabalho. *Enunciado n. 310.* Substituição Processual. Sindicato (cancelamento mantido) — Res. n. 121/2003, DJ 19, 20 e 21.11.2003 e republicada DJ 25.11.2003. Disponível em: <http://www3.tst.jus.br/jurisprudencia/Sumulas_com_indice/Sumulas_Ind_301_350.html#SUM-310> Acesso em: 25.3.2012.

_____. Tribunal Superior do Trabalho. *Orientação Jurisprudencial SDI n. 121*. Substituição processual. Diferença do adicional de insalubridade. Legitimidade (Inserida em 20.11.1997). Disponível em: <http://www3.tst.jus.br/jurisprudencia/OJ_SDI_1/n_s1_121.htm#TEMA121> Acesso em: 19.3.2012.

_____. *Tribunal Regional do Trabalho da 1ª Região*. MPT OBTÉM TUTELA ANTECIPADA PARA LIMITAR JORNADA. Disponível em: <http://portal2.trtrio.gov.br:7777/pls/portal/PORTAL.wwv_media.show?p_id=14254778&p_settingssetid=381905&p_settingssiteid=73&p_siteid=73&p_type=basetext&p_textid=14254779> Acesso em: 20.3.2012.

_____. Tribunal Superior do Trabalho. 5ª Turma. Relator Desembargador Luiz Otávio Linhares Renault. TRT n. 00177-2007-105-03-00-4 RO 12.6.2007. Minas Gerais, 2007.

_____. Tribunal Regional do Trabalho da 21ª Região. Recurso Ordinário n. 01034-2005-001-21-00-6 — TRT 21ª Região — Origem: 1ª Vara do Trabalho de Natal/RN. Disponível em: http://www.assediomoral.org/spip.php?article316> Acesso em: 25.6.2011.

_____. Tribunal Regional do Trabalho da 3ª Região. Terceira Turma. Relatora Juíza Cristina Diniz Caixeta. 01490-2003-002-03-00-9-RO. 28.0.2004. Minas Gerais: 2004. Disponível em: http://as1.trt3.jus.br/consulta/detalheProcesso1_0.htm?conversationId=1578967. Acesso em: 25.6.2011.

CAMARGO, J. M. Reforma da legislação trabalhista. *Cadernos Adenauer,* Rio de Janeiro, v. 3: sindicalismo e relações trabalhistas, n. 2, p. 56, jul. 2002.

CARDOSO, Adalberto Moreira. *A década neoliberal e a crise dos sindicatos o Brasil.* São Paulo: Boitempo, 2003.

_____. Direito do trabalho e relações de classe no Brasil contemporâneo. In: VIANNA, Luiz Werneck (org.). *Os três poderes e a democracia no Brasil.* Belo Horizonte-Rio de Janeiro: Editora da UFMG, 2002.

CAPPELLIN, Paola. *As ocupações de colarinho rosa.* Trabalhadoras e empresas de telecomunicação, Rio de Janeiro de 1956 a 1996. AMORJ-UFRJ, 2012.

CARELLI, Rodrigo de Lacerda. *O mundo do trabalho e os direitos fundamentais:* o ministério público do trabalho e a representação funcional dos trabalhadores. Porto Alegre: Sergio Antonio Fabris, 2011.

CASAGRANDE, Cássio. *Ministério público e a judicialização da política:* estudos de casos. Porto Alegre: Sergio Antonio Fabris, 2008.

COLISTETE, Renato P. *Productivity, wages, and labor politics in Brazil,* 1945-1962. Disponível em: <http://www.fea.usp.br/feaecon//media/livros/file_221.pdf>.

D'ARAÚJO, M. C. Estado, classe trabalhadora e políticas sociais. In: FERREIRA, J.; DELGADO, L. A. N. (org.). *O Brasil republicano.* O tempo do nacional-estatismo: do início da década de 1930 ao apogeu do estado novo. Rio de Janeiro: Civilização Brasileira, 2003.

ENGELMANN, Fabiano. *Sociologia do campo jurídico:* juristas e usos do direito. Porto Alegre: Sergio Antonio Fabris, 2006.

FARIA, José Eduardo (org.). *Direito e justiça*: a função social do judiciário. São Paulo: Ática, 1989.

_____; CAMPILONGO, Celso. *A sociologia jurídica no Brasil*. Porto Alegre: Sergio Antonio Fabris, 1991.

_____. *Justiça e conflito*: os juízes em face dos novos movimentos sociais. 2. ed. São Paulo: Revista dos Tribunais, 1992.

_____. (org.). *Direitos humanos, direitos sociais e justiça*. 2. ed. São Paulo: Malheiros, 1994, v. 1.

_____. *Os novos desafios da justiça do trabalho*. São Paulo: LTr, 1995.

_____ . O sistema brasileiro de Justiça: experiência recente e futuros desafios. *Estudos Avançados* (USP. Impresso), São Paulo, v. 18, n. 51, p. 103-125, 2004.

FREITAS, Lígia Barros de. *A política e o TST na constituição dos direitos do trabalho*. 1. ed. São Paulo: LTr, 2011. v. 1.

FRENCH, J. D. *Afogados em leis:* a CLT e a cultura política os trabalhadores brasileiros. São Paulo: Perseu Abramo, 2001.

GOMES, Ângela de Castro; PESSANHA, Elina Gonçalves da Fonte. *Trajetórias de juízes*. Porto Alegre, POA, TRT 4ª, 2010.

HORN, Carlos Henrique. Negociações coletivas e poder normativo da justiça do trabalho. *Revista de Ciência Sociais*, Rio de janeiro, v. 49, n. 2, p. 417-445, 2006.

_____ ; TEDESCO, Maria Silvana R. A expansão recente da demanda da justiça do trabalho e a distribuição setorial das ações: uma análise exploratória de seus fatores explicativos. *Revista de Direito do Trabalho,* São Paulo, v. 137, p. 11-44, 2010.

_____ ; COTANDA, Fernando Coutinho (orgs.). *Relações de trabalho no mundo contemporâneo*: ensaios multidisciplinares. 1. ed. Porto Alegre: Editora da UFRGS, 2011. v. 1.

JUNQUEIRA, Eliane. Um diagnóstico da justiça do trabalho. *Síntese Trabalhista*, Porto Alegre, v. 10, n. 115, p. 141-153, 1999.

LOPES, José Reinaldo Lima. A função política do poder judiciário. In: FARIA, José Eduardo (org.). *Direito e justiça:* a função social do judiciário. 1. ed. São Paulo: Ática, 1989. v. 1.

MACIEL, Débora Alvez; KOERNER, Andrei. Sentidos da judicialização da política: duas análises. In: *Lua Nova*, n. 57, p. 123-124, 2002.

MANGABEIRA, Wilma. *Os dilemas do novo sindicalismo*: democracia e política em Volta Redonda. Rio de Janeiro: Relume-Dumará: ANPOCS, 1993.

NORONHA, Eduardo. *Entre a lei e a arbitrariedade:* mercado e relações de trabalho no Brasil. São Paulo: LTr, 2000.

OLIVEIRA, Marco Antonio. *Política trabalhista e relações de trabalho no Brasil:* da era Vargas ao governo FHC. 2002. Tese (doutorado). Campinas: Instituto de Economia, Universidade Estadual de Campinas.

PAESE, Raquel. A Constituição Brasileira de 1988 e a atuação dos sindicatos nos espaços de regulação do trabalho. In: HORN, Carlos Henrique; COTANDA, Fernando Coutinho (orgs.). *Relações de trabalho no mundo contemporâneo*: ensaios multidisciplinares. 1. ed. Porto Alegre: Editora da UFRGS, 2011. v. 1.

PAOLI, Maria Célia. Os direitos do trabalho e sua justiça: em busca de referências democráticas. *Revista da USP (Dossiê Judiciário)*, São Paulo, n. 21, p. 100-115, mar./maio 1994.

PESSANHA, E. G. F.; MOREL, R. L. M. A justiça do trabalho, tempo social. *Revista de Sociologia da USP*, v. 19, n. 2, 2007.

_____ . Reforma sindical, direitos e justiça do trabalho na visão dos magistrados: algumas reflexões preliminares. *Revista de Direitos do Trabalho*, São Paulo, v. 119, 2005.

PESSANHA, Elina; ALEMÃO, Ivan; SOARES, José Luiz. TST, dissídios coletivos, demissão massiva: novos desafios para a justiça do trabalho. In: MELO FILHO, Hugo *et. al.* (orgs.). *O mundo do trabalho*. São Paulo: LTr, 2009. v. 1. Leituras críticas da Jurisprudência do Tribunal Superior do Trabalho.

PINHEIRO, Arnaldo. Magistrados, judiciário e economia no Brasil. In: ZYLBERSZTAJN, D.; SZTAJN, R. (orgs.). *Direito e economia:* análise econômica do direito e das organizações. Rio de Janeiro: Elsevier, 2005.

SAAD, Eduardo Gabriel *et al*. *Consolidação das leis do trabalho comentada*. 37. ed. São Paulo: LTr, 2004.

SILVA, Sayonara Grillo Coutinho Leonardo da. *Relações coletivas de trabalho*: configurações institucionais no Brasil contemporâneo. São Paulo: LTr, 2008.

_____ . Reforma do judiciário e justiça do trabalho: esboço para a avaliação do legado reformador no âmbito do direito de greve. In: COUTINHO, Grijalbo; FAVA, Marcos Neves (orgs.). *O que estão fazendo da nova competência da justiça do trabalho?* Análise crítica da jurisprudência do STF, do TST e do STJ após a EC n. 45/2004. São Paulo: LTr, 2011.

SÜSSEKIND, A. *et al*. *Instituições do direito do trabalho*. 21. ed. São Paulo: LTr, 2004. v. 2.

TOLEDO FILHO, Manoel Carlos. El caso Embraer y el ordenamiento brasileño. In: *Revista Latinoamericana de Derecho Social,* n 11. Disponível em: <http://www.revistas.unam.mx, 2010>.

TREVES, Renato. *Sociologia del diritto*: origine, ricerche, problemi. Torino: Giulio Einaudi, 1993.

VIANNA, Luiz Werneck; BURGOS, Marcelo T. B.; SALLES, Maria Alice. *Constitucionalização da legislação do trabalho no Brasil*. Brasília: Fundação Astrojildo Pereira, 2010.

_____ . *et al*. *A judicialização da política e das relações sociais no Brasil*. 1. ed. Rio de Janeiro: Revan, 1999. v. 1.

WEFORT, Francisco. *Sindicatos e política*. Tese (Livre Docência). São Paulo: Faculdade de Filosofia, Letras e Ciências Humana, Universidade de São Paulo, 1970.

Anexo da Ata

Diretoria 1

Atas de Diretoria
e Conselho ①

LIVRO DE ATA

DA FUNDAÇÃO DA ACAT

JUNHO DE 1963

Ata de Constituição da Associação Carioca dos Advogados Trabalhistas.

Aos desenove dias do mês de Junho de 1983, os signatários, todos advogados trabalhistas militantes no Estado da Guanabara, reunidos à Av. Rio Branco 156 - 16º andar - sala 1609/10, resolveram constituir uma Associação de classe em razão da opinião unânime de tal necessidade para estímulo da vida associativa e defesa específica das prerrogativas profissionais na Justiça do Trabalho. Designada uma comissão composta pelos advogados Carlos Emmanuel C. R. Cury Lette, Paulo Cesar Costeira e Fernando Gomes para redigir os Estatutos, foi apresentada a minuta que examinada e discutida por todos os presentes teve aprovação sendo por todos rubricada e assinada, passando, então a ser os Estatutos da Associação Carioca dos Advogados Trabalhistas que fica assim fundada para todos os efeitos legais como sociedade civil. Em seguida e já em obediência ao disposto no art 61 das Disposições Transitórias dos Estatutos, os signatários, sócios fundadores, elegem por unanimidade entre os presentes o Conselho de Advogados que fica assim constituído: Eduardo Cessermelli, Carlos Emmanuel C. R. Cury Lette, Valerio Rezende, Fernando Gomes, Marino Assis Ramos, Osny Gusman Tavares, Antonio de Pádua Brito, Paulo Cesar Costeira, Steiner do Couto, des da Associação, sejam depositadas provisoriamente no Banco Português do Brasil S/A até que feito o registro do Estatuto da ACAT, seja o movimento bancário transferido para o Banco do Estado da Guanabara, conforme decisão já tomada pela Diretoria em sua 1ª reunião. Decidido que os Diretores, no dia 4 do corrente mês, comparecerão as 13 horas a Sala de Audiências da Mº Mº 8ª J.C.I, para estabelecer contatos com o Dr. Sigad de Almeida com a finalidade de marcarem data para uma reunião entre a Diretoria da ACAT e a Associação dos Magistrados. Propôs Dr. David Alva Júnior, Diretor Tesoureiro, fôsse a Associação representada no "Almoço do Advogado" do Country Club da Tijuca, no dia 15 deste mês, no que foi aprovado. Dr. Itamar Pinheiro Miranda, ficou de estudar a possibilidade da realização de uma série de conferências na Associação com o fim de promoção e divulgação da ACAT. Nada mais havendo a tratar a reunião foi encerrada as 19:15 horas. Para constar fica lavrada a ata e assinada pelo Sr. Presidente e 2º Diretor Secretário.

                               Presidente
                               2º Diretor Secretário

Ata nº 4. Reunião de Diretoria da ACAT, realizada no dia 3 de setembro de 1964, na sede da Associação Carioca dos ~~Advogados~~ Trabalhistas, a rua Debutante Barroso, 54 - 9º

Ata nº 1 da Reunião de diretoria da A.C.A.T. Aos vinte e três dias do mês de julho de mil novecentos e sessenta e quatro, realizou-se na sede da Associação Carioca dos Advogados Trabalhistas, à rua Almirante Barroso número cincoenta e quatro, nono andar, nesta cidade do Rio de Janeiro, a primeira reunião de diretoria, após a inauguração da Sala dos Advogados. Iniciada a reunião às dezessete e trinta horas contou com a presença dos seguintes Diretores: Dr. Marino de Assis Ramos - Presidente; Dr. Paulo Cesar Costeira - 1º Diretor Secretário; Dr. Steiner do Lento - 2º Diretor Secretário e Dr. David Silva Júnior, Diretor Tesoureiro. Os trabalhos foram abertos pelo Sr. Presidente que tratou do assunto da Tesouraria da A.C.A.T. que após alguns debates ficou deliberado o seguinte: a cobrança aos sócios será feita por um cobrador ou cobradores, contratada e supervisionada pelo Sr. Diretor Tesoureiro. Por sugestão do Dr. Paulo C. Costeira e aprovação dos Diretores presentes, ficou deliberado que será aberta uma conta no Banco do Estado da Guanabara, por ser o estabelecimento bancário idôneo mais próximo da sede da Associação. Usando da palavra o Sr. Presidente apresentou as seguintes sugestões, que após examinadas foram aprovadas. 1º. Que seja colocado na Sala dos Advogados, um livro de Reclamações, Sugestões e Reindivicações, digo Reindicações", para uso dos associados. Nesta hora, foi redigido pelo 1º Diretor Secretário um Têrmo em ata agradecimento ao Dr. Carlos B. Cruz Netto, Presidente do Conselho Deliberativo da A.C.A.T., pelos relevantes serviços prestados à Associação. 3º — Aprovação de propostas — Dr. Jayme Aguiar do Nascimento. Dr. Antônio Claudio Rocha — Dr. Luiz Barreto de Menezes — Dr. Elias Wrotslavski. Dr. Antônio Faria Filho — Dr. Paulo Rodrigues Sobrinho — Dr. Ernesto Machado — Dr. Loryel Lins Taborda — Dr. Ivan Barbosa Portugal e Dr. Sylvio Ribeiro Ferreira — Todas aprovadas. 4º Ofício ao Dr. Ruy Bessone — Que seja enviado ofício de desagravo ao Dr. Ruy Bessone pela agressão sofrida em mesa redonda realizada no Ministério do Trabalho. Debatido o assunto ficou finalmente decidido que seja enviado ao invés de ser ao Dr. Ruy Bessone, à Ordem dos Advogados do Brasil solicitando providências quanto ao sucedido com cópia ao acima citado. 5º Reunião com o Dr. Syade de Almeida. Será realizada em data a ser previamente marcada uma reunião com o Dr. Syade de Almeida e a Diretoria da Associação, para que sejam tratados assuntos que concernem a Juízes e Advogados que militam na Justiça do Trabalho. 6º. Ofício a Ordem dos Advogados do Brasil e ao Sindicato dos Advogados, solicitando todas as publicações que a Ordem dos Advogados do Brasil e o Sindicato dos Advogados enviam à Imprensa Oficial, para que sejam afixadas em quadro próprio na Sala da ACAT. Deliberado que todas as a Universidade do Estado da Guanabara, solenidade esta que será realizada no dia 11 do corrente mês no Tribunal Regional do Trabalho. Dr. Flávio Rodrigues Silva agradeceu o convite em nome da Diretoria e prometeu a presença de membros da Diretoria da Associação, tendo sido aprovado que o Vice-Presidente representará a ACAT. na referida solenidade. Nada mais havendo a tratar, por proposta do Dr. Steiner do Conto e aprovação de todos, a reunião foi encerrada às 18:15 horas, ficando para constar lavrada a presente ata e assinada pelos srs. Vice-Presidente e 2º Diretor-Secretário.

— Vice-Presidente —
— 2º Diretor-Secretário.

Ata da 1ª reunião do Conselho Deliberativo da Associação Carioca dos Advogados Trabalhistas, após a inauguração da Sala dos Advogados. Aos vinte e sete, digo sete dias do mês de agosto de 1964, realizou-se a primeira reunião do Conselho Deliberativo da ACAT. à rua Almirante Barroso 54, 9º andar, nesta cidade do Rio de Janeiro. Iniciada a reunião às 17 horas contou com a presença do Presidente do Conselho Deliberativo da Associação Dr. Carlos Juacanuel Cury Netto, Dr. Mario de Assis Ramos, Presidente da Associação e dos seguintes conselheiros: Dr. Paulo Cesar Costeira, Dr. Nicanor Fischer, Dr. Geraldo Ramos Sandes, Dr. Osny Gavazzi, Dr. Valério Rezende, Dr. Flávio Rodrigues Silva, Dr. Presidio Carlos de Araujo Fº.

Av. Rio Branco, 156 - 16º andar sala 1609/10 - em 19/06/1963 foi constituida uma Associação de Classe - Associação Carioca dos Advogados Trabalhistas, sendo convocada para o dia 24/06/63 a 1ª reunião ordinária do Conselho, sendo indicado o nome do Dr. Marino Assis Ramos para Presidência.

A Comissão era formada pelos Ilts.:
Carlos Emmanuel C. B. Cury Netto,
Paulo Cesar Costeira e
Fernando Gomes.

O Conselho elegeu por unanimidade entre os presentes o Conselho de Advogados:
Eduardo Cassermelli,
Carlos Emmanuel C. B. Cury Neto,
Valério Resende,
Fernando Gomes,
Marino Assis Ramos,
Osny Guzman Tavares,
Antonio de Pádua Britto,
Paulo Cesar Costeira,
Steiner de Brito,
David Silva Júnior,
Giraldo Sandes,

Carlos Araújo,
Jaud Rocha Moreira,
Francisco Otavio Dourado Maria,
Osmar Carvalho Dutra.
Honório Silva

Foi eleito por unanimidade como Presidente
Dr. Marino de Assis Ramos

— * —

Em 23/06/64 - Almirante Barroso, 54
9º andar. Foi inaugurada a sala dos Advogados

Presidente: Dr. Marino de Assis Ramos
Vice-Presidente: Dr. Flavio Rodrigues Silva
Diretor-Tesoureiro: Dr. David da Silva Junior
Diretor-Social: Dr. Itamar Pinheiro Miranda
Diretor-Patrimônio: Dr. Geraldo Ramos Sandes
Diretor de Sindicância: Dr. Orny Gusman Tavares
1º Diretor-Secretário: Dr. Paulo Cesar Costeira
2º   "   "   : Dr. Steiner do Couto

Em 07/08/64 - 1ª Reunião do Conselho Deliberativo.

Vice-Presidente: Dr. Flavio Rodrigues Silva

Durante o ano de 1966 não tem nenhuma anotação, e em a ATA (fh.2 de 07/11/1967 o Dr. Marino de Assis Ramos consta como Presidente.
Vice-Presidente - ~~Osvaldo~~ Steiner do Couto
1º Secretário - Jary França
2º Secretário - Antônio Geraldo Cardoso
Tesoureiro - Flávio Rodrigues Silva
Diretor auxiliar - Osny Guzman Tavares
Diretor Social - David Silva Júnior
Diretor Administrativo - Nicanor Fischer

— † —

Em 04/06/1968 (ATA falta 26/03/0) o Dr. Marino de Assis Miranda, continuou como Presidente.
Vice-Presidente - Steiner do Couto
Diretor Social - David da Silva Júnior
Diretor Administrativo - Nicanor Fischer
2º Secretário - Antônio Geraldo Cardoso
1º   "   - Jary França
Diretor auxiliar - Osny Guzman Tavares
   "   "   - Anibal Ferreira

— † —

A ATA de 07/10/68 (fls. 30/verso)

Presidente: ~~Nicanor~~ Steiner do Couto
Vice-Presidente: Nicanor Fischer

~~Chefe quarto~~
Diretor Tesoureiro: Orny Gusman Tavares
Diretor Social: David Silva Júnior
2º Secretário: Antonio Giraldo Cardoso
Diretor auxiliar: Anibal Ferreira
Conselheiro: Eduardo Caramelli
   "   : Rodolfo Scarnar de Alvarenga Carvalho
Presidente do Conselho: Cury Netto